ラテン・アメリカは警告する

「構造改革」日本の未来

「失われた10年」を超えて――
ラテン・アメリカの教訓
第1巻

内橋克人
uchihashi katsuto
佐野 誠
sano makoto
[編]

新評論

何を学び、何を学ぶべきでないか。

シリーズ〈「失われた一〇年」を超えて――ラテン・アメリカの教訓〉

発刊の辞

一九九〇年代の日本経済は、「失われた一〇年」と呼ばれる長期の低迷と幾多の社会経済的困難を経験した。その喪失感は、二一世紀に入ってもなお払拭されていない。私たちは「長い失われた一〇年」の罠にとらわれているのである。

地球の裏側に、同じく「失われた一〇年」と呼ばれた社会経済現象を、一足先に患った地域が存在する。一九八〇年代のラテン・アメリカ、あるいは中南米諸国である。一部の国は一九九〇年代にも「もうひとつの失われた一〇年」に陥った。

日本とラテン・アメリカの「失われた一〇年」、そしてその前後の社会経済病理は、症状や原因いずれをみても、必ずしも同一の現象というわけではない。しかし、そこに一定の共通する側面が厳存したことを見逃してはならない。新自由主義とも呼ばれる、市場原理を過信した自由化・規制緩和政策であり、それがもたらした一連の負の累積効果である。

この事態の「先進」地域であるラテン・アメリカから、日本はまず「なにをなすべきでないか」について反面教師的な教訓を得ることができる。同時にまた、ラテン・アメリカの政府、企業、市民社会が、「失われた一〇年」の罠から逃れるために編み出してきた政策や戦略、そしてそれらの成果と限界から、「なにをなすべきか」についても、より積極的な教訓を読み取ることができる。

私たちは以上のような問題意識を共有しながら、ラテン・アメリカ地域研究の豊富な成果を現代日本の問題状況とつき合わせる作業を重ねてきた。その成果をいまここに、シリーズ〈「失われた一〇年」を超えて――ラテン・アメリカの教訓〉全三巻として発刊する。ラテン・アメリカの経験から何を学び、何を学ぶべきでないか。読者諸賢と共に考えていきたい。

二〇〇五年三月一日

共同編集代表

内橋克人
佐野　誠
田中祐二
小池洋一
篠田武司
宇佐見耕一

ラテン・アメリカは警告する◆目次

第1章　財政危機を民主的に乗り越える

山崎圭一　75

第9章　競争するために協力する
——地域社会再生のための産業戦略

小池洋一

＊各章の注は行間に番号で示し、章末に掲載した。
＊本文中、引用・参考文献は（　）内に著編者名と刊行・発表年で示した。たとえば（内橋［一九九四］）は、内橋克人の一九九四年の著作を参照、の意である。また参考文献は巻末に章ごとにまとめて掲載した。
＊本文中の重要な用語や概念はキーワードとして抽出し（ゴチックで表示）、頁下に囲みで示した。
＊各章ごとに設けたコラムは、特に断りのない場合は各章の筆者が執筆したものである。

シリーズ「失われた一〇年」を超えて――ラテン・アメリカの教訓 第1巻

ラテン・アメリカは警告する

「構造改革」日本の未来

現代日本への示唆
過剰な市場主義」と「現実可能な市場機能」の激しい落差を，「ラテン・アメリカの経験」は先行的示した。人間生存の基盤強化でなく生産条件の略奪的強化をめざす新自由主義改革は，幾多の社会的みを超克し得ないまま走る日本に人間破壊の危険をもたらす。改革の組み替えが課題である。
テン・アメリカの経験は新自由主義改革の危険性をまがうことなく示している。他方，1990年代降のチリやブラジルが体現したように，新自由主義改革を補整する経済政策に一定の社会改革を継ぎすだけでも不十分である。今後の日本でも，進歩的な「真の構造改革」と市民・地域の「共生経済」の胎動を組み合わせつつ，多元的経済社会を構築していくべきである。
町村合併で行政の効率化を図るのみではなく，ブラジルのように基礎自治体を分割して規模を小さくながら（日本の逆），「参加型予算」で住民自治を拡充していく経験は，閉塞した日本にとって示唆深，これは，財政資金面を偏重した「三位一体」改革論の盲点である。
間積立方式は，人口高齢化に対して耐性を持つが，市場の変動の影響を受けやすい短所もある。日本アルゼンチンには経済の長期停滞，大量国債発行に依存する財政状況等類似の状況が見られ，市場に響されやすい年金制度改革において積立方式導入には熟慮が要される。
銀行を救済すれば自動的に貸出が増えて景気が回復する」，「日銀から民間銀行に資金を供給すれば貸は必ず増える」といった議論は誤りである。景気対策として設備投資を増加させるには，特に中小企の資金需要に金融機関側が対応するシステム造りが不可欠である。
用形態が多様化することは被雇用者にとって就労機会が増えるという意味では望ましい。しかし，雇形態の多様化が雇用者側の労働コスト削減の意図を主目的として図られる場合には，社会格差の拡大もたらすだけである。真に被雇用者に裨益する制度改革が望まれる。
本の「ラテン・アメリカ化」を防ぐには，「構造改革」のような新自由主義グローバリゼーションの揚ではなく，働く人々を中心に据えた，地域の人々の暮らしと自然を守り発展させるような新たな日的システムを作り出さねばならない。
リ軍政期に採用された極端な自由化政策は，経済循環の振幅を大きくしてしまい，社会的な安定装置壊してしまうので，日本経済のお手本としては望ましくない。手本とするべきはむしろ，民主化後の道左派政権が採用した「公正を伴った成長」戦略である。
ラジルが目指す社会自由主義国家とは，経済活動の効率化の観点から市場の役割を評価する一方で，育や福祉，労働などの分野で国家が積極的な役割を果たすことを期待するものであった。失業や格差どの社会問題が深刻化する日本でも，このような国家像が求められている。
本は，いま新自由主義的な改革の道を走っている。それは経済優先主義，徹底した利己主義をもたらだろう。他方，ラテン・アメリカでは新自由主義の破綻を経験し，その反省の中で人間中心主義の経・社会の建設が議論されだした。この議論から学ぶ点は多い。
本では企業による労働条件引き下げ，海外への生産シフトが亢進し，失業・非正規雇用の増大，内需停滞とともにデフレ・スパイラルを招いている。持続的で公正な経済発展のためには，環境，安全，祉，文化などコミュニティに基礎をおく新しい産業の創造が求められる。
自由主義の名の下に福祉国家が後退し，人々が「個化」する時代にあって，より善く生きるためには，(地域）社会を民主的な討議の場として活性化することによって自治意識を高め，国家に対しては社会義を，市場に対しては公正な取引を強く要求する必要があろう。
本における地域通貨の実践が一過性の流行を超えて実効性をもつには，ラテン・アメリカの経験から ぶべきことが少なくない。地域通貨をうまく活用できるような個人と集団，地域社会と国家の多元的あり方を求め，新たなシステムを築くことが求められる。

章および執筆者	訴えたいこと
総論　日本「構造改革」論の虚実　**内橋克人**	21世紀の鳥羽口で日本はなお「構造改革」論の壮大な錯覚の森を徨っている。官僚絶対優越社会の改革を求めて私たちはマネー絶対優の沼に誘い込まれた。本書をデジャ・ビュー（既視感）としていま覚の時がきている。
序章　「失われた10年」を超えて　**佐野　誠**	日本は1980年代以来，従来までの構造問題を放置したまま，経済の由化・規制緩和や供給側偏重の政策を推し進め，今日の閉塞状況へ陥った。一足早く1970年代から同様の失敗を犯してきたラテン・アリカに，多くを学べるのではないだろうか。
1章　財政危機を民主的に乗り越える　**山崎圭一**	日本もブラジルも，その財政は民主主義的状態からはほど遠い。法人税に累進制を復活させて，財政危機を克服すべきである。両国は互い「よりまし」な面があり，相互に学びあって「良い政府」を目指すべである。
2章　高齢者の生活保障をどうするか　**宇佐見耕一**	アルゼンチンでは1990年代，年金制度が公的賦課方式から部分的に間積立方式に転換された。2001年金融危機は，民間積立方式に大き被害を及ぼし，市場原理の社会保障制度への導入に慎重さが求めらいる。
3章　金融危機をどう克服するか　**安原　毅**	日本でもメキシコ，アルゼンチンでも，公的資金まで動員して銀行がつ不良債権を買い上げ特定の銀行を救済してきた。この政策は経済全で資金の流れを歪めており，特に通貨管理政策との間に矛盾が発生しいる。
4章　新自由主義的な労働改革がもたらすもの　**小倉英敬**	1990年代にペルーで実施された新自由主義的な労働法制改革は，雇不安定と実質所得の低下をもたらし，社会格差の増大を結果した。雇形態の多様化という美名の下に実施される労働法制改革は見直すべきある。
5章　アジアのラテン・アメリカ化　**吾郷健二**	1997年通貨危機以後のアジアでは，旧来のアジア型資本主義システからアングロサクソン型への「体制転換」が新自由主義政策の採用のをとって急ピッチで進んでいる。それはアジアの「ラテン・アメリ化」である。
6章　チリ経済の「奇跡」を再検証する　**岡本哲史**	チリでは1980年代後半から持続的な高成長が続いている。チリ経済「奇跡」とも呼ばれるこの発展は，新自由主義改革のおかげだという方がある。しかし，このような理解は本当に正しいのだろうか？
7章　「社会自由主義」の成果と限界　**子安昭子**	多くのラテン・アメリカ諸国が新自由主義的な改革を進める中で，ブジルはカルドーゾ政権の下で「社会自由主義国家」を目指した。不十に終わった試みもあるが，「社会的公正」の実現に向けて，教育や保など多くの社会指標が改善されたことは大きな成果である。
8章　人間中心主義社会への転換　**篠田武司**	近年，開発の目標を「人間開発」におき，それを政府，市場，市民社の三者による経済社会的ガバナンスによって実現すべきだという主張強くなっている。ラテン・アメリカでは，こうした新たな開発に向け多様な議論がなされてきた。
9章　競争するために協力する　**小池洋一**	ラテン・アメリカでは，経済グローバル化が生産機能を担う中小企業地域から雇用と生活を奪ったが，注目すべきは，他方で企業，地方政コミュニティが協同して事業を起こす新たな試みが成功していることある。
10章　連帯経済の構築と共同体の構造転換　**山本純一**	メキシコ・チアパス州の先住民共同体では地元NGOと協働した社会済発展が模索されている。「連帯経済」と名づけられたその活動は，議と互助によって「民」でも「官」でもない新たな公共セクターを創しつつある。
11章　地域通貨で生き延びる　**新木秀和**	ラテン・アメリカ諸国（アルゼンチン，エクアドルなど）では日本にがけて地域通貨の実践が行われてきた。それは新自由主義への抵抗でると同時に生存戦略の手段の一つであり，新たな公共空間の構築とい意義をもつ。

本書の基本キーワードの解説

佐野　誠

新自由主義／構造調整／構造改革／市場原理主義

新自由主義とは、資産・所得の抜本的な再分配や進歩的な社会改革を行わないまま、市場原理を過信して、経済の自由化や規制緩和を進める政策のことである。失業対策のための雇用促進補助金など、その過程で生じる弊害を補整する政策も通常は併行して実施されるが、それは自由化や規制緩和の大枠を崩すものではない。これを正当化する経済理論や経済思想も含めて新自由主義という場合もある。

この政策体系を単に自由主義といわず新自由主義と呼ぶのは、一九世紀から二〇世紀初めにかけて、当時の大国イギリスが自由主義を基調とする政策をとっていたためである。この意味での新自由主義は一九七〇年代頃からラテン・アメリカ諸国やイギリス、アメリカなどを先駆けとして実践され始め、その後は日本も含め世界中で採用されるようになっていった。一九八〇年代以降、世界銀行と国際通貨基金（ＩＭＦ）がラテン・アメリカを含む多くの開発途上諸国に対して要求した「構造調整」政策（国際収支の改善や債務返済のためには経済構造の調整が必要との立場から、融資と引き換えに経済自由化を推進する政策）も、さらにまた今日の日本の「構造改革」も、基本的には新自由主義に依拠したものである。

なお新自由主義の考え方では市場経済の機能を高く評価するため、そうした側面を「市場原理主義」と呼ぶこともある。

新古典派経済学／主流経済学／小さな政府

新自由主義政策の理論的基礎は新古典派経済学に求められる。経済学にはさまざまな学派や理論的立場があるが、新古典派は一九世紀末から現在に至るまでほぼ一貫して経済学の主流に位置してきた。身近な例でいうと、大学等でミクロ経済学の基礎理論として教えられている内容（あるいは「ミクロ経済学入門」といったタイトルの教科書類）が、新古典派本来の考え方に最も近い。ミクロ経済学の中級以上の内容は新古典派への内在的な批判も含むため、このかぎりではない。しかしそこでも新古典派経済学の理論は、曖昧ながらも事実上の思考基準とされている。

新古典派本来の理論によれば、自由放任された競争的な市場経済は、労働力を含む広い意味での資源の配分を効率的に行うことができる。市場がさまざまな原因によって効率的に機能しない「市場の失敗」のケースはあり、これを是正するには政府が一定の介入や規制を行わなければならない。しかし「市場の失敗」は大量現象ではなく例外である。このように想定した上で、政府は「市場の失敗」を是正するか、または市場経済のはたらきを補完する程度の消極的な役割を果たすにとどまるべきだ、という政策的結論が導かれる。いわゆる「小さな政府」の考え方もここに由来する（逆に市場の制御という役割を強調するのが「大きな政府」である）。ちなみに規制緩和と似た言葉に「規制改革」があるが、実際には両者の考え方にほとんど違いはない。

新古典派経済学にはいくつかの下位系列がある。マネタリズムはそのひとつであり、効率的に機能する市場経済の下では、政府が裁量的な金融政策を行わないことによって安定した物価が保たれると主張する。本書のいくつかの章でふれているアルゼンチンの新自由主義政策（一九七〇年代末のマネタリー・アプローチや九〇年代の兌換法体制）や、今日のいわゆるインフレ目標政策（中央銀行が物価上昇率を一定範囲に収めるために誘導目標を設定する政策）も、その理論的基礎はより複雑であるが、基本的にはマネタリズムや主流経済学の系譜に属する。

このほか現代の主流経済学にあっては、本来の素朴な新古典派理論に対する内在的な批判も盛んに行われている。それによれば、以前の新古典派理論は一連の非現実的な仮定（完備情報、完全合理性、収穫逓減など）をおいて市場経済のはたらきを分析していた。それでは仮定をより現実的なものに置き換えるとどうなるか。これが現代の主流経済学の基本的な問題関心である。

その代表格の一人であるJ・スティグリッツ（一九四三〜）は、新古典派経済学やそれに依拠した新自由主義（市場原理主義）、さらにそれらが主導してきたグローバリゼーションに対して厳しい批判を加えている。この批判それ自体には、たしかに非主流の経済学の考え方と共鳴するところがかなりある。しかし本来の新古典派も現代の主流経済学も、社会をとらえる基本視角では大きな違いはない。すなわち両者はともに、社会は個々の経済主体の利益最大化行動が合成されたものにすぎないとし（方法的個人主義）、個々の主体の行動いかんにかかわらずそれ独自の自律的な振る舞いをみせるという、社会がもつ重要な側面を軽視するのである。また、複雑な利害関係を通じて歴史的に形成される社会の諸制度が、実は経済全体のうごきをかなりの程度左右しているという側面についても、両者は十分な考慮を払っているとはいえない。

総論

日本「構造改革」論の虚実

ラテン・アメリカを既視感として

内橋克人

二つの既視感

本書『ラテン・アメリカは警告する』を草稿段階で精読した私は、二つの既視感《デジャ・ビュー》にとらわれた。

バブル崩壊後の長い時間、日本政府の掲げ続けた「改革」なるもの、とりわけ小泉政権の奉戴する「構造改革」は、かつてラテン・アメリカ諸国が幾度にも試みて踏み迷った道、すなわち新自由主義改革（ネオリベラリズム改革）を本意としていたこと。前途に待つ底深い危険を、優れた研究者たちの精緻な労作を通して再確認することができた。この危険な陥穽からの脱出口も示唆されている。

いま、「二つの既視感」の第一は、佐野誠の言葉をもってすれば、すでに始まっている「日本のアルゼンチン化」（レトリカルな表現と同氏は注釈する＝本書「序章」）への道である。このまま進めば近未来日本のたどり着く先が予感される。

何よりも、いま政権が標榜する改革が、その実、新たな次の「構造問題」を生みつつあり、それは本来、改革なるものの出発点において取り組むべきはずの核心部分をなすべきものであったこと。それが放置されたばかりでなく、いわば小泉流構造改革のもたらす矛盾の「帳尻合わせの受け皿」となってより深刻化し、いまは新たな社会システムとして構造化されようとしている。

あらためて改革の本意を問わなければならない。

一例をあげれば、生活者・家計セクターから生産者・企業セクターへの所得移転という、日本経済に伝来的な構造問題は、この間の長期におよぶ預金のゼロ金利、雇用・労働の破壊による賃下げ、結果としてより深刻な家計所得の削り取り、すなわち家計分野からの膨大な「所得移転の構造」は改革に向かうどころか、逆に景気回復策の名においていっそう深化し、構造化された。

そのゆえに、景気回復基調と政府の認定する現段階においてさえ、たとえ企業（大企業）部門の「利益」はパーセントで二けた台、三けた台もの急増ぶりを示しても、「売上高」はわずか一パーセント増の域にとどまる。単なる〝ダイエット型景気回復〟の域を出ていない。

景気回復の証左として政府のあげる企業増益の内実は、肥る企業部門・細る家計部門と同意なのであり、したがって底の浅い国内消費市場に好転の兆しはみえない。

景気回復策が逆に国内需要の足腰を挫き、経済の対外依存度をいっそう高めるという悪循環を生み出した。持続可能な回復とはいい難い。

単純化して示せば、大企業の異常なほどの増益は、中小企業や家計部門への恩恵の波及経路を遮断したからこそもたらされたものであり、時を経てトリクル・ダウン（雨水が大地に滴り落ちる）により一般景気にも波及するはず、という期待は裏切られた。

いま、金融を除いた企業の手元余剰金は八二兆円にも達し、さらに一年で一六兆円増という勢いで積み増しされている。

いってみれば、雨水を大地へと流す樋《とい》を切断し先端に栓を詰めたからこそ、上の軒沿いの樋に水が溢れ出るほど溜まり始めたに等しい。

大企業は溜め込んだ余剰資金を設備投資に振り向けることもできず使途に困り果てている。過剰拡大・過剰負担の帰結に苦しめられた九〇年代に懲りて、というのも理由の一つではあろう。

だが、重大な問題は、日本企業にとって、新たな設備投資ひとつ、一定水準以上の投資効率を確保できるフロンティア領域が喪失し始めている、という現実のなかにある。

後に述べる周辺部国への転落が引き金の一つとなっている。〝ITマネー〟(後述)の収益力をめぐって大きな格差が生まれた。

そしていまトリクル・ダウンを待ついとまもなく、すでに景気は停滞局面、下降局面に突入しようとしている。

このように小泉流構造改革の「効果」とされるものは常に両義性をはらむ。

いつの場合も、一方にプラスとみえて、その実、絶えず他方でさらに困難な「構造問題」が生まれ、問題をさらに複雑化、深刻化させながら進むことになる。雇用・労働の破壊も例外ではない。改革の「負の遺産」は生活者・家計セクターの側に問題を収斂する、という構造が「改革」の進展につれて構築された。日本経済の再生はさらに遠のく。

新自由主義政策のもたらす「矛盾をはらんだ改革」の帰結を示す一例に過ぎない。

小泉流改革によって「加重された歪み」の修正に、私たちはこの先、膨大なエネルギーと長い時間を必要とする。恐らくそれは「ポスト小泉の時代」の過重な負荷となって現実のものとなろう。

本書に示唆された警鐘の最大のものがここにある。私たちの社会もすでに「もうひとつの失われた一〇年」へと踏み入っているのではあるまいか。

いったいなにゆえに、標榜される改革ともたらされる現実との間にかくも深刻な背反が生まれるのだろうか。小泉政権がそのスタート台で放った「改革に痛みはつきもの」との弁明は虚しい。真に望まれる改革が進められたのであれば、「痛み」は限定的でなければならず、決定的、恒常的な「痛み」が次の時代まで太い系譜を引く構造の生成は、すなわち小泉流改革が真に一般国民の待望する「改革」ではなかったことの証明といわねばならない。

それは江戸時代、幕府財政の窮乏を「改革」するのに、年貢の徴収システムを農民にとっていっそう苛烈なものにした歴史に相応しよう。

いったいなぜ、現実はこう進んだのか。新自由主義改革のもたらす当然の帰結であることを知るには、次に述べる九〇年代半ばの「多国間投資協定」騒動を振り返り、改革の名で進められたグローバライゼーション（世界市場化）への「適応」が何をもたらすか、鋭い洞察力を駆使するところから始めなければならないだろう。それは第二の既視感につながる。

「資本の自由・市民の不自由」もたらす新自由主義改革

「多国間投資協定」（ＭＡＩ）とは、世界の非政府組織（ＮＧＯ）が総力あげて抵抗し、ようやくにして「待った」をかけた「アメリカの陰謀」（あえてそう呼ぶ）のことである。

アメリカ主導の「グローバライゼーション」（世界市場化）が私たちをどこへ連れ去ろうとしているのか、その目標地点がくっきりと浮き彫りにされる内実であった。

いま、日本国内ではライブドアによるニッポン放送ＴＯＢ（株式公開買い付け・乗っ取り）騒動を契機に、「新会社法案」、なかでも外資による敵対的買収を容易にする「三角合併」（外国企業の株式を使って日本企業を買収する手法）の凍結・一年先送りの議論がにわかに台頭している。外資による「日本企業ＴＯＢ防衛策」のことである。

けれども、仮にアメリカの企てた「多国間投資協定」が成立しておれば、そのような防衛策は、たちまち外資によって日本国政府が訴訟の対象とされ、「外資差別禁止」の協定違反事件として糾弾の憂き目に会っていただろう。日本政府は「被告」となる。

ここで、「多国間投資協定」の内容について、説明を加えておかなければならない。「MAI反対・世界キャンペーン」が壮大に燃えひろがった当時の騒動さえ知らぬまま、日本国民の大部分および日本政府は通り過ぎた。そしてもう長い時間、グローバライゼーション追随の小泉流構造改革に国民は甘い拍手を送っている。

日本ではごく少数のNGOの人びと、そして多数のフランス、ドイツ、カナダはじめ世界中の市民が払った壮大なエネルギーを代償として、初めてかちとることのできた「資本の徹底自由からの自由」——その恩恵だけを労せずして日本の市民は享受してきた。

それが、遠くない将来、改革の名で作りあげられる「(同協定に盛られた意図の)日本版」によって召し上げられる。既視感の第二である。

ここで、なぜ「多国間投資協定」(MAI)騒動にこだわるのか、若干の説明を加えておくことにしよう。

第一に、それは新自由主義のめざす改革なるものの本意を透視することができるからである。第二に、同協定は市民の抵抗により「待った」をかけるのに成功し、交渉は打ち切りとなったものの、同協定に凝縮して込められた本質と戦略は、形を変えてすでに現実のものとなっていることである。

MAIに付託された提案国アメリカの目論みを洞察することによって、私たちはグローバル化、新自由主義改革の本質を透視し、行き着く先を洞察できる。ラテン・アメリカ、中南米諸国は先行する現実を示したといえる。

「多国間投資協定」とは何か。

当時、ローリー・ワラック（著名なＮＧＯ「パブリック・シチズンズ・グローバル・ウォッチ」〔本部ワシントンＤＣ〕当時代表）が世界に伝えている。

「多国間投資協定（ＭＡＩ）は、強者である多国籍企業の不易の権利と諸国民に課せられる厳しい義務を定めており、これほどはっきり支配者の傲慢さを反映した協定は、植民地時代の不平等条約に遡らない限り、類例を見ない」（「世界資本主義の新宣言——秘密裡に検討される多国間投資協定」三浦信孝訳、『世界』一九九八年五月号）。

同協定は一九九五年からパリの経済協力開発機構（ＯＥＣＤ）において、加盟二九カ国間で合意を形成すべく交渉が進められてきたものである。

ローリー・ワラックの指摘によれば、先進国で協定がまとまれば、「これを途上国に提示し、呑むか、呑まないか、を迫るやり方」（同上）をとろうとしていたという。

その上、「交渉の舞台裏でいったいどのような駆け引きが行われているのか、各国の議員も市民も知らないうちに、一九〇ページにのぼる協定案が九割まですでに確定していた。ＮＧＯの国際連絡組織が協定案のコピーを入手するまで、アメリカの当局者、すなわち交渉を進めてきた米国務省、財務省はテキストの存在さえ否定しつづけた。

しかし、九七年四月になって、大統領に通商の全権を委ねるファースト・トラックの手続きが始まろうとし、これに市民団体が抗議の声をあげて初めて議会はことの重大性に気づくありさまであった」（同上）。

いったいどのような内容の協定づくりが進められていたのか。同協定案に象徴される「投資の完全自由化」は市民社会に何をもたらすのか、なぜ各国市民は反対したのか、経緯をたどれば、私の得た「第二の既視感」について読者の理解を得ることもできるだろう。

同協定案は次のような内容のものであった。

（1）進出外国資本への徹底した「内国民待遇」の保障。協定批准国は進出してくる外国資本に対して徹底した「内国民待遇」を与えることを義務づけられる。国内企業のみを対象とする各種の優遇策、公的支援は外国資本に対する差別とみなされる。

（2）投資に対する「絶対的自由」の保障。「これは、まだ手つかずの重要セクターに、世界貿易機関（WTO）の体系的な規制緩和プログラムを拡大することだ」とローリー・ワラックはいう。手つかずの重要セクターとは土地所有権や天然資源の取得権などを指す。投資先と投資条件の自由化、為替・株式・債券などの金融取引の自由化が含まれていることはいうまでもない。

（3）外国投資家に相手国政府を直接提訴する「損害賠償請求権」を付与。進出先の社会の法制や制度、またその適用の実態が外資に対して差別的、すなわち協定違反とみなされた場合、投資家はその国の政府を相手に損害賠償を請求して直接提訴することができる。提訴の対象には自治体による公共目的の政策なども含まれる。

（4）外国資本への逆差別の奨励。進出外資を国内企業より優遇すること、つまり外資に優遇的条件を与えて進出を促すことは差別ではなく、奨励の対象となる。

――などである。

ひと言でいえば、まさに「投資に対する絶対的自由の保障」を世界的規模で求め、確立しようとするものであった、といえる。国内法よりも優越する資本の自由を認めさせ、投資に対する絶対的自由の保障を各国間で結ぶというものだ。

WTOのレナード・ルッジェーロ事務局長（当時）はこれを「統合された世界経済の憲法」であると定義づけた。

仮に、このような「憲法」が世界のものになれば何が始まっていただろうか。

国や自治体の経済政策、環境保全のための規制、住民・市民の健康・安全保護のための公共政策まで、規制緩和の対象となり、企業行動に対するいっさいの規制・誘導が困難となる（小泉流改革の示すビジョンに余りに酷似している）。

さらにまた今回不況のなかで実施されたような地域産業や地元中小企業への制度金融、雇用確保のための助成策なども外資差別を理由に不可能となる。地域振興策、都市計画、環境規制など自治体本来の公共政策よりも資本・企業の意思が優越する。

資本にとっての「徹底自由」の体制が世界同一の基準、つまり国際基準として確立されることになっていただろう。

「多国間投資協定」がめざすものは、いったい誰にとっての自由であろうか。ワラックはMAIを指して「資本主義の全体主義的未来」と表現した。

ホットマネー（国際短期投機資金）、ヘッジファンド（投機的投資信託）、多国籍企業にとっての自由、またそうした資本と利害を同じくする先進国、途上国の特定階層にとっての自由の保障が徹底的にもとめられている。代わって一般市民の自由は大きく削り取られる。

「多国間投資協定」が現実のものとなっておれば、私たちの日常は疑いもなく本書『ラテン・アメリカは警告する』に示された各国の軌跡に符合していたのではあるまいか。

重要なことは、世界各国のＮＧＯの懸命の抵抗運動が効を奏し、アメリカは「多国間投資協定」の強引な成立へ向けての行動を「打ち切った」が、日本の「総合規制改革会議」（内閣府）、その打ち出す規制緩和プログラムを渇望しつつ待つ小泉政権は、自ら進んで「多国間投資協定」の日本版を、改革の名において次つぎ政策化し、実行に移していることである。

世界のＮＧＯ、市民が危険を察知して阻止した、それと瓜二つの忠実なる「日本製・多国間投資協定」実行プログラムを作成し、危うげな軌条の上を驀進している。

「小泉流構造改革」の本質にほかならない。

「多国間投資協定」のたどった紆余曲折について私は多くを書いてきた。それら当時の記述は今日、世間でようやく常識となった。「多国間投資協定」に関連して一例をあげれば、こうだ。

「一九八〇年代を迎えて以降、アメリカが進めてきた国益戦略の全体像が市民にも把握できるようになってきた。アメリカは政治、経済、文化の広い領域で、世界に向けて「アメリカ的自由」の普遍化ともいうべき作業を進めてきた。それは三本の柱を基軸として展開されてきている。

第一は「財の取引自由化」であり、これは各国の国内制度の規制緩和推進を押し立てることで所期の目的を達しつつある。第二が「資本」の分野であり、ここではビッグ・バンにつづけて「投資の完全自由化」を保障する「多国間投資協定」の成立が本命ではないだろうか。

そして第三に「知的所有権」がある。いますでにWTOを舞台に交渉が進む国際電子商取引の「非関税化」がそれである」(『内橋克人　同時代への発言』全八巻、岩波書店、一九九八〜九九年、ほかに収録)。

「第二」については先述の通り、それに代わる同等の世界システムが装置化された。デジャ・ビューは追体験を経て原体験となるかも知れない。この道程こそは回避されなければならない。

完成度高めたグローバル化

ところで、アメリカは再び同様の協定を持ち出すだろうか。答えは「否」である。なぜか。すでに述べたように、もはやそれを必要としないほどに、そして世界の市民の頑強な抵抗にあえて立ち向かう必要もないほどに、アメリカにとっての「望ましいグローバライゼーション」はすでに完成度を高めているからである。

第一に、「多国間投資協定」に代わる「二国間協定」の進展である。

当時、日本のNGOにあって、同協定に大々的な抵抗運動を繰り広げたリーダーの一人は、私との対論において明らかにしている。

「アメリカはすでに一二〇カ国以上と二国間投資協定を持っている。そのうちの多くはNAFTA(北米自由貿易協定)スタイル、つまりトップダウン型のMAI的なものだ。いまさらMAIに固執する必要もない。その一方で、ヨーロッパと日本は二国間投資協定をあまり持っていない。ということとで、MAIで一気にやりたかったのは実のところ日本だった。日本がいまもいちばんこだわっている。同じ性格のものを必要とするのはむしろ日本だけ、といえる」（内橋、前掲第五巻『多元的経済社会のヴィジョン』一九九九年）。

事実、「多国間投資協定」（MAI）案は、一九九四年一月発効のNAFTA（アメリカ、カナダ、メキシコ三カ国による自由貿易協定）からエッセンスをとってつくられたとされる。NAFTAの裏庭・カナダにあっては市民が最も強烈な抵抗運動を繰り広げた。NAFTAの悪影響を熟知していたからである。当時、世界で最初にMAI反対決議を行ったのは、ブリティッシュコロンビア州（カナダ南西部）の州議会であった。NAFTAへの知識は一般市民にまで浸透し、強い反対運動が巻き起こった。

第二に、グローバライゼーションの新段階は、「マネーとIT（インターネットに代表される情報・通信技術）の結合」によってもたらされた。基軸通貨国アメリカは壮大な「ITに乗ったドル」（誤解を恐れずITマネーと呼ぶ）を優越的インフラに乗せて操ることができる。ここにマネーとは、金融工学的手法によって可能となった「利が利を生む装置」にほかならず、単なる「お金」でもなく「通貨」でもない。

世界のあらゆる格差を衝いて運動するこの〝ITマネー〟はアメリカに圧倒的有利な世界システムとして機能する。その成果、すなわち投下マネーとITマネー・ゲイン（利得）の割合、いわばITマネー投資収益率は常にアメリカ企業（多国籍・世界企業）において高くなるよう、装置は構築されている（後述の周辺国による「巨額為替介入」などがこの仕組みを補強する）。

以上、アメリカはもはやかつてのように「多国間投資協定」をまつまでもなく、ITマネーを介して自国の国益追求に有利な展開を可能とする。そのような世界システムが完成に向かっていることを意味している。

アメリカ主導のグローバライゼーション（世界市場化）が完成度を高めるにつれ、資本主義・市場経済は歴史的な地殻変動に見舞われている。

このように完成の域に近づいた「世界市場化」がもたらす最大の衝撃は、先進資本主義国とされる国々を「中心部」と「周辺部」に分かつ、新たな国際的階層化が深化し始めた、という事実のなかにある。いうまでもなく中心部に位置するのはアメリカであり、際だって周辺部国としての特性を露呈し始めたのが日本である。国際競争力強化を金科玉条としてきた日本経済界にとって周辺部国とは、これ以上の衝撃もないだろう。いや、逆に、その現実を知る危機感のゆえに、国内の他のセクター（雇用・労働・家計部門）を犠牲にしてでも国際競争力を、成長を、の焦燥感に取り憑かれているのかも知れない。

一つの目安を示せば、アメリカによる対日直接投資の収益率は一四％を超え、日本の対米直接投資の収益率は五％に達していない（二〇〇三年）。

このけた違いの収益格差を生んだものは、単に相手先市場での資金運用、事業運営の巧拙によるだけではなく、先に述べたＩＴマネー、さらに直接投資に振り向ける資本、資金の調達コストの高低にも多くを負っている。簡略な図式として示そう。

二〇〇三年半ば以降、政府・日銀は大規模な「円売り・ドル買い」の為替介入を展開した。なぜか。この年三月初旬の頃、一ドル＝一一二円台の水準にあった為替相場が、その後、わずか三週間ほどで七円近く円高が進み、二〇〇〇年九月（八日）以来の円高となったからだ（英「タイムズ」紙が「日本政府・日銀がこれまでやってきた大規模介入を止める方針に転換」と伝えた、などが引き金となった）。

仮に「タイムズ」紙の報道通り巨額介入を止め、市場に任せることになれば、円高はさらに進み、多少の上げ下げを経ながらも、一〇五〜一〇〇円突破も間近との説も出ていた。

この間、その前年から政府・日銀は猛然と介入にうって出ているのである。

二〇〇三年から〇四年二月末までの介入額は実に三〇兆円と前例のない規模に達した。介入回数は〇三年一年で九一回にもなり、その効あってか、同年二月（二三日）、円は一〇九円台前半にまで急落した。

この巨額介入のために政府が借り入れた円資金は合計八〇兆円にものぼる（政府・日銀がFBと呼ばれる「政府短期証券」〔国債の一種〕を発行し民間から借り入れる形をとる）。

この円資金でアメリカの政府債券を買い入れ、アメリカの財政赤字を補塡し、債券市場を、そしてNY株式市場をも支えた。掲げた旗印は「輸出主導で回復しつつある景気を腰折れさせないため」というものであった。

日本の政府・日銀による円売り・ドル買いによって支えられたアメリカの債券市場、むろんのこと株式市場は、直接金融中心のアメリカ企業にとって低コストの資金調達を容易にする。かつて永遠なる地価上昇を前提に、日本企業は不動産の簿価と時価の差を活用する「含み益経営」によって競争力を倍加できた。アメリカ企業においては「マネー」こそが、かつての日本企業にとっての「土地」の役割を果たしているのである。

一方、周辺部の国々ではどうか。たとえば日本。このようにして防衛した「円高」への流れは、いま、すなわち二〇〇五年四月、東京為替市場で円は一ドル＝一〇七円台。〇三年三月の介入時に比べて五円方、円高が進んでいる。巨額介入の円資金はどうなったのか（日米の金利差を比較すると、アメリカの一〇年もの国債は三％ほど日本より金利が高い。そこで運用益が享受できる。その運用益を帳消しにし、あるいは超える水準へと円高は進む）。

次のようにいえる。

中心国アメリカは基軸通貨国の強みをさらに戦略的に発揮するだろう。連邦準備制度理事会（FRB）が公定歩合の上げ下げを通じて自国の景気を制御しようとすれば、対米輸出依存度の高い周辺部国ほど加重された影響が波及し、「ドル買い」の挙に出ざるを得ないだろう。

先に述べた中心国と周辺部国との資金調達コスト格差は拡大する。この構造が続く限り、アメリカへの資金流入が止まることはない。そのような新たな世界システムがいま完成度を高めている現実を知らなければならない。

さて、グローバライゼーションの進展とともに、以上に述べた地殻変動が世界を見舞い、新たな国際的階層化が進んでいた時代、私たちの国では何が行われていたのだろうか。

進む「経済と社会の分裂」

一場の夢に終わった「バブルの宴」、それにつづく一〇余年。現れては消える「改革」に私たちの社会が翻弄されていた時代、すでに述べたように、世界を染め上げる「グローバル化」は完成度を高めていた。ところが、内にあって、バブル崩壊とその後遺症からの脱出を求める施策の主導権は、外に急進するこのグローバル化にいかに「適応」するか、に腐心する追随論者たちの手にゆだねられた。排除されたのは、外からのグローバル化にどう「対応」すべきか、主体的、個別的な政策選択の重要性を説く対抗思潮の持ち主たちであった。

前者はグローバル・スタンダード（国際基準）なる言葉をひねり出して普遍化し、バブル後遺症の超克、加えて戦後を通じて日本社会に積み上げられた「積年の弊」の矯正をも、これで同時完遂するのだ、と唱えた。グローバル化宿命論が主流となり、規制緩和、規制改革、構造改革、と呼び名を差しかえながら、同じ内容の「改革」が日本再生への道と謳われ、進む世界市場化に対して自国の社会をバリア・フリー化することに血道をあげた。

それらの「改革」において頻繁に使われたグローバル・スタンダードが常に「アメリカなるもの」を標柱としていたことはいうまでもない。

ここに描いた俯瞰図もまた小泉構造改革の四年をもって完成に向かおうとしている。

成果として不良債権処理は進展し、構造改革なくして景気回復なし、と渇望したその景気回復が首尾よく成就しつつある、と政策形成者は「改革の成果」を自讃している。

完成度を高めたグローバル化と小泉流構造改革、両々あいまって「小泉パラダイム」は仕上げのときを迎えたといえるだろう。

だが、いま日本人はその空域に宙づりとなって浮遊している。

二一世紀を迎えて五年、私たちは自らの立つ位置を明視できる歴史的過程に立ち会いながら、その意味するところ、的確に認識すべき検証作業にいまだ手をつけていない。

ラテン・アメリカ、中南米諸国の軌跡、そして再生への試みを身近に引き寄せることがその糸口を拓く。

本書『ラテン・アメリカは警告する』から多くを読み取ることができるはずだ。

読み取るべき最大のものは、「たとえ経済は栄えても社会は衰退する」分裂の時代の苦い経験である。

同様の事態が、いま日本の現実となり始めた。

二〇〇五年春に至る現在、小泉構造改革の担い手たちは、「景気回復基調」をすべての経済認識の基盤に据え続けている。もろもろの政策がこの認識を発祥地として繰り出される。郵政民営化も、国民負担増を不可避とする財政改革も、教育改革も、三位一体改革（補助金、地方交付税、税源移譲を三本柱とする改革案）も、である。

何をもって景気の回復ととらえているのか。すでに触れたように主要企業における「利益」の連続拡大である。三期連続の伸びを続けた上場企業の純利益は、直近の二〇〇四年度において一〇兆円を超え、記録更新となる（三月期決算企業）。

因みに、二〇〇四年三月期決算では東証一部上場企業の四社に一社が過去最高額の黒字を計上し、純利益の総額は前期比六三％も増えた。大手銀行グループの不良債権処理は峠を越したといい、運用利回り改善の大手生保では逆ざやに伴う損失も減少に転じた。企業部門、そしてマクロ数値は威勢よく回復の道をたどっているかに見える。

だが、一転、同期間の「売上高」はどうであったか。ほとんど増えていない（二〇〇三年三月期＝経常利益七二・一％増、売上高一・二％増。〇四年三月期＝経常利益二六・九％増、売上高一・九％増。東証一部上場一六一七社）。

売上高は変わらないのに、なぜ利益だけがかくも増加したのであろうか。

いうまでもなく、これを可能にした最大の要因として雇用・労働の新自由主義的改革をあげなければならない。

その一方で、人びとの暮らしを担う家計部門は痩せ細っている。

第一に、生活者の懐具合。二〇〇三年、家計の金融収支は一兆二〇〇〇億円もの資金不足（赤字）に陥った。「支出」に「稼ぎ」が追いついていない（日銀「資金循環統計」速報値）。

家計は過去の蓄積を大きく取り崩して帳尻を合わせざるを得なくなっている。同統計開始後、初めての赤字転落であり、深刻な事態に歯止めのかかる気配はみえない。

月々の収入はどうか。「稼ぎ」において長期構造的低落の傾向が定着し、会社は儲かっても給料は上がらず、賃金の中国・アジア並み低水準へのサヤ寄せ、そして終わりなきリストラが企業社会の最重要の課題となっている。

こうして一世帯あたりの平均所得は一二年ぶりに六〇〇万円台を割り込み、一人あたり平均給与も年々四万円近く減り続けている。世帯あたり所得の最頻値（最も分布の多い所得額）は年間三〇〇～四〇〇万円未満にあり、世帯全体の六割が平均所得を下回っている。子どものいる世帯の六三％が「生活が苦しい」と訴えている（厚労省『国民生活基礎調査』）。

いま、政府が構造改革の成果と自讃する景気回復。これが持続可能社会への道筋に沿ったものといえるであろうか。

新自由主義改革を超えて

どの国においても、規制緩和、改革、ビッグ・バンが、経済的・社会的秩序形成者の時代的利害を体現する「改革者」たちによって唱導される。

その改革者＝唱導者たちが破壊の対象とする旧秩序は主として、かつては同じ秩序形成者にとって、最も効率的な機能集団として生み出され、多大のコストと引き換えに練り上げられ、人びとを飼い慣らした諸制度にほかならない。世界市場化の波に乗って登場した唱導者たちの攻撃目標も、それら秩序形成者たちがいままさに脱ぎ捨て、ダストシュートめがけて投げ込もうとする、彼らにとっての古着なのである。

彼らは生身の人間もろともその古着の段ボール箱めがけて放擲《ほうてき》しようとしている。

新自由主義の唱導者たちは、その時代における最強の秩序形成者の論理的、政治的、経済的必要性に対して、全体的かつ整合性をもって応える体系を用意して立ち現れたので、これまでのところ、他のどのような論理に対しても、「不敗の言説」であり得た。

彼ら唱導者たちの連戦連勝は、彼らの論理を担保するものが時代最強の秩序形成者の必要性そのものに発していたからにほかならず、したがって勝利は戦いを始めるずっと以前からすでに予約済みのものだったのである。

「改革者」を名乗るそれら唱導者たちは、常にその時代その時代の最強の秩序形成者に寄り添い、召集に応え、言動をともにすることによってのみ存在を誇示し、大衆説得力を発揮しつづけることができる。この仕組みそのものを撃たなければならない。

時に、彼らの攻撃は行政官僚や政治権力、強大な経済権力に向けられることがある、と見えて、その実、権力への攻撃は秩序移行に取り残された数少ない脱落者か、愚かな抵抗者へのものに限られ、その内実もまた最強の秩序形成者からすれば、いまは脱ぎ捨てるべく運命づけた襤褸《ぼろ》切れに過ぎない。唱導者たちの行う行政・官僚批判も当の権力から与えられた許容範囲内の安全弁つき糾弾の域を出ることはないだろう。

彼らの真の攻撃目標は常に時代最強の秩序形成者の「その外側」におかれている。

「その外側」には、秩序形成者がやむなく与えた一時期の妥協の産物、ことばを換えていえば、最強の秩序形成者以外の社会的勢力によって獲ち取られたものが含まれている。この仕組みを見破ることのできるポリシー・インテレクチュアル（政治知性）が求められているのである。

それらは秩序形成者にとっての「脅威」を前提にもたらされた。三つの存在が歴史に刻まれている。

第一に、いうまでもなく、旧ソビエト・ブロックに象徴される旧共産圏という「敵」の存在であった。

秩序形成者にとって絶えざる「共産化」の脅威に対する「資本主義的防波堤」として割譲された諸権利とその系譜を指す。

勤労者の団結権にはじまり同盟罷業の権利、同一労働同一賃金、最低賃金制度、各種社会保障制度にとどまらず、資本の行動に対する広範な社会的規制にいたるまで、それら権利の多くは、絶えざる共産化の脅威に対する資本主義的防波堤として譲歩されたものである。むろんのこと、割譲を迫る内在的圧力がなければならなかった。

その時代、仮に譲歩がなければ、それら諸権利を求める社会的拮抗勢力の暴発、ひいては資本主義・市場経済の〝弱い鎖〟の崩壊、すなわち当時の自由陣営からの特定国の離脱・共産化リスクを避けることは困難であったかも知れない。

いま、「隣の脅威」は消滅した。

第二に、長期構造的景気後退、恐慌へのリスクを抱え持つ資本主義・市場経済にあっては、「最後の消費」を担保できる諸制度を必要とする。かの大恐慌以降、ビルト・イン・スタビライザー（社会的安定化装置）の構築が不可欠とされた。国家による需要創造、その一つである公共投資のもたらす波及効果と天秤にかけながら、ナショナル・ミニマムに象徴される各種生活保障制度があみ出された。

第三に、日本でいえば、かつて経済同友会に代表された修正資本主義思想をあげておかなければならない。右に述べたビルト・イン・スタビライザーの一つとして、いわゆるセイフティ・ネット（安全網）整備の必要を説く思想がある。いわば資本主義・市場経済そのものの「保険」としてそれは位置づけられた。

以上は、しかし、秩序形成者からすれば、いずれも資本の運動性においても、投資対効果においても、資本主義的合理性とは対極の非合理・非効率な、「やむを得ざる反資本主義的諸制度」にほかならなかった。

いずれも、ビルト・インという、その名に反して、資本主義の「内側」に仕込まれたエンジンではなく、その「外側」に渋々装置されたエンジンであった。

いま、その「外側」が秩序形成者にとって「無用の長物」になろうとしているのである。改革の唱導者たちは、すみやかにそれを放擲せよ、と叫ぶ。

空ゆく航空機の座席に座る〝搭乗客の無知〟には、窓を通して機外に見える「外側のエンジン」は、ただ重いだけの無用の長物と見えよう。速度を上げるには、まず「無用の外側」を取り外して身軽になれ、と叫ぶに違いない。その外側こそが推進力であることも知らず……。

九〇年代不況を下支えした「年金族」の存在を忘却して、年金にかかわる企業負担の軽減をめざす経営者も、〝搭乗客の無知〟に等しい。年金の掛け金負担ゼロの非正規社員が異常な急増ぶりを示す事実のなかに、事の核心部分が象徴されている。

このようにして、ビルト・イン・スタビライザーは消え、新たな二一世紀型恐慌がいつか現実のものとなろう。新自由主義改革の「成れの果て」の姿が既視感となって現れてくるのである。

新自由主義改革の唱導者たちは、一見、秩序形成者に寄り添う「従僕」とみえて、その実、健全な市場経済の足もとを掘り崩す、アマルティア・センのいう〝ラショナル・フールズ〟（「合理的な愚か者」）にほかならない。

繰り返せば、この仕組みを見破ることのできるポリシー・インテレクチュアル（政治知性）が求められる。ここにいう「政治知性」こそは大衆説得性において「合理的な愚か者」をはるかに凌駕できることは疑いがない。私たちはここからもう一度歩き直さなければならない。

分断・対立・競争を原理とする「競争セクター」に代えて、連帯・参加・協同を原理とする「共生セクター」に軸足を移す。新たな社会への模索が始まる。

『ラテン・アメリカは警告する』に刻まれた数々の現実、そして再生への模索は、私たち日本社会の目指すべき針路を、豊穣な人間営為の成果として見せてくれるのである。

いま、猛々しく燃え上がる新自由主義。そのもとで人間排除の思想と装置がいつ知らず人びとのすぐ傍らに居座り、やがて世界を覆うようになった。

この混沌とした不安社会の向こう岸に何がほの見えているのだろうか。

市場一元支配主義の説く分断・対立に代えて、そしてまた原理主義の非妥協・排他に代えて、人間自然の姿として対抗できる脱出口は存在するであろうか。

私たちはそれを問い、夢でなく現実を模索したいものと願う。作業はいつも常識や通念への根源的な疑いに助けられる。求められているのは通念を自然な人間のあり方を基底に据えて、まったく新しい地平の上に引き出し、そして問い直すことである。

数々の新しい尺度が生まれる。

私たちの社会とは人びとの生きる、働く、暮らす、を統合する場としてあったはずだ。

本書『ラテン・アメリカは警告する』において、序章、第1章から第11章まで、各章に溢れる優れた研究者たちの新たな尺度への希求心、そして緻密に構築された論理の体系がいま私たちを奮い立たせてくれるはずである。

第Ⅰ部　ラテン・アメリカの新自由主義の経験から何を学ぶか

Más allá de la década perdida

Além da década perdida

序章

「失われた一〇年」を超えて

ラテン・アメリカの教訓

佐野 誠

はじめに

内橋克人が正しく見通していたように（内橋［一九九四］）、一九九〇年代初めのバブル崩壊後、日本経済は景気変動を経ながらも傾向的には「長期構造的停滞」に陥った。金融危機、財政危機、デフレ現象に加え、雇用指標の悪化、所得格差の広がりなどが打ち続き、九〇年代はいつしか「失われた一〇年」と呼ばれるようになった。そして二〇〇五年初頭の現在、一定の景気回復にもかかわらず、この喪失感はなお払拭されていない。イギリスの歴史学者ホブズボウム（一九一七〜）の「長い一九世紀」の概念にならえば、今日の日本経済は世紀転換点を挟んで「長い失われた一〇年」を更新し続けているのだ、といえるかもしれない。[1]

ところで、今日なおよく理解されているとはいえないが、従来繰り返し指摘されてきたように、この「長い失われた一〇年」やその直接の前提となったバブル経済の浮沈は、金融自由化をはじめ一九八〇年代半ばから本格化した一連の自由化・規制緩和・供給側重視の政策、すなわち新自由主義《ネオリベラリズム》改革と深い関わりがある（内橋［一九九五a］、宮崎［一九九二］、伊東［一九九九］、［二〇〇〇］、金子［一九九九］、山家［二〇〇一］）。そして現代日本経済の来歴をこのようにとらえたとき、本書でとりあげる過去四半世紀のラテン・アメリカの経験はすぐれて示唆的にみえてくる。

南米諸国の一部（チリ、アルゼンチン、ウルグアイ）では、世界に先駆けて一九七〇年代にビッグ・バン式の新自由主義改革を実施した。八〇年代から九〇年代にかけては、程度の差こそあれ、近隣諸国にも同様の動きが広がった。わけても七〇年代後半と九〇年代の二度にわたって極端な新自由主義改革を繰り返したアルゼンチンは、その典型ともいえる存在である（後述）。結果はいずれの場合も、はかない投機的ブーム、通貨・金融危機、対外債務危機、雇用と社会保障の脆弱化（2章）、所得分配の悪化など一連の社会経済的な劣化であった。細部に違いはあるものの、他の南米諸国も似たようなショックとトラウマを患った。ラテン・アメリカの経験には何よりもまず、このような負の意味での教訓が満ち溢れている。

しかしながら、ラテン・アメリカが示唆するものはこうした反面教師的な教訓だけではない。一九九〇年代以降のチリ、そしてブラジルでは、新自由主義のもたらした弊害を補整する政策、あるいは自由化・規制緩和を進歩的に制御しようとする政策が模索されてきた。それらはチリでは「第三の道」（6章）、ブラジルでは「社会自由主義国家」（7章）と呼ばれた。またこれとは別に市民社会レベルでも、地域通貨運動（11章）、フェア・トレードと連携した先住民協同組合（10章）、貧困層による非公式の廃品回収業、さらには道路封鎖による扶助政策の要求など、新自由主義にともなう社会経済的劣化を生き抜くための、さまざまな知恵や防衛策が編み出されてきた。産業集積や世界的な商品連鎖を媒介に生き残りを図っている中小零細企業もある（9章）。

もっとも、現状打開を目指すこうした多様な試みは一定の成果をあげたものの、そこには厳然たる限界もある。新自由主義の補整や自由化・規制緩和の進歩的な制御は、

●ビッグ・バン式の新自由主義改革：「ビッグ・バン式」とは，特定の日を境に一気に改革を実施する方式。新自由主義改革とは，所得や資産の再分配といった進歩的な社会改革を抜きにしたまま，自由市場による資源配分能力の効率性を過信し，一国の経済を内外両面にわたって自由化・規制緩和することをさす。具体的には，貿易や金融の自由化，労働市場の規制緩和（いわゆる雇用の柔軟化），民営化などを内容とする（p.14の「基本キーワードの解説」も参照）。

一九九九年初めのブラジル通貨危機に象徴されるように、それ自体容易ではなかったし、ましてや従来からの構造問題（大土地所有制、不公平税制、特権層の過剰な奢侈《しゃし》的消費、貧困の再生産につながるインフォーマル・セクター〔非正規部門〕の温存など）にはなお十分切り込めていない。一方、市民社会レベルから立ち上げられた大衆の生存維持戦略も、一面では将来の「多元的経済社会」の一環となるべき「共生セクター」（内橋［一九九五b］）の形成を予想させるものの、なお緊急避難的な性格を免れていない。それでもなお、以上の経験はすべて、新自由主義改革による社会経済的劣化を乗り越える日本の今後を構想していく上で、少なからず貴重な示唆を与えてくれている。

多くの点ではるかに異質の、しかも低開発諸国とされる地域の経験と、低迷してはいるが曲りなりにも経済大国とされる日本の現実とを引き比べることには、もちろん異論もあるだろう。地域研究者のつもりでもある筆者自身、安易な国際比較は禁物だと考えている。しかしラテン・アメリカの経験には、私たちにとって有益な教訓を少なからず見出すことができる。その個別具体的な内容は次章以降にまとめられた実例に譲ることとし、本章では、政策的側面を中心に、本書全体を貫く私たちの問題意識をいま少し掘り下げておきたい。

まず第1節では、一九八〇年代から九〇年代にかけて、「失われた一〇年」と呼ばれる社会経済現象がラテン・アメリカ、特に南米アルゼンチンにおいて二回継起していたこと、またそれらがいずれも新自由主義改革と密接に関連していたことを確認する。そして八〇年代以降の日本でも本質的にはこれと同じ失敗が繰り返されたこと、すなわち日本の「アルゼンチン化」について論じる。次に第2節では、問題の根が実はより深いところにもあることを論じる。ラテン・アメリカでは新自由主義改革以前からの本来の構造問題を棚上げしたまま自由化・規制緩和政策が推進され、事態をより悪化させた。これは基本的には日本にも当てはまる。「失われた一〇年」の社会経済的劣化を払拭していくには、この点を踏まえた真の構造改革が要請されているのである。最後に第3節では、九〇年代以降のチリとブラジルでみられた新自由主義の補整（あるいは自由化・規制緩和の進歩的な制御）およびその限界を概説し、それらが日本経済再生の方向性に与える示唆を読み取ってみたい。

＊なお本序章では、今日の日本やラテン・アメリカが置かれた経済・社会の歴史的位置を先行研究に沿って確認し、本書ひいては本シリーズ全体の問題意識を明らかにするために、章末に学術的な注記を施した。多少の窮屈さをともなうが、御参照いただければ幸いである。

1 三つの「失われた一〇年」――アルゼンチンと日本における

日本経済の一九九〇年代は「失われた一〇年」と呼ばれる。この表現は本来、巨額の対外債務を抱えたラテン・アメリカ諸国が八〇年代に長期の経済停滞に陥った事態を指して作り出されたものである。その典型は南米アルゼンチンであった。

メキシコのモラトリアム（債務返済猶予）宣言を皮切りに対外債務危機が世界中に広まった一九八二年から八九年にかけて、ラテン・アメリカ主要六カ国（ブラジル、コロンビア、チリ、メキシコ、ペルー、ベネズエラ）の一人当り実質所得の年平均成長率はマイナス〇・〇一％を記録している。これに対してアルゼンチンのそれはマイナス一・五二％と、さらに一段低い水準にあった（Gerchunoff y Llach［1998］p.388）。一九八〇年代のアルゼンチンは、インフレについてみても、当時革命後の非常事態下にあったニカラグア

（ニカラグア革命、一九七九年）に次いで世界第二位の高率を記録しており（佐野［一九九八］一九八頁）、実質賃金、不完全就業、所得分配といった社会経済指標も軒並み悪化していく傾向にあった。アルゼンチンはラテン・アメリカの元祖「失われた一〇年」の、そのまた原型ともいえる存在だったのである。

そのアルゼンチンの現代経済史を省みるとき、そこには日本の「失われた一〇年」の来歴を考える上で示唆的な事態が見出される。特に参考になるのは、二〇世紀末の四半世紀に二度にわたって断行された、ビッグ・バン式の急進的な新自由主義改革（一九七六〜八一年、一九九一〜二〇〇一年）[2]とその社会経済的帰結である。厳密に言えば第一次改革と第二次改革とでは政策内容やその結果に違いもみられる。しかし金融をはじめとするやみくもな自由化や規制緩和の末、投機的ブーム、通貨・金融危機、対外債務危機、雇用の脆弱化、所得分配の悪化など、いわば「新自由主義症候群」とも呼べる一連の社会経済症状が広く大衆を巻き込む形で現れた点では、まったく共通している[3]。

（一）トラウマとしての新自由主義改革：アルゼンチンの「失われた一〇年[4]」

アルゼンチンにおける第一次新自由主義改革は一九七六年に軍事政権下で開始された。当初実施されたのは、通貨の大幅切り下げ、物価統制の撤廃、名目賃金の凍結といった国際通貨基金（ＩＭＦ）のオーソドックスな安定化政策である。これと相前後して、労働運動の弾圧による雇用の権威主義的な柔軟化（実質賃金の大幅切り下げ、公務員の削減）が断行された。その後さらに貿易自由化、金融と資本の自由化、そして新古典派マネタリズムにもとづく国際収支理論（マネタリー・アプローチ）[5]を応用したインフレ抑制策など、より急進的な改革が次々に実行されている。このうち最後の政策は、貿易自由化を前提に、期待インフレ率を下回る逓減的な通貨切り下げスケジュールを設定することで輸入競争を強め、国内物価を国際市場価格へと近づけようとするものであった。同時に裁量的な金融政策は放棄され、当時としては究極の新自由主義政策が展開されたのである。

こうした制度変化によって通貨は割高となり（ただし名目金利は当面は為替レート調整に連動し、実質金利はときにマイナスになった）、巨額の外国資金が官民双方の対外債務の形態で流入した。この間、輸入競争が強まり製造業は縮小を余儀なくされたが、奢侈的な消費財部門や建設業等の非貿易財部門では投機的なブームに沸いた。ところが、非貿易財部門のインフレ抑制が不十分であったため通貨の切り下げ期待が高まり、名目金利のリスク・プレミアム（したがって実質金利）も上昇に転じ、かくして企業財務は急速に悪化していった。この結果、一九八〇年三月には大手銀行が倒産し、金融危機が発生している。他方、通貨の過大評価はまた経常収支を悪化させることにもなり、この面からも、上述したインフレ抑制策の信頼性は低下していった。

以上のような背景の下で、一九八〇年第２四半期から八二年にかけて、大規模な資本逃避、すなわち通貨危機が波状的に発生した。これに対して政府は、国営企業の対外債務を積み増して外貨準備を維持することにより、当初の通貨切り下げスケジュール、つまりは上記のインフレ抑制策を防衛しようとした。しかし資本逃避は止まらず、八一年四月、ついに予定外の大幅な通貨切り下げを余儀なくされてしまう。市場志向の改革は、皮肉にもまさにその市場自身の圧力によって強制終了させられたのである。[6]

●マネタリー・アプローチ：新古典派マネタリズムの国際収支理論。典型的には，固定相場制の下にある小国開放経済の国際収支を貨幣の需給関係から解釈し，中央銀行の裁量的な金融政策（政府介入）がないとき国際収支は自動的に安定化すると考える。完全雇用，貨幣の流通速度一定，一物一価などを仮定しており，インフレ抑制政策にも応用される。

●リスク・プレミアム：ここでは，インフレ期待や通貨切り下げ期待の高まりに応じて，金利上乗せの動きが強まったことを指す。

●外貨準備：通貨当局が対外支払いや外国為替市場への介入のために保有している準備資産。

表０－１　アルゼンチンの主要社会経済指標

①第一次新自由主義改革（1976～81 年）と「失われた 10 年」（1980 年代）　（%）

年	1976	1977	1978	1979	1980	1981	1982	1983	1984	1985	1986	1987	1988	1989	1990
1 人当り実質 GDP 成長率	−2.0	6.2	−4.9	5.8	1.5	−7.3	−4.5	2.2	0.3	−0.8	6.0	1.2	−3.5	−7.5	−3.3
完全失業率	4.5	2.8	2.8	2.0	2.3	4.5	4.8	4.2	4.6	6.1	5.6	5.9	6.3	7.6	7.5
不完全就業率					5.2	5.5	6.6	5.9	5.7	7.3	7.6	8.4	8.5	8.6	9.1
最貧層の分配所得の比率					6.8						6.4				6.2
最富裕層の分配所得の比率					45.4						48.7				50.0
貧困世帯率					8.7						13.0				

②第二次新自由主義改革（1991～2001 年）と「もうひとつの失われた 10 年」（1990 年代）

年	1991	1992	1993	1994	1995	1996	1997	1998	1999	2000	2001
1 人当り実質 GDP 成長率（%）	9.1	8.2	4.5	4.4	−4.1	4.1	6.6	2.5	−4.6	−2.0	−5.6
完全失業率（%）	6.5	7.0	9.6	11.5	17.5	17.2	14.9	12.9	14.3	15.1	17.4
不完全就業率（%）	8.3	8.2	9.1	10.3	11.9	13.1	13.2	13.5	14.3	14.6	15.6
最貧層の分配所得の比率（%）		5.9		5.0			5.4		6.0		
最富裕層の分配所得の比率(%)		47.5		51.1			51.8		51.6		
家計所得のジニ係数*	0.465			0.452				0.494		0.509	0.538

＊注）ジニ係数とは，所得分配指標の 1 つであり，1 に近いほど不平等であることを，また 0 に近いほど平等であることを示す。
出所）筆者作成。家計所得のジニ係数は Damill, Frenkel y Mauricio［2003］p.44, cuadro 3.3, その他は国連ラテン・アメリカ・カリブ経済委員会（CEPAL）と国立統計センサス院（INDEC）の推計による。

　ここで注目すべきは、以上の新自由主義改革の過程で対外債務が急激に増加し（一九七六〜八〇年の年平均増加率三〇・八％）、その重い純返済負担（対外債務残高×国際金利−純資本流入）が投資率を引き下げるように作用することで、一九八〇年代の「失われた一〇年」の深層要因が形成されたという事実である。[7]たしかに八〇年代初めにおける国際金利の上昇やメキシコのモラトリアムといった対外的ショックも、対外債務の純返済負担を膨張させてはいる。とはいえ、それ以前の段階で巨額の債務が累積していなかったならば、その負担はずっと軽くなっていたはずなのである。

　一方、通貨危機により改革が失敗した後、一九八三年末の民主化をはさんで八〇年代末まで、IMFの介入こそ数回あったが、国内の経済政策形成における新自由主義の影響は一時弱まった。為替管理や輸入規制などが緊急避難的に実施され、その後も労働運動の自由化や、物価・賃金の凍結などにもとづくヘテロドックスな安定化政策、さらにのちのブラジルの「社会自由主義」を先取りしたかのような構造改革（農地改革、労使関係の民主化、国内産業に対する過剰保護の是正、一定の自然独占分野を除く民営化など）が企図された。

　しかし対外債務の純返済負担の重みによって投資率が低下を余儀なくされるという、通貨危機後のマクロ経済体制は、この間も一貫して政府の政策運営を強く拘束し続けた。また対外制約の天井が低下したなかでの所得分配抗争は、悪循環的な慣性インフレを押し上げて不確実性を蔓延させるとともに、投資率を追加的に引き下げることになった。かくして経済成長は抑制され、各種の社会経済指標も悪化していった（表0―1①）。第一次新自由主義改革は、以上の意味において、たしかにアルゼンチン経済の「失われた一〇年」を深層から規定するトラウマとなったのである。

(二) 歴史は繰り返す：アルゼンチンの「もうひとつの失われた一〇年」

アルゼンチンの第二次新自由主義改革は一九八九年から徐々に開始され、九一年以降に本格化した。金融と資本の自由化が再び断行されたほか、第一次改革では必ずしも徹底しなかった貿易自由化が迅速に進められ、同じく以前は実施されなかった民営化も大規模に行われた。また第一次改革では暴力を用いて場当たり的に推進された雇用の柔軟化が、法律と政令法によってむしろより厳格に断行され（最低賃金の凍結、短期雇用の容認、解雇補償金の引き下げ、団体交渉の分権化など）、さらに、割高な固定為替レートの下で、先にふれたマネタリー・アプローチの極端な形態であるカレンシー・ボード制が「兌換法体制」の名で導入された[8]。

このように、第二次改革は第一次改革に比べてずっと包括的かつ急進的な内容であったが、ここに所得政策（賃上げ率を生産性上昇率の範囲内に限定）や労働運動の弱体化などが加わってインフレは鎮まった。一九九一～九四年と九六～九七年には大量の資本流入によって信用が拡大し、非貿易財部門の内需を中心として比較的高率の経済成長も実現している。

しかしこのマクロ経済体制には、次のような脆弱性が備わっていた。第一に、相対価格の急激な変化（通貨の過大評価、輸入関税率の大幅引き下げ）による輸入競争の激化と、次に述べる兌換法体制の弱点（資本流入減少時の景気後退）とがあいまって、未曾有の大量失業や不完全就業など、貿易財部門を中心にいわば雇用の空洞化が生じた。民営化による人員合理化や雇用の柔軟化も、この問題を一層深刻にした。注目すべきことに、失業率は一九九四年までの好況期においてすでに上昇し始めている（佐野［二〇〇一a］、フレンケル［二〇〇三］）。これに対応して所得分配もかつてなく悪化した（表0―1②）。

第二に、前に述べた相対価格の変化は輸入の急増を招き、経常収支を悪化させもした。しかし一九九〇年代における一連の国際金融ショック（メキシコ、アジア、ロシア、ブラジルの通貨危機）の際には、民間資本は必ずしも経常赤字を補塡するようには流入しなかった。このため兌換法体制の冷徹な規則（外貨準備の減少に応じたマネタリー・ベースの自動的な減少、裁量的な金融政策の放棄）により、九五年と九八～二〇〇一年の二度にわたって景気後退がみられた。

またこの間、民間部門が外貨を海外資産の取得などの形で費消していたため、政府はカレンシー・ボード制を支えるべく対外債務の形態で外貨準備を積み増すことを余儀なくされている（Damill, Frenkel y Mauricio［2003］pp.21–24）。しかも通貨危機が続発するなかで国際金利が上昇するにつれ、対外債務の返済負担はますます増加していったのである。

かくして一九九〇年代末には、このマクロ経済体制の持続可能性にはっきりと疑問符が付くようになった。IMFによる金融支援のかたわらで民間部門の組織的な資本逃避が進められ（Cafiero y Llorens［2002］）、二〇〇一年末にはついに劇的な通貨危機が発生した。周知のように、その後は為替管理、預金封鎖、反政府暴動、政権崩壊、対外債務支払停止、大幅な通貨切り下げといった一連の危機が続発し、第二次新自由主義改革にもついに終止符が打たれた。アルゼンチンの九〇年代は、まさに「もうひとつの失われた一〇年」（フレンケル［二〇〇三］）となったので

●カレンシー・ボード制：自国通貨を主要国の通貨（実際には米ドル）と一定の為替レートで無制限に交換することを金融当局が保証し，これを担保できる以上の外貨準備を保有する制度。アルゼンチンでは1991年に「兌換法体制」の名で導入された。そこでは1ドル＝1ペソの固定為替レートの下で，マネタリー・ベースの増減が外貨準備高のそれと完全に連動させられた。中央銀行は「最後の貸し手」機能を失い，裁量的な金融政策はとれなくなった。それは米ドル本位制であり，「現代の金本位制」ともいえた。

●マネタリー・ベース：民間（政府の管理下にない家計・企業・銀行など）が保有している現金と，中央銀行の当座預金（金融機関が中央銀行に預けている当座預金＝支払い準備金）の合計。「貨幣供給量の基（base）」の意味であり，銀行がこのマネタリー・ベースを梃子にして信用創造することで貨幣供給量が決まる。

ある。

（三）日本の「アルゼンチン化」再論

アルゼンチンの以上二つの「失われた一〇年」が典型的に示唆するのは、自由化・規制緩和をやみくもに強行する新自由主義改革の危険性にほかならない。そしてこのことを踏まえながら現代日本経済の来歴を再考してみたとき、ここでもまた本質的にはアルゼンチンと同種の病がみられることに改めて気づく。現れた症状こそ細部でたしかに異なるが、それは同じウイルスに感染しても個々人の体質が異なれば病状も違ってくるのと似ている。筆者はこれを日本経済の「アルゼンチン化」だとレトリカルに表現し、いち早く警鐘を鳴らしてきた[9]（佐野［二〇〇一b］）。ここでいま一度論じておきたい[10]。

日本の場合、自由化・規制緩和はアルゼンチンの場合よりも長期にわたって漸進的に進められてきた、とはいえる。一九五五年の「関税と貿易に関する一般協定（GATT）」加盟後、徐々に貿易自由化が進み、六四年にはIMF八条国への移行により経常取引にかかわる外貨

コラム

もうひとつの「アルゼンチン化」：金融自由化とアルゼンチン債問題

二〇〇一年一二月のアルゼンチン危機は、思わぬ形で地球の裏側の日本にも激震をおよぼした。アルゼンチン政府が危機のさなかに対外債務の支払停止を宣言したからである。そこには円建てで起債されたサムライ債も含まれていた。日本ではアルゼンチン債と呼ばれるこの債券が、アルゼンチンの公的対外債務総額に占める比率はごく小さかった。しかし一九九六年以降の円建てアルゼンチン債の起債額は推計一九一五億円あまりと巨額に達しており、その購入者には企業のほか個人や公益法人も多く含まれていたため、大きな社会問題になった。

アルゼンチンのキルシュネル現政権（二〇〇三年五月〜）は、深刻な雇用情勢を改善するため国内の経済成長を最優先させる方針をとり、対外債務返済負担の大幅削減を主張していた（このことのマクロ経済的な意味合いは本文注7を参照）。債権者側は全額返済を求めてきたが、結局はアルゼンチン側の一方的な債務軽減策に応じざるをえなくなった（これまでの経緯の詳細を日本語で知るには、アルゼンチン債の管理会社である東京三菱銀行のサイト http://www.bmt.co.jp/sonota/argentine が有益である）。

債権者側からみれば、この問題はひとえにアルゼンチン政府の無責任さに帰せられるべきものと映るだろう。しかし本文でも述べたように、このアルゼンチン債は、

取引規制が撤廃される一方で、経済協力開発機構（OECD）加盟により直接投資の自由化も開始された。この後、金融自由化が七〇年代後半から徐々に開始され、八〇年代に本格化する。八〇年代には民営化も進められ、さらに九〇年代以降は各種の「聖域なき規制緩和」が推進されてきた。これらは経済自由化のいわゆるシークェンス理論が説く順序に似た、模範的な過程であるとも評されている（Fukao［1993］）。にもかかわらず、日本でもやはり金融自由化をひとつの重要な契機として「バブル経済」という名の投機的ブームが発生・崩壊し、そこに追加的な自由化・規制緩和の効果が重なって「失われた一〇年」が帰結されたのである。

　通説では、バブル経済の直接の契機は、プラザ合意（一九八五年の先進五カ国蔵相・中央銀行総裁会議での為替相場調整合意）後の円高不況に際して日本銀行が超金融緩和措置を発動し、これを比較的長く維持したことに求められる。しかしこの事態は、金融自由化にかかわる、より広い制度的文脈の下にも位置づける必要がある（伊東［一九八七a、b］、宮崎［一九九二］、芳賀［一九九

ひとつには、そもそも兌換法体制を護持するために起債された性格が強い。外貨を滞留させる以上に蕩尽した民間部門の行動（海外資産の取得なども含む）を相殺し、外貨準備の減少を防ぐためである。したがって元をたどれば、当時の問題含みの新自由主義マクロ経済体制（そしてその推進者）やこれを利用して蓄財した有産層にこそ、本来の責任があったというべきである。

　ところでスタンダード＆プアーズの格付けでは、アルゼンチン債はもともと起債時点で投資不適格のBBであった。この点に着目すれば、そうした低格付け債をそれと知って購入した投資家の貸手責任も問われるべきものとなる。東京都品川区の文化振興事業団がアルゼンチン債で損失を出した問題は同区議会で追及されているが（共産党の区議会議員のサイトhttp://www.ne.jp/asahi/jcp/sinagawa/gikai/aruzentin/sawada20020311.htmを参照）、たしかに公益法人の場合は説明責任も出てこよう。さらに厳しいことをいえば、知らなかったといわれればそれまでだが、そもそも大量失業を生み出すような経済政策が行われていた国に、単なるハイ・リターン目当てで投資していたのも残念なことである。

　もっとも、このようにいったからといって筆者は、それこそ「自己責任パラノイア」の新自由主義者のように、投資家に全責任を負わせる気など毛頭ない。実際、低格付けのアルゼンチン債を購入する投資家が後を絶たなかったのは、証券会社がハイ・リスクよりもハイ・リターンを強調する、甘い投資勧誘を行っていたからでもある。しかも万一のときに備え、投資家の自己責任を証

三］、吉富［一九九八］第二章、伊東［二〇〇〇］第三章）。

第一に、高度成長終焉後の内部留保金の増加にともなう「大企業の銀行離れ」が、一九七〇年代後半からの資本市場の自由化・規制緩和によって加速した（エクィティ・ファイナンスやコマーシャル・ペーパー〔CP〕による独自の資金調達の急増）。第二に、このことと金利自由化や業際規制の緩和とがあいまって、金融機関の貸出競争が激化した。第三に、金融自由化以前のいわゆる護送船団行政のもとでは競争制限や破綻処理に比べて健全性規制が相対的に甘かったことから、この制度的慣性が自由化後も作用して金融機関の不健全な競争を許した。また第四に、為替取引の実需原則の廃止と円転換規制の撤廃により、ユーロ市場でのエクィティ・ファイナンスを通じてマイナス金利での大量の資金調達が可能となり、これが投機に用いられた（伊東［一九八七a、b］、［一九九九］二二一～二二三頁、［二〇〇〇］七七～七九頁、金子［一九九九］二二五～二二六頁[11]）。

以上の諸要因と、上述した日銀の超金融緩和措置とがあいまって、一九八七年以降、不動産中小企業に対する

明できる「債権の格付けに関する確認書」を周到にも取り交わしておいて（http://www.geocities.co.jp/Wall-Street-Bull/1308/では、損失を被った個人投資家が大手N証券の無責任な営業姿勢を告発している）。おそらく投資家の多くは、アルゼンチンの当時のマクロ経済体制の問題点についてはほとんど無知であったに違いない。一方、証券会社がどれほど事情に通じていたかは定かではないが、もし仮にリスクの高まりに気づいていたのであれば、いわば未必の故意にも比せられる、文字通りの悪徳商法だったということになる。

　このようにみると、アルゼンチン債問題は、近年流行の「非対称情報の経済学」（J・スティグリッツ）の世界にも似通ってくる。しかし筆者はここで思考停止するつもりはない。アルゼンチン債をめぐる情報の偏在それ自体よりは、むしろそれが取りざたされるような状況を作り出した制度変化こそが、より本源的な問題だったと考えるからである。

　実際、BBの低格付け債を円建てで起債することなど、かつては不可能であった。それが解禁されたのは、一九九六年、円の国際化を意図した橋本政権が円建て債券発行を自由化したときである。これは投資に関するきわめて重大な制度変化であったにもかかわらず、その後政府が新たなリスクの説明責任を十分果たした気配はない（この点に関しては http://www.eco-plan.info/wadai_1.html に鋭い指摘がある）。

　債券投資の規制を安易に緩和し、パンドラの箱を開いてしまったところに究極の問題がある。そうした政策が

金融機関のずさんな土地融資や大企業の「財テク」が横行し、土地・株式等の資産価格がバブル状に騰貴していくようになった。また、その資産効果によって多分に奢侈的な消費ブームが起き、製造業大企業の設備投資も異常に活発化した（吉川［一九九九］七四～七八頁）。かくしてユーフォリア（多幸症）が蔓延し、バブル経済が顕在化したのである。

　資産インフレを懸念した日銀の総量規制を契機として、一九九〇年代の初めにバブル景気は崩壊した。そしてその後は九一年二月から九三年一〇月にかけての景気後退、九七年五月までの回復、九九年一月までの鋭い後退、二〇〇〇年一〇月までの回復、〇二年一月までの後退、現在に至るゆるやかな回復…という具合に景気変動がみられた（内閣府景気基準日付）。結果としての経済の長期低迷と、その下での社会経済指標の悪化は、いうまでもなく複雑な因果関係によるものであり、単一の原因へと還元することはできない。しかしそこには新自由主義政策の負の効果が引き続き認められる。もっとも、それは直線的に現れたのではない。実際的あるいは政治的な理由

採られなかったならば、証券会社の「悪徳商法」も、また投資家の「自己責任」も、はじめから問題となりえなかっただろう。巨額の貯蓄が南米のブラック・ホールに無為に吸い込まれ、日本の「失われた一〇年」の追加要因となることもなかったに違いない。

　要するに、金融自由化の欠陥である。アルゼンチン債問題はこの意味で、筆者がいう日本経済の「アルゼンチン化」の、もうひとつの側面なのだといえよう。

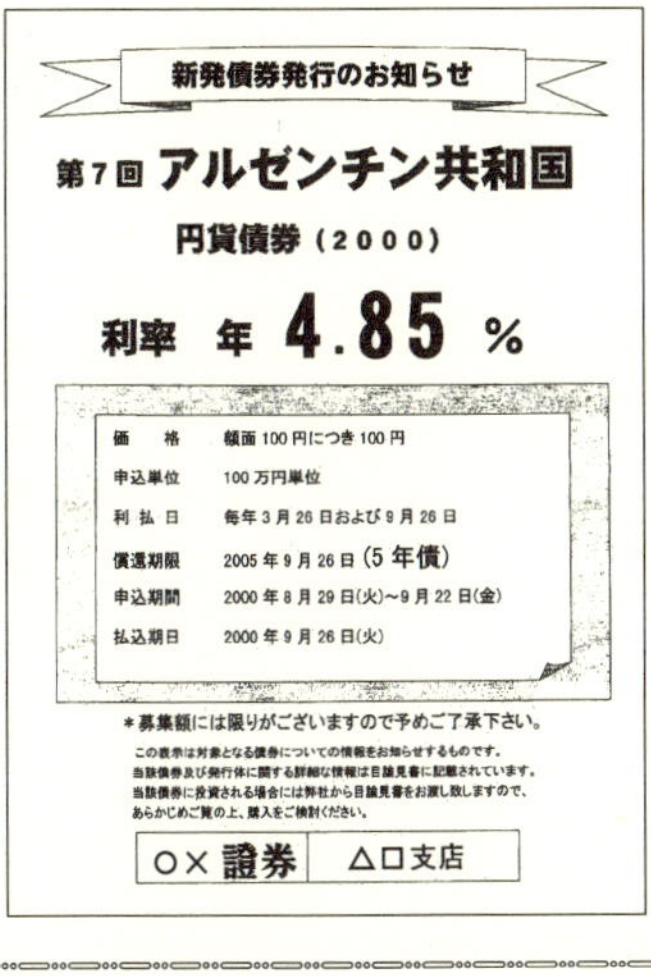

二〇〇〇年に募集されたアルゼンチン債の某大手証券会社宣伝ビラ。同年、アルゼンチン経済は二年連続の不況下にあり、経常赤字などマクロ経済的不均衡のほか、大量失業をはじめとする社会経済問題も深刻さを増していた。一九九一年以来の第二次新自由主義改革は、明らかに持続困難な様相を呈していたのである。

表０－２　日本経済の実質成長率（国内総支出増加率）に対する各需要項目の寄与度（1981～2003 年）

（%）

年	国内総支出増加率①	民間最終消費支出②	家計最終消費支出	除く持ち家の帰属家賃	民間住宅投資③	民間企業設備投資④	民間在庫品増加⑤	政府最終消費支出⑥	公的固定資本形成⑦	公的在庫品増加⑧	純輸出（輸出－輸入）⑨
1981	2.9	0.8	0.8	0.5	−0.2	0.4	0.1	0.7	0.3	0	0.8
1982	2.8	2.4	2.4	2.1	−0.1	0.1	0	0.7	−0.3	0	0
1983	1.6	1.6	1.5	1.3	−0.3	−0.3	−0.3	0.7	−0.2	0	0.4
1984	3.1	1.3	1.3	1.0	−0.2	1.1	0	0.4	−0.3	0.1	0.6
1985	5.1	2.2	2.2	1.8	0.2	2.2	0.3	0.1	−0.4	0	0.5
1986	3.0	1.8	1.8	1.5	0.3	0.9	−0.2	0.5	0.1	0	−0.7
1987	3.8	2.3	2.2	1.9	1.0	0.6	−0.2	0.5	0.4	−0.1	−0.8
1988	6.8	2.7	2.6	2.3	0.7	2.6	0.6	0.5	0.3	−0.1	−0.6
1989	5.3	2.6	2.6	2.1	−0.1	2.6	0.1	0.4	0	0	−0.3
1990	5.2	2.5	2.4	2.0	0.3	1.8	−0.2	0.4	0.3	0	0
1991	3.4	1.5	1.5	1.1	−0.3	0.8	0.2	0.5	0.2	0	0.4
1992	1.0	1.4	1.3	1.0	−0.3	−1.4	−0.4	0.3	0.9	0	0.4
1993	0.2	0.7	0.7	0.3	0.1	−1.8	−0.2	0.4	0.9	0	0.1
1994	1.1	1.5	1.5	1.2	0.4	−0.9	−0.2	0.5	0.1	0.1	−0.2
1995	1.9	1.0	1.0	0.8	−0.2	0.4	0.6	0.6	0.1	0	−0.5
1996	3.4	1.4	1.3	1.2	0.6	0.7	0.2	0.4	0.5	0	−0.4
1997	1.9	0.5	0.5	0.3	−0.6	1.7	0	0.1	−0.8	0	1.0
1998	−1.1	0	−0.2	−0.3	−0.6	−0.3	−0.5	0.3	−0.1	0	0.3
1999	0.1	0.1	0	−0.2	0	−0.7	−0.4	0.7	0.4	0	−0.1
2000	2.8	0.5	0.6	0.5	0	1.5	0.3	0.8	−0.8	0	0.5
2001	0.4	0.9	0.9	0.7	−0.2	0.2	0.1	0.5	−0.3	0	−0.7
2002	−0.3	0.5	0.5	0.3	−0.2	−1.2	−0.3	0.4	−0.3	0	0.7
2003	2.5	0.5	0.5	0.4	0	1.5	0.3	0.2	−0.6	0	0.7

「失われた一〇年」の始まり

・2001 年以前は確報値。2002～03 年は確報改定値。
・国内総支出は前年度比。
・各項目の寄与度は次式により算出してある。
　寄与度＝（当年（度）の実数－前年（度）の実数）÷前年（度）の国内総支出（または国民総所得）×100
・四捨五入の関係上，各項目の寄与度の合計は必ずしも国内総支出の増加率には一致しない。

出所）内閣府経済社会総合研究所の資料をもとに筆者作成。

で、ケインジアン的な景気刺激策（六一頁参照）も断続的に実施されたからである。この一種の政治的景気循環をも考慮して事実を再構成すると、九〇年代の日本の「失われた一〇年」は、総需要の項目毎に次のように要因分解できる[12]（表0―2）。

第一は民間企業設備投資に関してである（表0―2④）。この項目は一九九二～九四年と九八～九九年に鋭く落ち込み、文字通りの「暴れ馬」となった。前者は主に大型のストック調整によるものであり、バブル経済期の過剰な設備投資の反動である[13]。また、九八～九九年の下落は信用収縮によるが、このことはそれ自体また九七年末～九八年の金融危機（三洋証券、北海道拓殖銀行、山一証券、日本長期信用銀行、日本債権信用銀行の破綻）とBIS規制（国際決済銀行〔BIS〕により定められた国際的な自己資本比率規制）にもとづく早期是正措置に起因している[14]。このうち金融危機については、明らかに新自由主義政策の負の影響がみられる。

そもそもこの危機の背景には、アジア危機の影響（株価下落など）のほか、一九九七年に進められた財政構造改革（消費税率引き上げ、歳出削減）による景気の下降があった。また個別にみても、山一証券の経営困難の少なくとも一因は、証券売買手数料の自由化によって大口の手数料が事実上ゼロとなり、法人取引が多かった同社の収益が圧迫されたこ

●エクィティ・ファイナンス：新株発行をともなう資金調達のこと。具体的には，公募による時価発行増資，転換社債，新株引受権付社債の発行などがある。
●コマーシャル・ペーパー（CP）：企業や金融機関が短期資金調達のために公開市場で発行する，単名・無担保の約束手形のこと。元来はアメリカやカナダで発達した資金調達の手法であり，日本では 1987 年以降発行が認められた。期間は 1 年未満，発行額は 1 億円以上。
●護送船団行政：戦後の旧大蔵省の一貫した政策で，金融機関の競争を抑制し，破綻させない行政方針。こうした行政保護の下で，預金金利や営業時間，振込手数料なども同じという銀行の“横並び現象”が長らく続いた。
●為替取引の実需原則：先物為替取引を輸出入等の実需（実際の需要）にもとづく場合のみ認める原則。

とに求められる（伊東［一九九九］一二一～一二三頁）。長銀や日債銀の破綻の背景にも、金融自由化による前述の「大企業の銀行離れ」（特に両銀行が担っていた長期の設備投資金融の分野）があった（伊東［二〇〇〇］七三～七四頁）。さらに九七年の金融危機の際には外国機関投資家による株式投機が最後の一撃となったが、これは当時の日本の金融市場がアメリカをも上回るほど過度に自由放任されていたためであった（伊東［一九九九］一一～一四頁）。大蔵省（現財務省）は金融自由化の総仕上げとして推進された「ビッグ・バン」政策の下で、かつてなく自由放任に傾斜しており、危機の発生をいわば放置したのである[15]（吉冨［一九九八］一四五頁、山家［二〇〇一］三四～三六頁）。

以上に加え、バブル崩壊後に構造不況に陥った非製造業中小企業において、従来にない投資の落ち込みがみられたことも無視できない。その原因のひとつとして、規制緩和による量販店の進出が地域の商店を圧迫したことがあげられる。それまでの不況期には非製造業投資が「下支え」の役割を果たしていただけに、この事実は重い。一九九七～九八年の信用収縮の影響も、非製造業中小企業で大きかったことが知られている（吉川［一九九九］二二一～二二三頁）。

第二は消費に関してである（表0―2②）。一九九〇年代にはほぼ一貫してこの項目が不振であり、このことも大いに景気回復の足かせとなった。まず九二年にバブル崩壊に伴う一定の逆資産効果（資産価値の下落が需要にマイナスの影響を与えること）がみられたほか、九七年には前述の財政構造改革による増税のマイナス効果もあった。九九年の税制改革も富裕層や企業には減税、中・低所得層には増税となる内容だったが、所得階層別の消費性向の高低を考えれば、これもまた明らかに消費の回復を妨げたとみてよい（山家［二〇〇一］三八、八〇頁）。しかし長期的にみて消費に最もブレーキをかけたのは、雇用の柔軟化がもたらした社会不安と自営業の不振であった。

このうち後者については、一九九〇年代初め以降における量販店進出規制の大幅緩和との関連が指摘されている（荒川［二〇〇〇］三六二〜三六三頁）。また前者の背景には、経済の低迷が長引くなかで雇用関係の社会的規制が緩和されたこと、すなわち労使間の長期雇用合意がゆらいだことがある。完全失業率の戦後かつてない上昇（二〇〇一年八月にはついに五％台に到達。潜在失業も加えればさらに高くなる）や、非正規雇用への急速な転換（九五年から〇二年にかけて常用雇用者数は四七〇九万人から四六〇四万人へと減少し、臨時雇用者数は四三三万人から六〇七万人へと増加）などが、その指標である。

他方、監視が弱く罰則適用もまれであるなど、もともと緩かった労働市場への政策的規制がいっそう柔軟化され、労働条件が悪化したことも見逃せない。たとえば最低賃金は一九八〇年代から生活保護支給額さえ下回るようになってきているほか、国際基準に照らしてもなお低めである。また九七年には、最低賃金に満たない労働者が一〇％にも及んだ（橘木［二〇〇四］一二四〜一二九頁）。九〇年代から二〇〇〇年代初めにかけて、生活保護を受ける貧困者が一・五倍ほど増えたという事実（橘木［二〇〇四］一二一〜一二三頁）は、経済の長期低迷それ自体の影響に加え、多分に以上のような事情と関係がある。

このほか人材派遣の職種が拡大された後、原則自由化されたことも、雇用のいわゆる数量的な柔軟化を加速した。労働基準法改正、人材派遣法改正、有期雇用契約年限の引き上げ、失業保険の民営化案など、その後も雇用柔軟化をめぐる論議は続いている。[16]

第三に純輸出（輸出－輸入）に着目すると（表0―2⑨）、一九九四〜九六年における経済成長への寄与度の低下は輸入の異常な増加によるものであり、これがこの時期の設備投資の一時的回復による成長効果を部分的に打ち消す役割を果たした。これは直接には円高によりアジアへの生産拠点の移転が進み、そこから集中豪雨的な逆輸入が行われたためである。しかしより根本的に考えれば、このことは対外投資を自由放任しておくと有効需要の漏れが生じるという、ケインズが大不況期のイギリスについて懸念していた事態にも連なる問題なのである（伊東［一九九九］九～一〇頁）。

第四に政府支出である（表0―2⑥、⑦）。それはバブル崩壊後の数年間、景気の底割れを防ぎ、一九九四～九六年にも景気回復に寄与している。ところが先に述べたように、九七年には「小さな政府」を志向した供給側重視の財政構造改革が推進され、歳出削減（および消費税率の引き上げなど公的負担増）が試みられた（金子［一九九九］一九頁）。これは回復途上にあった景気に冷水を浴びせたほか、前述のように金融危機の契機ともなり、九八年に戦後二度目のマイナス成長をもたらした。九九～二〇〇〇年には一定の軌道修正が行われ景気の反転がみられたが、それ以後は再び政府支出の抑制が図られている。

なお最後に改めて確認しておけば、先にも触れたように以上の過程で失業率は戦後かつてなく上昇し、非正規雇用も大幅に増加している。同じく、生活保護を受ける貧困者やホームレスの数も増大している。また、これらの事態や、一九八〇年代以来の高所得層に有利な税制改革などを反映して、所得分配は明確に不平等化してきた。政府が公表している再分配後のジニ係数[17]（四八頁の表0―1の注参照）は、八一年〇・三一四、九〇年〇・三六四、九九年〇・三八一と急速に高まっている（橘木［二〇〇四］一一九頁。政府の最新推計では二〇〇二年も〇・三八一と高止まりしている）。そこに制度変化が介在した限りでは、これは不可逆的な変化だとみてよい。新自由主義のマクロ経済体制にあっては、仮に景気が回復しても、その質は劣化していかざるをえないのである。

以上のように、アルゼンチンの二つの「失われた一〇年」とは症状の細部こそ異にするものの、日本の「失われた一〇年」もまた新自由主義改革との関連において理解可能な現象とみなすことができる。もちろん日本の状況は、なおアルゼンチンの場合ほど深刻ではない。あくまで括弧つきの「アルゼンチン化」

にすぎない。しかし日本が今後も従来の政策路線を踏襲すれば、両国の距離はより縮まっていくかもしれないのである。「アジアのラテン・アメリカ化」(5章)という側面も、これと同じ文脈で考えることができよう。

2 忘れ去られた本来の構造問題

以上の三つの「失われた一〇年」をつき合わせることで、昨今の「構造改革」にいたる日本の新自由主義政策の危うさが、改めて浮き彫りになったのではないだろうか。しかしながらラテン・アメリカの経験をいま一度参照すれば、実は問題はこれにとどまらないことが判明する。

シグマ社会の罠

ラテン・アメリカにおける新自由主義改革の衝撃はあまりに大きかった。そのため忘れ去られがちであるが、この地域には同改革以前からの構造問題がなお厳存している。国によって深刻さに濃淡はあるが、一般には大土地所有制、不公平税制、階層的な金融仲介構造、特権層の過剰な奢侈的消費、外国資本の過度の影響力、インフォーマル・セクターの温存、技術革新体制の脆弱性などがあげられる[18]。そのうちのいくつかは、新自由主義改革によってむしろ悪化してさえいる(1章、3章、4章)。いずれ

●ケインズ：John Maynard Keynes（1883–1946）イギリスの経済学者。自由市場による資源配分の効率性を信頼した当時の主流経済学（新古典派経済学）を，主著『雇用・利子および貨幣に関する一般理論』において内在的に批判。純粋競争市場の条件下で需要不足により不完全雇用均衡が生じうる可能性を論証し，完全雇用のために政府が需要を注入すべきこと（景気刺激策），ならびにこれと関連した社会改革の必要性を説いた。

にせよ、この種の本来の構造問題が解決されない限り、ラテン・アメリカが世界の「周辺」的地位から脱することは困難である。

こうした問題設定は、構造学派や従属学派などラテン・アメリカの批判的な社会科学者たちと共に古くからある。ペルーを代表する数理経済学者フィゲロアは、それを次のような「経済発展の一般理論」として改めて定式化した（Figueroa［2003］）。

フィゲロアによれば、世界の国々は三種類の社会に分けられる。イプシロン（ε）社会、オメガ（ω）社会、シグマ（σ）社会である。イプシロン社会は一昔前までの先進諸国の理念型である。そこでは諸資産と諸権利が比較的平等に分配されているため、各経済主体が利益最大化行動をとったとき、この構造が再生産されるような均衡成長が持続する。オメガ社会はこれに準ずる類型であり、高度成長を謳歌していた頃の東アジア新興工業諸国がその原像である。

一方、シグマ社会は諸資産と諸権利の著しく不平等な分配構造を特徴とする。そこで各経済主体が利益最大化行動をとると、まさしくこの構造を再生産するような低水準均衡がもたらされる。なんらかの偶発的要因によって多少の経済成長が実現することはあるが、この邪悪な均衡が内生的な力で崩れ去ることはない。

熱帯アフリカ諸国をはじめ、いわゆる第三世界の国々の大半は、このシグマ社会に分類される。ラテン・アメリカもまた、その典型的な存在にほかならない。そこでは植民地化の衝撃により、きわめて不平等な資産・権利分配が制度化された。そしてそれは、二〇世紀の戦間期から第二次大戦後にかけての反社会主義的な大衆宥和政策（ポピュリズム）によっても部分的にしか修正されなかった。ラテン・アメリカがシグマ社会の罠を脱するには、なんらかの外生的ショックが不可欠なのである。

このフィゲロアの「一般理論」を日本の場合に適用すると、およそ次のことがみえてくる。[19] 戦前の日本はアルゼンチンとならんで世界有数の高度成長を遂げていたが、実際にはなおシグマ社会的な要素を強く残していた。事実、日本のジニ係数は一八九〇年代から一九三〇年代半ばにかけて〇・四弱から〇・五五程度へと著しく高まっている（南［一九九六］）。これは今日の世界最悪の部類に属するブラジルやチリの水準にも匹敵する。しかし日本は敗戦後、不平等な資産・権利分配を是正する外生的なショックを受けた。連合国占領軍の経済統治はニュー・ディーラーによって主導され（ガルブレイス［二〇〇二］）、財閥解体、農地改革、労働改革、税制改革といった一連の進歩的な戦後改革が断行されたのである。民主体制の導入それ自体も同様のショックを与えた。

かくして日本はイプシロン社会へと大転換し、大量消費と大量生産の好循環に立つ、いわゆるフォーディズムに近似した比較的平等な高度成長を成し遂げることができた。現に一九五六年には〇・三強へと劇的に低下していたジニ係数は、その後も七〇年代まで〇・三五前後で推移した（南［一九九六］）。にもかかわらず、その当時においてなお、解決を要する各種の構造問題が厳存していたという事実に改めて注目しなければならない。

「構造改革」の課題の誤認

かつて「構造改革」は左派用語であった。独占段階の資本主義の構造を漸進的に改革していくことそれ自体が、あるべき未来社会への道程と考えられたのである（山家［二〇〇二］一～三頁）。しかし、こうした主張によるまでもなく、少なくとも一九七〇年代まで、

●フォーディズム：フランスのレギュラシオン学派が，第二次大戦後における先進諸国の高度成長期のマクロ社会経済体制を分析するために編み出した概念。労働合理化によって生産性が向上した分を賃上げとして還元する労使合意により，大量生産と大量消費の好循環が実現し，高度成長が可能になったとみる。

今日いうものとは異なる意味での構造問題が広く認知されていたことは、ここでもう一度想起されてよい。具体的には土地無策、含み益経営、不公平税制、緩い労働規制、低福祉、大企業と中小企業の二重構造、政官財癒着・利益誘導型の政治体制などである。日本はこれらを克服していくことでこそ、より高度なイプシロン社会へと進化することができたはずであった。

ところが実際には、まさにそうした本来の構造問題の存在それ自体ゆえに、強者に有利な自由化・規制緩和・供給側重視政策が採用されていくようになった。たとえば一九八〇年代以降における税制の一層の不公平化、労働規制の弱まり、低福祉の温存などは、ペンペルと恒川（ペンペル、恒川［一九八六］）が「労働なきコーポラティズム」と規定した従前の権力構造を前提としている。これに加えてまた、新自由主義政策と本来の構造問題とが不幸に共鳴することで、事態がより悪化していくことにもなった。土地無策や含み益経営といった初期条件に、金融自由化の効果が加わることでバブル経済化したことなどは、その一例である。

繰り返そう。本来の構造問題の解決によってより望ましい社会を作り上げていくことこそ、ラテン・アメリカにとっても日本にとってもまずは優先されるべき課題であった。これをフィゲロア流に言い換えれば、ラテン・アメリカはシグマ社会から脱却するということであり、日本はより高度なイプシロン社会を構築するということであった。ところがいずれにおいても、政府や社会の介入・規制による資源配分の非効率化という、英語にいわゆるハーフ・トゥルース（Half truth　半面真理）が喧伝されていき、その解決こそが「構造改革」だと誤認されるようになった[20]。

ラテン・アメリカにおいても日本においても、本来の構造問題はいつの間にか置き去りにされた。そして他方では、ポピュリズム改革（ラテン・アメリカ）や戦後改革（日本）が、さらには戦間期の世界的大不況への適応の結果できあがり、のちに多少とも水ぶくれしていった規制・介入の制度的体系が、その個々の存在意義を繊細に吟味されないまま強者の利害に合わせて解体されていった。一連の自由化・規制緩和そして供給側重視の政策により、かつての改革の成果（諸資産と諸権利の再分配）さえ失われていくことで、ラテン・アメリカはオメガ社会やイプシロン社会へと進化する道筋を絶たれた。より高度のイプシロン社会へと転換すべきであった日本も、いわば高度シグマ社会へと向かう退化の緒に就き始めたのかもしれない。

3 新自由主義の補整とその限界

以上みてきたように、ラテン・アメリカ（特にアルゼンチン）でも日本でも、過去三〇年余りの社会経済的な退化の背景には、本来の構造問題を放置したまま、かつ往々にして強者に有利な形で、自由化・規制緩和政策を強行してきたことがあった。ここで注目しなければならないのは、ラテン・アメリカにおいて、この複合的問題への取り組みが日本に先んじてみられたことである。それは私たちの国の今後を考える上で少なからず示唆に富んでいる。そのひとつは政府レベルにおける新自由主義の補整、あるいは自由化・規制緩和の進歩的な制御であり、いまひとつは市民社会レベルで展開されたさまざまな生存維持戦略や連帯経済の動きである。いずれも詳しくは次章以降に譲ることとし、ここでは前者について概説しておこう。

自由化・規制緩和の進歩的な制御

ラテン・アメリカにおいて新自由主義を補整する政策、または自由化・規制緩和を進歩的に制御する政策を代表してきたのは、チリにおけるキリスト教民主党と社会党が主体の連合政権（一九九〇年～）と、ブラジルのカルドーゾ政権（一九九五～二〇〇二年）である。前者は「第三の道」（Foxley［1997］p.106）、後者は「社会自由主義国家」（Bresser Pereira［1998］）とも呼ばれた（6章、7章）。

期間の長短はあれ、いずれも先行政権が新自由主義改革を実施した後をうけて登場し、比較的自由化された貿易・金融制度を継承するとともに、民営化も続行した。チリの場合は財政規律の維持にも積極的であったし、ブラジルの場合はインフレ抑制に関して一時期アルゼンチンに似た固定為替レート主導型の安定化政策を試みた。さらに近年では両国とも、主流経済学が推奨するインフレ目標政策を採用している。以上のかぎりでは、単に新自由主義の延長にすぎないようにもみえる。

しかしこの一方で、実質最低賃金の引き上げ、過度に外的に柔軟だった雇用関係の修正、職業訓練の推進、教育・医療改革への取り組み、特権層に有利な年金制度の是正、貧困層への農地分配（ブラジル）[21]など、社会的な改革を進めようとしてきた。また資本規制の機動的な運用（一時注目されたチリ・モデル[22]）、より緩やかではあるがブラジルも実施）、戦略的な意義をもつ国営企業の温存（特にチリの主要銅鉱山）、民営化企業の経営に対する規制と監視（ブラジル[23]）、中小企業や協同組合の振興といった経済介入政策も実施されている。全体として、新自由主義のように現代版の夜警国家を理想とするのではなく、機能的で、質的には「大きな政府」を志向したといえる。

以上の結果、チリでは輸出指向型の高度成長の下で実質賃金と雇用が持続的に増加し、ブラジルでは高率インフレの解消と一定の内需主導型成長が達成された。また両国いずれにおいても貧困世帯率が顕著に低下するなど、たしかに一定の成果をあげることができた。とはいえ次のような課題を残していることも無視してはならない。

課題：安定した経済運営と本来の構造問題の解決

第一はマクロ経済運営の限界である。「社会自由主義国家」のブラジル経済は失業率の上昇や非正規雇用の増加といった労働問題に直面したほか、一九九九年初めには通貨危機という形で対外的脆弱性を露呈した（佐野［二〇〇三ｂ］）。これは一九九七〜九八年に発生したアジア危機やロシア危機の影響も大きいが、比較的自由な貿易制度、ゆるい資本規制および固定為替レートを組み合わせた経済運営の、内在的な弱点ともいえた（Taylor［1998］）。興味深いことに、カルドーゾ政権の限界を批判して登場した現ルーラ労働者党政権（二〇〇三年〜）も、有意な資本規制を欠いたまま高金利が続くのでは持続的な成長は実現できないと批判されているなど（Paulani［2003］）、マクロ経済運営に関しては先行政権との差別化ができていない。

一方、資本流入規制を操りながら輸出主導型の高成長を遂げていたチリも、アジア危機の影響を受けて一九九八〜二〇〇一年には景気後退と雇用状況の悪化を経験した。この場合も少数の一次産品・同加工品の輸出に依存した成長パターンの限界が、政府自身によって指摘されている。資本流入の減少をうけて、以来、資本規制の「チリ・モデル」も取り払われている。グローバリゼーションに組み込まれた外向的な開放経済を「飼いならす」のは、必ずしも容易ではないのである。

チリとブラジルが抱える第二の課題はより重要である。それは、政治的な制約もあり、本来の構造問題（しかも新自由主義によっていっそう歪められたそれ）には深くメスを入れられないでいることである。

このことを端的に示すひとつの指標は所得格差である。ブラジルでもチリでも所得分配は各種の制度的要因により当初から比較的不平等であったが、それは長い軍事政権期（ブラジルは一九六四〜八五年、チリは七三〜九〇年）にいっそう悪化した。ブラジルの場合は耐久消費財ほか重化学工業の輸入代替を意図的な不平等化によって推し進めたことがその背景にあったが（佐野［二〇〇三c］）、チリの場合は新自由主義の世界初の体系的な実験が敢行されたことと明らかに関係がある（6章）。

両国における近年の所得格差については諸説あるが、いずれにせよ、ほとんど世界最悪の水準にまで不平等化した所得分配が目立って改善されてはいないことはたしかである。またこれと関連して、良質な教育・保健医療へのアクセスにおける機会の著しい不平等も、なお十分には是正されていない。このため機会においても結果においても不平等が再生産され、「人間開発」（8章）が進まないだけでなく、経済の供給側の強化にもブレーキがかかっている。

ひるがえって日本をみると、チリやブラジルの以上のような路線と比較的近い方向へ進みつつあるのは民主党であろう。自由党との合併（二〇〇三年一〇月）により、この傾向はさらに加速してゆくとみられる。民主党内の旧社会党系つまり社会民主主義勢力と、新自由主義を党是とした自由党とが交われば、それはとりもなおさず「第三の道」連合を意味するからである（佐和［二〇〇三］一八六〜一八九頁）。興味深いことに、これと似たような合従連衡は、実はブラジルでもカルドーゾ政権が発足する際にみられた。[24]

しかしラテン・アメリカの経験からもわかるように、新自由主義のマクロ経済体制を前提として、そこに若干の進歩的な補整を加えるだけでは大きな限界がある。ちなみに、根本は供給側重視の「構造改革」を需要側からもてこ入れしようとする考え方があるが、これについても基本的には同じことがいえる。それによれば、経済が持続的に成長するには、新規需要を掘り起こせる諸産業が連綿と立ち上がらねばならず、そのためには将来性あるプロダクト・イノベーション（新商品の開発）を促す政策（そこには規制緩和も含まれる）をとる必要がある（吉川［二〇〇三］）。資本主義経済の原理的ともいえる動因を再発見した、このシュンペタリアン＝ケインジアン流の議論は、それ自体としては一理あるかもしれない。とはいえ、それもまた、新自由主義のマクロ経済体制という特殊歴史的な枠組みを与件としてしまっている[25]。

いま必要なのはむしろ、イノベーションの原理的な意義や役割を重視しつつも、これと同時に新自由主義が孕む危険性やそれ以前からの構造問題の解決にも適切に目配りする、より包括的な視点であろう[26]。そしてこの延長線上に描ける経済社会政策の方向性とは、まずは新自由主義の失敗を踏まえながら、真に必要と思われる経済的・社会的規制を改めてかけ直し、そこに生じうる官僚支配の側面については、これを市民社会的制御の下で可能なかぎり払拭していくことであろう（内橋［二〇〇四］七六頁、九九～一〇〇頁）。それはまた、新自由主義の下で悪化した本来の構造問題にも届くよう、「二一世紀の戦後改革」ともいうべき深さと広がりをもつ必要がある。さらに、戦後改革を主導したのがガルブレイスらのニュー・ディーラーたちであったことを考慮すれば、それは「二一世紀のニュー・ディール」としての意味も兼ね備えるべきだろう[27]。イノベーションがもちうる持続的な経済成長の潜在力も、このポスト新自

●シュンペーター：Joseph Alois Schumpeter（1883–1950）オーストリア生まれの経済学者。のちにアメリカのハーバード大学で教鞭をとる。企業家によるイノベーション（生産要素の新結合）が経済の均衡を創造的に破壊し，その攪拌作用が景気循環を生み出すと考えた。主著に『経済発展の理論』『資本主義・社会主義・民主主義』など。B. ジェソップは，グローバリゼーションの時代には，かつての「ケインズ的福祉国家」は，イノベーションなど経済の供給側の強化に傾斜した「シュンペーター的勤労国家」に転換する，とみる。

●ガルブレイス：John Kenneth Galbraith（1908–）カナダ生まれの経済学者。のちにアメリカで活躍し，第二次大戦後の対日占領政策に参加したほか，駐インド大使などを歴任。制度学派の流れをくみ，現代経済の諸問題をリベラルな立場から批判的にとらえた。主著に『新しい産業国家』『不確実性の時代』など。

由主義改革によって需要形成が制度的に安定してこそ、全面的に解き放たれていくに違いない。[28]

おわりに——マクロ経済政策と共生経済の調合へ向けて

以上に述べてきたのは、新自由主義政策と本来の構造問題とが不幸に共鳴する状況にあって、政府の政策レベルにおいてラテン・アメリカの経験が現代日本に示唆する事柄であった。しかし本書8、9、10、11章で論じるように、ラテン・アメリカにはいまひとつ、市民社会レベルの生存維持戦略や「共生経済」(内橋克人：10章の「連帯経済」、11章の「社会的経済」と類似した概念)の面でも参考にすべき実例と教訓がある。その内容と本章で論じた政策面での示唆とをいかに整合的に調合し、日本を活力ある「多元的経済社会」として再生させる方途を探り当てるか。これが私たちが立ち向かうべき真の課題である。

注

1　山家［二〇〇二］が再確認したように、日本における「失われた一〇年」は単調な停滞ではなく、二度にわたる景気循環の結果であった。この事実からもわかるように、今後も景気回復それ自体はありうる。現に二〇〇三年以来、景気は回復途上にあるといわれ、二〇〇四年三月期連結決算では東証一部上場企業も過去最高の経常利益を更新した。とはいえ、その伸びが前年比二二・九%であったのに対して売上高の伸びは一・六%にすぎず(「毎日新聞」二〇〇四年五月二二日)、人件費など費用の圧縮が好業績の主因であったことがうかがわれる。この一方で失業率は五%を切ったもののなお高止まりしており、「雇用なき成長」が懸念されているほか、非正規雇用の増加や所得格差の広がりなど景気回復の質は劣化している。真に「失われた」ものとは何であったのか、いよいよ明らかになってきたというべきだろう。

2 一九九〇年代の新自由主義改革を推進したのはメネム政権(一九八九~九九年)である。しかし、これを批判して登場したデ・ラ・ルーア政権(九九~二〇〇一年)は結局のところ、先行政権による自由化・規制緩和の制度的枠組みにはほとんど手をつけずに終わった。そこでここでは両政権をひとまとめにして扱うことにする。

3 一九九〇年代のインドの経済自由化問題を論じたバドゥーリ、ナイヤール[一九九九]は、「経済改革のリトマス試験紙は一般庶民の生活向上の成否にある」と主張している。筆者もまったく同感である。

4 以下、第一次新自由主義改革の経緯と一九八〇年代のアルゼンチン経済について詳しくは佐野[一九九八]第四章を参照。

5 マネタリー・アプローチの批判的な解説は佐野[二〇〇三a]を参照。

6 短期の投機的な資本移動に起因した一九九四年のメキシコ通貨危機をカムドシュ前IMF専務理事は「二一世紀型危機の最初の深刻なもの」と評したとされるが、同様の危機は、実はすでに八〇年代初めのアルゼンチンにおいて発生していたのである。

7 対外重債務の返済負担が開発途上国の政治経済に与える意味合いについては、佐野[一九九八]第四章および同補論を参照。ここでは、投資率=(1-労働者の消費÷GDP-資本家の消費÷GDP)-(対外債務金利支払÷GDP-純資本流入÷GDP)となることにだけ注意しておこう(GDP=国内総生産)。ただし対外金融サービスとしては債務利払いのみを想定し、対外準備の変化と直接投資を捨象している。

8 マネタリー・アプローチとカレンシー・ボード制の関係についてはBlanchard y Pérez Enrri[2000]Capítulo 27および佐野[二〇〇三a]を参照。

9 念のため断っておくが、ここでいう「アルゼンチン化」とは、いうまでもなく文字通りのアルゼンチン化を意味しない。日本が犯しつつある過ちに対してラテン・アメリカ研究者の立場から警鐘を鳴らすための、確信犯的な「誇大」レトリックである。

10 以下は佐野[二〇〇一b]の一部に加筆修正したものである。

11 伊東[一九八七b]には当時の為替投機の仕組みを解説した表と、実際にマイナス金利でユーロ市場から資金を調達していた企業の一覧表が掲げられている。日本の金融自由化初期のいわばラテン・アメリカ的側面を記したこの貴重な資料を、是非いま一度参照してみるべきである。

12 以下の論述の粗筋は特に断らない限り吉川[一九九九]第一章を参考にしている。ただし個々の論点では他の文献にも依拠しているほか、筆者自身の見解も織り込んである。なお以下の説明は、たとえば農業をめぐる自由化・規制緩和の問題群には一切触れていないなど、必ずしも包括的なものではない。「新自由主義症候群」は、実際には本文で述べるよりもずっと広い領域で問題になっていた。この点留意されたい。

13　バブル崩壊によるバランス・シート調整も設備投資減退の追加要因となった（内橋［一九九四］、山家［二〇〇一］二五頁）。

14　宮崎［一九九二］はバブル崩壊後に「複合不況」が発生したとし、その一方の要因として信用収縮を重視したが、吉川［一九九九］によればこの説が妥当するのは一九九七年の金融危機後の時期である。吉冨［一九九八］も同じ見方をとる。次の注も参照。

15　当時の金融危機やひいては「失われた一〇年」の原因を、不良債権処理の先送りに求める見方が現在も根強くみられる。しかし不良債権は景気の関数であり、たとえば景気が回復しつつあった一九九五～九六年には、その残高も銀行の処理額も減少している。そして不良債権問題が再燃したのは、九七年四月以降に景気が下降した後のことであった。問題は不良債権問題それ自体にではなく、むしろ景気を悪化させた供給重視・需要軽視の新自由主義政策にこそある（山家［二〇〇一］第二章）。

16　これらの政策に対する批判は内橋編［二〇〇二］九三頁、一二四頁、金子［一九九九］五一頁、七二～七三頁、吉川［一九九九］第五章、山家［二〇〇一］一六七～一六九頁を参照。小泉政権（二〇〇一年～）は発足当初から「解雇ルールの明確化」を謳っていたが、二〇〇三年の労働基準法改正政府案には、従来の判例で確立していた解雇権濫用法理にもとる「自由な解雇権」条項が盛られていた。

17　一九九〇年代末現在、個人の最高限界税率はアルゼンチン並みの三五％程度になっている。一方で法人のそれは三〇％程度であり、アルゼンチンの三五％をやや下回っている！（World Bank［2003］）

18　この点で岡本［二〇〇〇］はすぐれて示唆的である。それによれば、一九世紀から二〇世紀初めにかけてのチリと日本を比較すると、前者の方が一人当り所得において高いなど一見より先進的であったが、それは一次産品輸出バブルに浮かれていたようなものであり、そこには資本主義的な経済発展を内生的に持続させる諸制度が欠けていた。むしろこのとき形成された低開発型の諸制度こそが、チリ経済のその後の長期低迷をも規定していった、とみるのである。

19　以下はフィゲロア教授と筆者との対談（ペルー・リマ、カトリック大学社会科学部、二〇〇三年一一月）および電子メールでの意見交換から得られた見方である。

20　これに対してケインズの『雇用・利子および貨幣に関する一般理論』は、ほかならぬ純粋競争の条件下で不完全雇用均衡（つまり労働力利用の非効率）が生じ得ることを論証しようとしたものであった（宮崎・伊東［一九六一］）。

21　ブラジルにおけるこの改革は、政府が土地を購入し貧農に分配するか、または農業債と引き換えに土地を接収し貧農に分配する方式を採用した。これにより一九九五～九六年だけで一〇万強の世帯に農地が分与された。これはブラジル史上最大規模だという（Cardoso y Soares［2000］pp.174–176）。

22　チリ・モデルについては吾郷［二〇〇三］第六章を参照。

23　ブラジルでは通信、エネルギー、運輸の国営企業は法人化された。その幹部は大統領が任命するが、経営情報は上院議員・市民・行政が構成する審議会に開示される。またこれらの法人は議会が定めた法的枠組み（最低・最高料金、最貧地域へのサービス供給など）に沿って行動しなければならない（Cardoso y Soares［2000］pp.160–161）。アルゼンチンのキルシュネル現大統領も、これと似た政策構想を語っている（Kirchner y Di Tella［2003］p.39）。

24　カルドーゾ政権の発足に際しては、大統領の出身母体であるブラジル社会民主党が複数の政党と政策連合を組んだが、新自由主義に近いとされる自由戦線党も連合相手のひとつであった。その経緯はCardoso y Soares［2000］Capítulo IV参照。

25　小野［二〇〇三］に代表される、需要側の視点に立脚した良心的な財政出動論についても同様である。

26　内橋［一九八二～九一］以降の内橋克人の一連の著作は、まさにこうした論点を包摂している。

27　ニュー・ディール政策およびその前提としての大恐慌に関する制度論的研究は柴田［一九九六］を参照。

28　もちろん短期的にも進歩的な景気浮揚政策が必要である。二〇〇一年末危機の前後からアルゼンチンでは所得再分配を通じた景気回復が提案されてきたが（Instituto de Estudios y Formacion de la CTA［2002］；FCEUBA［2002］；Calcagno y Calcagno［2003］）、興味深いことに、日本についてもデフレ脱却のための逆所得政策（大幅な賃上げによるインフレと内需拡大）が提言されている（ドーア［二〇〇二］）。なお、日本ではデフレ対策として一部の論者がインフレ目標政策を主張してきたが、二〇〇二年現在、ラテン・アメリカでは五カ国がこの政策を採用している。しかしその理論的・実証的根拠や有効性については疑問が寄せられている（Sicsu［2002］；CEPAL［2002］pp.94–95；Frenkel［2003］）。

Más allá de la década perdida

Além da década perdida

第1章

財政危機を民主的に乗り越える

山崎圭一

はじめに

現代経済が抱える財政危機はしばしば構造的で、その解消のためには、歳入・歳出構造の抜本的な改革が必要である。歳入についてはある程度の増税を覚悟せねばならないが、民主的な増税とは、法人税の累進税率の回復を基軸に据えた案に帰着する。最近の二〇年間の傾向はこれとは反対で、新自由主義《ネオリベラリズム》的財政政策にもとづいて法人税は大きく軽減され、所得税の税率がフラット化に向かい、税制全体の逆進性が高まった。つまり低所得者ほど負担が重くなってしまっている。所得再分配機能を重視した税制改革を通じて、税収の安定確保を展望すべきである。一方歳出については、政官財の癒着のために、その構造が硬直化している。そこで利権構造を打破して、歳出の柔軟性を回復する必要がある。

今日、市場はグローバル化し、拡大しているので、その巨大なパワーを制御するためには「大きな政府」が必要である。ただし、従来のような、非効率で、権威主義的で、環境破壊的な政府ではなく、効率性、民主主義、透明性、エコロジーを保証するような政府でなければならない。本章では、まず第1節で今日の「グローバル化」と財政改革との関係から批判的に検証する。つづいて第2節では、西欧の累進的所得税の発達史に学び、そこから現代日本の税制の問題点を浮かび上がらせる。次に第3節で、民主的な政府・公共部門（地方自治体を含む）のあり方について、日本がラテン・アメリカから学べる教訓を整理する。最後に、ラテン・アメリカが日本から学べる教訓を検討する。民主主義と公共政策の復活を通じた財政危機の克服を展望できればと思う。

1 グローバル化と財政改革

グローバル化と符合した減税政策

グローバル化（グローバリゼーション）と呼ばれる現象が経済、政治、社会、文化の各領域で進んでいる。いずれの領域の動きもダイナミックだが、卑近なところではスポーツ・文化面に、その多くの事象をみることができる。たとえば昨今は、元来は地元市場向けに生産された商品すら世界を駆けめぐる。低予算で創られたミニ・シアター向け独立系映画の優れた作品が世界中に出回っていて、地球の反対側に住む友人と同じ鑑賞体験を共有できる。異国で偶然知り合った外国人が、ＪＲのとある駅の立ち食い蕎麦が美味だと、流暢な日本語で推薦してくれる。優秀選手の自由契約や演奏家・指揮者の国際的活動など、スポーツや音楽の世界で進む「相互浸透」は、いうまでもない。まさに地球は一つの小さな「村」になってしまった。グローバル化を推進した要因は、交通・情報通信網の発達や金融自由化の進展などいろいろあるが、推進主体を突き詰めると、日米欧

●**累進税率**：所得が増えるほど高い税率が適用される制度（最高税率は現行の個人所得税では37%，住民税をあわせると50%）。
●**法人税軽減化の傾向**：法人税は累進税率ではなく，（法人の種類や所得金額に応じて異なるが）原則として比例税率が採用されている（単一税率）。平成10（1998）年度税制改正において，経済活動に対する税の中立性を高めることにより，企業活力と国際競争力を維持する観点から，法人税の課税ベースの大幅な見直しが行われた。法人税の基本税率は平成11（1999）年改正で30%へと低下したが，昭和59（1984）年の税率は43.3%だったので，過去20年の間に達成された法人税の段階的軽減は顕著である。
●**所得税率（個人所得税）のフラット化**：1970年代以降，「個人の努力の成果を尊重する制度」の実現に向けて，累進税率のカーブをなだらかにすること，つまり税率のフラット化が進められた。昭和49（1974）年には19段階で最高税率は75%だったが，現行は10%，20%，30%，37%のわずか4段階の平坦な（フラットな）構造となっている。これでは低所得者ほど負担が重くなるため（逆進性が高い），所得税の累進性を高めて最高税率を上げ，高額所得者の負担を増やすべきだという反論がある。

の先進国やアジア、ラテン・アメリカの中進国（韓国やブラジル）の多国籍企業（超国籍企業）である（5章）。

グローバル化は若年世代にとって魅力溢れる過程で、プラス面もあるが、本章のテーマである財政には、明らかに悪影響をもたらしている。開発途上国は雇用対策上の必要から多国籍企業の誘致を強く求めており、誘致策として企業減税やインフラの整備を掲げてきた。途上国の政策当局は、既存の立地企業の海外移転（＝資本流出）を促す危険性があると懸念するので、増税を好まない。法人税減税を基調とする新自由主義的な財政政策の考え方が、グローバル企業の国際的な立地戦略と符号しつつ、すべての途上国に例外なく行き渡った。これを後押ししたのは国際通貨基金（ＩＭＦ）であり、また自由貿易を促進する世界**貿易機関**（ＷＴＯ）もこの過程に間接的に関わったと言える。そこに他の要因（腐敗・汚職や不況による税収減、対外債務累積など）も重なって、財政危機が途上国に蔓延した。

伊豫谷登士翁が論じているように、グローバル化は決して世界を均一化・画一化させたわけではなく、むしろ「差異化」を推し進めながら展開してきた（伊豫谷［二〇〇二］）。グローバル企業は国民経済間の「不均等性」をテコにして資本蓄積を進めている。不均等性とは、労賃の格差、環境規制の強弱、そして租税負担の大小などである。伊豫谷がいうように、今日グローバリゼーションとナショナリズム（国境の壁が高いこと）は、相反するものではなく、「共犯関係」にある。企業はわずかでも条件のよい地域（賃金が低く、環境規制が弱く、税負担が軽い地域）を探し求めて、自由に資本を越境移動させる。南北問題（南北格差）はむしろ、グローバルな規模での資本蓄積にとっては必要な条件（ないし源泉）であり、途上国政府の減税政策も、同様に、多国籍企業の資本蓄積に資する「補助金」の性格を備えている。

供給サイド重視の財政学

税率のフラット化（累進制の緩和）と間接税への重点のシフトという流れは今日の財政政策における世界的な基底をなしている。この変化は、一九八〇年代以降世界に広がった「小さな政府」論や「供給サイド重視の財政学」（後述）に支えられて進められた。要するに、法人・個人所得税の大幅な減税で企業や労働者の意欲を引き出し、それによって企業活動の効率性を向上させて従業員の労働生産性の上昇を図り、それにより企業の収益性を回復させて資本蓄積を促進し、景気を好転させようという発想である（減税は、厳密には、税率の低減、各種控除の拡充による課税標準〔課税の対象を具体的に金額または数量で表したもの〕の縮小、非課税領域の拡大〔免税点の引き上げ〕などがあるが、ここでは一括して減税としておく）。それは、税の捕捉率を高めて税収を増大させる可能性もあるが、ここでは税収低下を招くと考えよう（実際にその場合が多い）。税収が減れば、その分政府の活動規模も小さくなる。たとえば補助金の原資も減るわけだが、減税推進論者はそれに対しては、補助金を削減すれば事足りると考える。企

●**世界貿易機関**（WTO）：国家間貿易についての世界的なルールを扱う唯一の国際機関。1947年に設立された「関税と貿易に関する一般協定（GATT）」の後身の機関として1995年に活動開始（協定名はGATTのまま）。加盟国は148カ国（2004年10月現在）。最高意思決定機関は閣僚会議であり，最低2年に1度開催される。

2000年からの新ラウンド（多角的貿易交渉）に向けて米・シアトルで1999年11月に開催された第3回閣僚会議が，非政府組織（NGO）等の市民組織の反対運動によって阻止された。このように近年，アメリカ主導によるWTOの政策（貿易自由化推進策）が開発途上国の貧しい人々に負の影響を及ぼしているという批判から，WTOへの反発が強まっている。ただしブラジル政府のように，WTOの多国間協議システムを活用して，欧米の経済大国の利害を押さえ込むというケースも生まれている（ブラジルは，AIDS/HIVのジェネリック薬品をめぐる先進国薬品メーカーとの知的所有権をめぐる紛争で，国際世論の支持もあって，メーカーの主張を押さえ込んだ）。小国は二国間交渉では大国に負けるが（交渉団の能力格差が絶大），WTOは多国間交渉の場なので，団結すれば先進国に勝つことも不可能ではなくなってきている。しかしアメリカがこの動きを意識して，今後WTOの場を避けて二国間交渉の仕組みである自由貿易協定（FTA）を重視するようになる可能性もある。いずれにせよGATT / WTOの評価は一筋縄ではいかなくなってきている。

業は補助金がなくとも、自力で市場競争力を獲得して生き抜けばよいし、個人も補助金に頼らずに「自己責任」で生活すべきだ、と彼らは主張する。

「小さな政府」の胎動は、一九七八年にアメリカのカリフォルニア州で出された「提案第一三号（Proposition 13）」にみることができる。これは「課税制限に関する州憲法改正の住民提案」のことで、「納税者の反乱（tax revolt）」とも言われた。増大する貧困者向け財政支出をまかなうための税負担の上昇に批判的になった住民たちが、減税を求める住民投票を要請したのである。投票の結果、この住民らの意思が勝利し、「安価な政府」を求めた減税と歳出規模の縮小（民営化や民間委託を含む）が実施された。これにより州の歳入は約三割減少した（池上［一九九〇］序章）。その後州政府は財政的な困窮に陥り、直接民主主義による予算統制が正しかったかどうかは、今日では疑問視されている。

一九八〇年に登場したアメリカのR・レーガン大統領の当初の財政政策も、減税を通じた景気刺激を主眼とする「供給サイドの経済学」（レーガノミクス）に立脚していた。レーガン減税は、皮肉にも消費者の需要を刺激し、需要サイドから景気を一時的に回復させた。しかし、萩原伸次郎の説明によると、その後財政緊縮策が過度に効いて、アメリカ経済は恐慌に陥った。そこでレーガンは事実上ケインズ派に「宗旨替え」をして、財政赤字を拡大させながら景気刺激を図り、八四年の大統領選での「地滑り的勝利」を獲得した。その後八六年の税制改革では、減税も組み合わされたが、全体として増税基調に揺れ戻った（萩原［一九九六］）。結局「提案第一三号」にしても「レーガン減税」にしても、成功だったとは言えないのであるが、ラテン・アメリカ諸国も日本もこれらの教訓を生かせず、今日でも「小さな政府」路線を追求し続けているのである。

公共政策を充実させる

筆者はグローバル化という現実を否定しないし、市場経済や競争メカニズムの重要性を認めている。多国籍化を通じた資本の集中・集積は、資本主義体制を選択する限り、政権政党の政策如何にかかわらず進んだであろうし、今後も進むであろう。筆者はまた、途上国の外資の受け入れも是認する立場であり、外資排斥論を掲げるナショナリストではない。大学で指導する学生には、外資系企業や国際NGOで通用する外国語（特に英語）の能力、国際感覚そして国際マナーを修得すべきだと、平素から論じている。しかし、グローバル化とは、政府の使命の消滅や公共部門の削減を意味しない。グローバル化時代だからこそ、各国政府は、市場経済のこの新しい展開に応じた、現代の公共政策を確立せねばならない。どこでも「小さな政府」が推奨されているが、市場経済のパワーが恐ろしく巨大化した今こそ、対抗して「大きな政府」ないしは「良い政府（good government）」が求められている（二宮厚美［二〇〇二］は「新福祉国家」の構築を提唱している）。

過去二〇年間、人類は、多国籍企業時代の公共政策の充実に、もっと知恵を絞るべきではなかったのか。世界中のほとんどの大蔵官僚とIMF・世界銀行の政策担当官が、新自由主義に幻惑されたかのように、公共政策を軽視してきたと思われる。現代の公共性を考究する努力を、「市場に委ねよ」という愚かな号令のもと、集団で怠ってしまった。おかげで、たしかに市場領域は拡大し

●供給サイドの経済学（サプライサイド・エコノミクス）：マネタリズムに基づいた理論で，生産能力を高め（供給拡大），モノの価格を下落させて，消費意欲を拡大させるという発想（減税→生産意欲の向上→供給拡大→物価安定→消費拡大）。
●レーガノミクス：レーガン大統領による1980年代の経済政策。大型減税と規制緩和と財政緊縮によって，企業活動の活性化を図った。結果は個人消費を刺激し，皮肉にも需要面（デマンド・サイド）から景気は一時的に好転したが，財政緊縮の悪影響でその後不況に陥った。そこで路線を変更して，財政拡大路線に戻った（ケインズ派への「宗旨替え」）のである。このためアメリカ経済は財政赤字と貿易赤字といういわゆる双子の赤字を抱えることになった。

たが、その社会的結果は、通貨危機の頻発、バブルの生成と崩壊、自然（身近な里山からオゾン層や熱帯林まで）の破壊、そして地球温暖化であった。これは官僚と、それを監視すべきマス・メディア（「第四の権力」）がそろって流行の病に罹患したようなもので、感染源はＩＭＦと、アメリカの大学の経済系の大学院である。いってみれば、「院内感染」であった。新自由主義とは、市場万能論という意味である種の原理主義またはラディカリズム（急進主義）ではないかと思われるが、人類は一刻も早くこの疫病を退治して、健全な公共政策立案の基軸と羅針盤を取り戻さねばならない。グローバル化時代に適応した新しい公共政策の充実には、「小さな政府」ではなく「大きな政府」（効率性・透明性は前提）が必要で、そのためには増税が求められる。これは、逆進的な一般間接税ではなく、累進的かつ包括的な法人所得税の拡充で対応すべきだというのが、本章の主張内容である（次節参照）。

日本人はアメリカ流の新古典派経済学ばかりにとらわれ、都留重人、伊東光晴、宇沢弘文、柴田徳衛、宮本憲一らの先学が築き上げてきた、日本の「公共経済学」の伝統を、昨今あまりにも軽視しすぎていないだろうか。振り返れば、近代の経済学はそもそも倫理学を基礎とした「公共経済学」として始まった。「経済学の父」と言われるアダム・スミス（Adam Smith　一七二三〜九〇）の『国富論（*An Inquiry into the Nature and Causes of the Wealth of Nations*）』を丁寧に読めば、社会的公正と正義の実現への彼の強いこだわりが、行間からひしひしと伝わってくる。スミスが論じたのは、高島善哉、内田義彦、水田洋らが講じたように、道徳観念（モラル）に裏打ちされた健全な自由主義なのである。このことは、財政を論じた『国富論』第五編に限らず、分業、価値、競争を論じた第一編のはじめから感じることである。学問としての新古典派経済学の重要性は否定しないが、公共政策を考える場合に、われわれは「経済学の父」と日本の戦後の経済学の達成水準に、もっと学ぶ必要がある。

2 累進的所得税の発展と継承

累進的所得税は、租税制度の数世紀の試行錯誤を経て人類が生み出した知恵である。それをわずか二〇年間ほどの新自由主義の熱狂の中で放棄することは愚かである。このことは、昨今人類がいかに思想的に混迷しているかを物語っている。そこでまず、所得税の誕生と発展をイギリスを素材にして振り返っておこう。そのためには税体系の発展過程を素描せねばならない。それは大きくは、一六〜一八世紀と、一九世紀以降に分けて考えることができる。前者では所得税は萌芽的で未発達であったが、後者ではそれをめぐる論争が本格化し、制度も発展した。以下、宮本憲一・鶴田廣巳編著『所得税の理論と思想』（宮本・鶴田［二〇〇一］）の内容の一部を簡潔にまとめる形で説明する。

所得税の起源：一六〜一八世紀

一六世紀以前の絶対王政期イギリスの国庫の主要な収入源は、①王領地や各種封建的特権から生じた特権収入、②関税、③直接税（一〇分の一税・一五分の一税、一三三四年に慣習化）の三つであった。当時の関税は、王権による海上警備の保護を受けた特権商人が供出した上納金のようなもので、関税率表（Book of Rates）は議会ではなく国王が決定した。この租税体系は一七世紀には市民革命を経て、①内国消費税（Excise）、

●公共経済学：民主的政治体制と私有財産制に基づく自由競争市場を基本とする経済社会において，公共部門の果たす役割を研究対象とする学問。呼称としては比較的新しく，ノルウェーのL. ヨハンセンが1964年に著書の中で使用したのが嚆矢とされるが，本文中では環境政策や社会政策を含めた公共政策全体を重視する経済学という意味で，やや広い意味合いを込めて使った。

②関税、③直接税（人頭税、炉税、月賦課金、あるいは地租）の体系へ再編された。とりわけ①の内国消費税（課税対象：塩、肉、ろうそく、石けん、皮革、ビールなど）は基幹税として成長したが、その導入は革命の内乱に関連した戦費調達を目的の一つとしていた。この内国消費税をめぐっては、担税力の把握や公平性をめぐる豊富な論争があった（八八頁参照）。

一八世紀は、一七七六年のアメリカ独立戦争を画期として前半と後半に分けられる。前半については、まず一七世紀と一八世紀前半の間をつなぐ過渡期に実施された、イギリス初代首相R・ウォルポール卿の税制改革が重要である。ここでは上記の①〜③の体系は維持されたが、第一に、関税については重商主義的発想から原料品への輸入税が減らされた。第二に、内国消費税とくに塩税の引き上げを財源とする直接税（地租）の引き下げをウォルポールは目論んだが（地主階級の要求）、これは頓挫した。反対論者は、内国消費税の増税は、所得再分配の観点から不適切であるだけでなく、賃金上昇を招いて結局は経営者の負担を増大させ、資本蓄積を阻害すると主張した。つまり、地租税引下げに対する「抵抗勢力」は商工業階級であって、彼らの力が地主の勢力に打ち勝ったことを意味する（これは、大地主の勢力が依然として強い、現在のラテン・アメリカ諸国にとって示唆深い）。この時代にはそれだけ産業資本が成長しつつあり、資本主義の発達が進んでいたことを意味する。この時期は、アダム・スミスの思想も重要であるが（『国富論』の刊行は一七七六年）、彼の理論が実際の税制改革に影響することはなかったようである。弱者に重い負担を課していると批判があった内国消費税については、スミスはこれを是認したが、必需品課税は資本蓄積促進の立場から否定し、必需品免税を唱えた。この時点では、所得の直接査定という発想は社会に全く受け入れられていない。租税観としては、必需品免税（内国消費税）と直接査定の回避が、一八世紀の柱であった。

一八世紀後半、アメリカ独立戦争に関連した戦費が膨張し、いよいよそれまでの内国消費税では財政がまかなえなくなる。そこで第一に、必需品課税が是認されるようになり、第二に査定税（トリプル・アセスメント）が導入された（ただし欠陥があり失敗）。やがて一七九九年に第一六代首相W・ピット（通称小ピット）によって史上初めて（戦時）所得税が導入された。こうして一八世紀の租税観（必需品免税と直接査定の回避）は崩壊して、いよいよ累進所得税の誕生につながる新しい時代の幕が切って落とされた。

累進税の発達：一九世紀〜現代

一九世紀にはいると、直接査定に基づく所得税がついに税制論議の中心に位置づけられるようになる（ただし一九世紀前半はまだ比例税）。小ピットの戦時所得税は一八〇二年にいったん廃止されたが、L・アディントンが復活させ、H・ペティが修正を加えて、一六年まで継続した。その後平時所得税が、四二年にR・ピール卿によって再び導入された。このとき累進税論が多少登場するが、主要な論争は、ヒューム委員会とハッバード委員会において、差別化をめぐって展開された。「差別化」とは、所得の額の多少ではなく所得の種類に応じて負担度を変えようという考え方である。現代風にいえば、「水平的公平性」論である。やがて一九世紀の末に、ようやく税率の累進化への新たな関心が、社会主義思想の興隆とも関係して沸き起こる。

●トリプル・アセスメント：1798年すなわちイギリスで所得税が導入される前年に制定された直接税で，翌年の所得税の原型であるが，批判が多く短命に終わった。
●水平的公平性：財政学において負担の公平性は伝統的に「水平的公平性」と「垂直的公平性」に分けて考えられる。累進課税である所得税の公平性としては，前者は同じ経済状態（所得水準）にある者は同じ程度の負担であるべきという基準であり，後者は経済状態（所得水準）が異なる場合にはそれに応じて負担の程度も異なるべき（富裕者には貧者よりも高い税率を課すべき）であるという基準である。

累進税論は、J・S・ミル、J・チェンバレン、W・ハーコート、F・Y・エッジワース、H・H・アスキス、L・ジョージらによって展開された。とくにミルは、A・スミスの公平原則（比例税支持）を否定して、「均等犠牲説」に基づく累進課税を提唱した（ただし相続財産に限定し所得への適用は否定）。その後エッジワースによって、犠牲説が発展させられた。「均等犠牲」とは、簡単に述べると、所得から得られる限界効用は所得が高くなるにつれて低下するので（限界効用逓減説、ただし証明は不可能）、納税によって放棄した効用の大きさは高所得部分ほど小さくなるという考え方である（図1―1）。極端に単純化して説明しよう。たとえば一億円の年間所得がある人について、仮に五〇〇〇万円以上の部分から得ている効用がゼロに近いと考えよう。するとそのすべて（五〇〇〇万円）を納税しても、つまり五〇〇〇万〜一億円までの部分について適用する税率を一〇〇%にしても（現在の日本と同様に、超過累進税率制と仮定する）、彼の効用の総計は大して変わらないはずだとする発想である。今日ではこの説は、①均等絶対犠牲、②均等比例犠牲、③均等限界犠牲の三形態に分類されている。完璧ではないが、累進税を正当化する重要な理論である。なお一九世紀は、プロイセンでの財務大臣ミーケルの改革（一八九一年）といった、所得税をめぐる重要な動きがあるが、紙数の関係で省略する。

二〇世紀にはいると、所得概念そのものが、キャピタル・ゲイン（CG）、未実現のCG、遺産相続の問題などを含んで複雑化し、アメリカのR・M・ヘイグ、H・C・サイモンズ、ドイツのG・シャンツらによって定式化が試みられていく。また独占資本主義の発達（株式会社の隆盛）を背景に、法人課税が問題になった。「法人擬制説」と「法人実在説」という、いまだに決着を見ない「神学論争」が展開され始めたのである。累進税率については、アメリカではF・ルーズベルト大統領政権のニュー・ディール政策期において、企業の「社会的統制」論が展開され（遠藤［一九七一］）、累進税の正当性を理論化する経済学

図1－1 均等犠牲

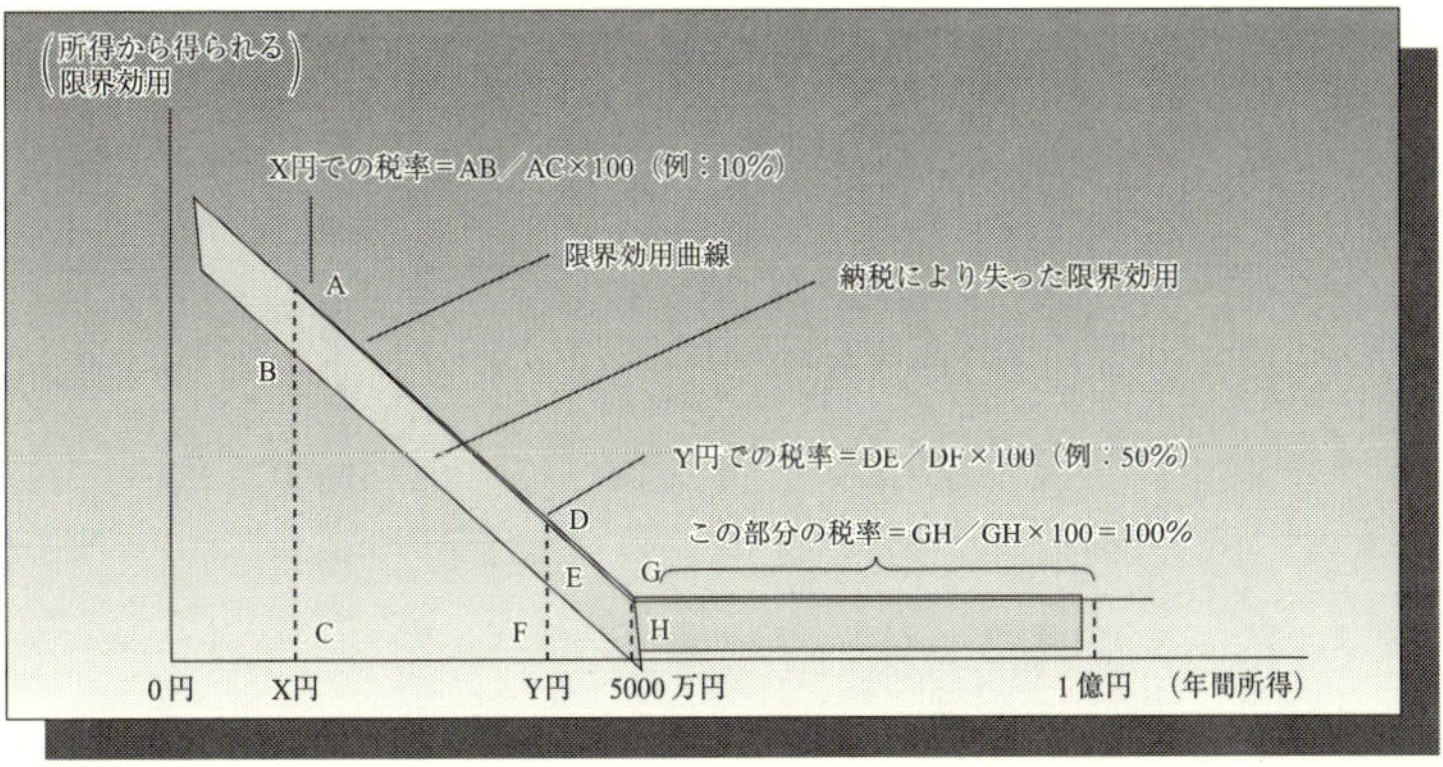

注）本文での説明に準じて，GH は限りなくゼロに近いと想定し，5000万円を通過した部分に適用される税率を100%としている。
出所）筆者作成。

●限界効用：消費者は財（モノ・サービス）を消費することで，「効用」（消費から得られる満足感）を得る。ほかの財の消費量を一定に保ったまま，ある財の消費量をこれまでより一単位分増やした場合の効用の増加分を「限界効用」と呼ぶ。「限界」の英語は limit ではなく marginal で，「消費の追加による満足の追加分」を意味する。一般的に，財の消費量が増えるにつれて，財の追加消費分から得られる効用は次第に小さくなる。たとえば1個目の飴と10個目の飴では，次の1個分を「おいしい」と感じる度合いは明らかに後者の方が低いであろう。このように消費者の「限界的」満足感が次第に下がることを，限界効用逓減の法則と呼ぶ。
●キャピタル・ゲイン（CG）：投資した元本に対して発生した利益。有価証券や土地などの資産の価格変動に伴って生じる差益である。売買で損失が発生した場合（買入れ時よりも売却価格が下落したとき）は，「キャピタル・ロスが生じた」という。ゲインもロスもいずれも実現か未実現かの区別がある。すなわち実際に売却した際はゲインないしロスが「実現」している。価格が変動していても売却せずに資産を保有し続けている間は，ゲインないしロスは「未実現」で，それぞれ「含み益」「含み損」ともいう。
●法人擬制説：法人は，法的に擬制された存在だとする説。法人所得（利潤）はすべて株主や出資者に配当され，そこで個人所得税として捕捉されて課税されていると考える。したがって擬制説の立場では，原理的には法人税は不要である。**法人実在説**とは，法人は個人から独立した権利能力を有する法的主体であるから，課税面においても法人自らが納税主体になりうるとする説。
●企業の「社会的統制」：企業に対して，巨大化に伴う弊害の統制ないし防止，経営層の恣意的な権力の抑制，株式所有と配当による富と所得の不平等を是正すべきであるとする考え方で，1930年代のアメリカのニュー・ディール政策期に一定の発展をみた思想。

的努力が払われた。一九七〇年代以降は、経済のグローバル化の中で法人税の国際二重課税の調整問題が活発に研究されるようになっている。この研究の流れは、移転価格税制の悪用防止といった積極面があって一概には批判できないが、法人減税論の流れに近いと位置づけられるであろう。

今日への教訓：公平な税制の模索

以上、封建時代から今日までの租税制度の発達を、欧米の所得税・累進税を軸に概観した。本章との関連で強調すべきことは三つある。第一は、一七世紀における公平性重視の論議である。「統計学の父」W・ペティは『租税貢納論』（一六六二年）において、内国消費税を公平な課税標準として肯定した。つまり消費こそが、各人の担税能力を最も公平に表すと考えたのである。この考え方は今日から見れば是認しがたいが、時代的制約を考慮にいれて評価すべきである。ここで重要なのは、「公平だから正当だ」とした点である。さらにペティは同書で、特定の内国消費税は貧困者に相対的に重く課されているとして、貧困者の必需品について免税を説いた。このように彼は、内国消費税を課税標準としては公平だといったん肯定した上で、分配上は不公平（逆進的）だと主張したのである。今日の日本の消費税率引き上げ論議では、財政赤字の穴埋めという財政当局の露骨な意図だけが前面に出ていて、公平性の検討は後退している。われわれはもう一度、間接税の逆進性について、一七〜一八世紀の経済学や統計学の父と呼ばれた偉人の論説を思い出すべきである。

第二の点は、その起源を一四世紀にまで遡る直接税が、一六世紀から今日に至る租税制度の発達史全体を通じて常に基軸に位置してきたことである。近代所得税は、ヨーロッパならば絶対主義時代に中央集権体制の下で国民統合が一応達成されたのちに、農地改革と市民革命を経て資本主義が発展しつつある過程で導入された。つまり個人の自立（営業権、財産権、基本的人権の確立）がある程度達成され、近代学校教育も普及しつつある時点である（もっとも、一九世紀半ばでも児童労働は一般に容認されていたから、実質的に学校教育が浸透していたかどうかは、別問題）。

途上国は、歴史的発展段階が重合しており、今日では植民地時代、独立後の時代、そして現代の、異なる段階の課題が一気に押し寄せている。ラテン・アメリカでは、大土地所有制が温存され（たとえばブラジル最大の地主の所有地はイスラエルの国土面積に匹敵）、いまだに小作農的な零細農が多数存在し、その子どもたちは近代的学校教育網に包摂されていない。その意味で国民統合が完全には達成されていないし、農地改革と市民革命を経ていないので（ただしペルーは一九七〇年代の社会主義軍事政権下で部分的な農地改革を実施〔4章参照〕）、地域によっては基本的人権が未確立である。ブラジルの後進地域には、大地主が警察権力を牛耳っている、「領主支配の封建国家」のような村さえある。この「農地改革」と「市民革命」の達成という課題が、二一世紀のグローバル化時代に残存しており、IT（情報技術）革命をどう推進するかといった現代的課題と重複している。

このような事情があるので、一般的にラテン・アメリカでは識字率が低迷し個人事業者に簿記の慣習が定着せず、事業の財務内容の把握が難しくなる。したがって、所得税の導入や拡充（捕捉率の向上）が税務技術上容易でない。

●国際二重課税：国際課税（国際的経済活動に対する課税）は，居住者もしくは内国法人についてはその全世界における所得に対して課税され，非居住者および外国法人についてはその国内に源泉のある所得について課税されるという原則が一般的である。国際二重課税とは，ある納税者の所得が所得源泉国と居住国で課税されることを指し，各国間の課税方法の違いにより生ずる。この二重課税を控除する制度として，外国税額控除制度がある。

●移転価格税制：企業が海外の関連企業との取引を通常の価格と異なる価格で行えば，一方の利益を他方に移転することが可能となる。これを移転価格操作という。移転価格税制とは，こうした所得（利潤）の移転を防止するため，その取引を通常の取引価格（独立企業間価格）に引き直して課税する制度である。

直接税（とりわけ土地税・農地税）の拡充については、地主勢力の強い抵抗が火を見るより明らかなので、実現不可能だと人々は考えており、あきらめの雰囲気が支配的である。もっとも以上の事情は、この地域の歴史的経験を省みれば理解できなくはない。この状況から抜け出るためには、直接税（所得税、農地税、土地税、相続税）の導入や拡充を、単なる税制上の課題に矮小化するのではなく、社会発展の歴史的課題、すなわち市民革命的課題として位置づけるべきであろう。現在の途上国や日本におけるように、効率性の観点のみから安易に間接税（付加価値税）への依存度を高めるべきではない。

第三の点は、累進税についてである。それを正当化する経済学的に完璧な理論は存在しないが、社会的公平性の観点から人類は過去それを導入・強化してきた。この経験を簡単に清算すべきではない。昨今国際資本移動が容易になっているので、減税によって資本を引きつけたいという財務当局の思惑は理解できる。しかし、資本はよりよい条件を求めて再度海外移転する可能性があり、与えた財政インセンティブ（恩典）の見返りを途上国が

コラム

横須賀市の「脱談合」

財政危機を民主的に克服するには、歳入面では税制改革（捕捉率の上昇や増税）が、歳出面では無駄な公共事業の削減が必要である。後者のためには地域の利権構造を打破せねばならない。ブラジルの「参加型予算」の驚異的な点は、この政官財の癒着構造に正面から挑戦したことである。ポルト・アレグレ市では、「参加型予算」を導入してから、実際に公共事業の種類と予算配分が、低所得者を優遇する方向で変更された。日本でも利権構造を打破する動きが最近高まっており、「脱談合」や「脱ダム」と呼ばれている。また千葉県市川市は、「参加型予算」の「小型モデル」とでも呼べる仕組みを、二〇〇五年に導入する予定である。個人市民税の一％の使途を、市民（納税者に限定）の直接参加で決定するという、日本初の試みである（「日本経済新聞」二〇〇四年七月二七日朝刊）。

日本では公共事業の受注において、三三〇〇強の地方自治体の中で、談合の存在しないところは皆無と考えてよい。なぜか。落札価格（請負価格）の対「設計価格（行政が予定した価格）」比を「落札率」というが、高い落札率であれば談合があったと推定できる。日本ではほぼすべての自治体で、落札率が九五〜九八％なのであ

得られるという保証はないのである。この点を念頭において、途上国政府は減税路線の採用について慎重な態度を採るべきであるし、ＩＭＦをはじめとする国際機関も減税路線の方針ばかりを推奨すべきではない。

3　日本はラテン・アメリカから何を学ぶべきか――住民自治の伝統

ラテン・アメリカの財政の特徴：ムニシピオ自治の伝統

新しく「良い政府」を築くためには、増税だけでなく歳出構造の見直しが必要であるが、そのためには政官財癒着に起因する財政効率の低さ（無駄な公共事業の問題）を解消せねばならない。これには民主主義の再生が必要であるが、それはとくに、既得権益が強固に残る地方レベルで強く求められる。つまり地方行政を民主主義的にコントロールするための、住民自治の発展が肝要である。この点で、日本はラテン・アメリカのムニシピオ（municipio　日本の市町村にあたる基礎的自治体）の自治の伝統に学ぶべきである。以下歴史を遡って吟味し

る。談合は価格カルテルの一形態なので独占禁止法に抵触し、公正取引委員会も防止に注力している。二〇〇四年に同委員会が地方自治体の入札・契約の実態を把握するために、大小五一七の自治体に郵送によるアンケート調査を実施した（回収率約八五％）。九月に発表された報告書『地方公共団体における入札・契約の実態に関する調査報告書』（公取委ウェブサイトで無料配布）では、何と七〜八割の自治体で事業の設計価格が事前公表されていることが判明した。（設計価格の漏洩を求めての）入札担当職員に対する業者の賄賂工作を未然に防止することが目的とはいえ、設計価格の事前公表は談合を発生しやすくする手続きでもある。

ただしこうした談合とは別に、事業の設計図を見ながら、技術的にどの業者が請負可能かを検討するというような、入札前の業者同士の調整もある。それは、最適な業者による良質の工事を保証するという観点からは、一定の合理性を有していよう。業者間のあらゆる事前打ち合わせを、談合として退けるべきではないかもしれない。

神奈川県横須賀市は、住民数四二万九〇三〇人の中規模都市で（二〇〇四年一一月一日現在の推計）、米軍基地（海軍）と日本の自衛隊基地があることで知られているが、地場の商工業も盛んで、ハイテクを担う中小企業も立地している。市が入札制度改革を考え始めたのは一九八二年であるが（横須賀市入札制度検討委員会の設置）、指定入札制度を廃止するには時間がかかった。指名業者

よう。

アメリカ大陸においては先史時代から続く長い人間の営みがあり、それは一六世紀にはアステカ（メキシコ）やインカ（ペルーとその周辺国）といった、古代エジプト文明に匹敵する高度な文明を築き上げていた（増田・吉村［二〇〇二］）。そこへH・コルテスやF・ピサロといったスペインの民間起業者が植民者（征服者）として到達し、先住民文明を破壊した。征服者はスペイン国王と植民請負契約（カピトゥラシオン）を交わし、ムニシピオ（行政と議会）をつくって、まず地割り（町づくり）をし、開拓を始めた。やがてスペイン国王は民間起業者に植民を委託したことを再考し、彼らを統括するために副王を派遣した。以後副王を頂点とする植民地行政制度が確立していくが、その特徴は中間の行政レベル（都道府県や州）が存在しなかったことである。つまり植民地行政はムニシピオの住民自治を基礎として築かれたのである。この伝統はたとえばペルーでは現在に至るまで引き継がれている。ペルーでは、二〇〇二年の統一地方選挙で本格的に導入されるまで、県や州などの中間

の非固定化と工事受注希望型指名競争入札を軸とする新入札制度がようやく導入されたのは、九八年七月であった。翌九九年五月に郵便による入札実施が決定され、六月に開始した。九月には、設計価格を事前公表しない方法が導入され、設計価格の決定にはクジ引きが導入された。電子入札導入の検討を開始したのは、同年七月であった。二〇〇一年四月に、ウェブサイト上での入札への参加申請の受付を開始した。同年九月に業者向け説明会が行われ、電子入札を開始。〇一年以降は、すべて「条件付き一般競争入札」が適用された。〇二年四月時点で、ほぼすべての工事案件を電子入札で処理できるようになった。

市の企画調整部に請求して手元に届いた資料によると、改革による変化と効果は、次の通りである。改革以前、すなわち一九九八年六月までは、指名競争入札が中心で、指名選考基準は公表されていなかった。九七年の入札参加業者数は、平均九・二社であった。指名業者の担当者が一堂に集まって互いに顔を合わせる「現場説明会」が実施されていた。改革後（すなわち九八年七月以降）は、参加業者数の制限はなくなった。入札参加業者数は、九九年には二二・六社に増えた。「現場説明会」は廃止された。競争が増したことにより、落札率が八五％程度まで低下し、契約差金が三〇億円も生じるようになった。契約差金とは、（実際の）請負価格と（当初の）設計価格との差である。横須賀市の財政規模は一般会計で一三

レベルがなく、国と基礎的自治体から地方自治制度は構成されていた。ただし、ペルーの基礎的自治体は、区（distrito）と郡（provincia）の二階建てになっている。全国のすべての区（約一八三〇団体）が、独立した地方自治体なのである（大阪市や横浜市といった政令指定都市の区は、ペルーの大都市の区制に学んで自治体化されてよいだろう）。

ブラジルでは、州政府の自治が伝統的に強いが、ムニシピオの自治の伝統も強い。この地域でも植民の始まりとともに（つまり一六世紀に）、ムニシピオが誕生した。二〇〇四年時点で約五五六〇の基礎的自治体が存在するが、すべての団体が州と並んでフェデラリズム（連邦制度）の同等な構成員であることが現行憲法（一九八八年憲法）には明記されている（第一八条）。つまり州とムニシピオは対等なのである。日本のように、政令指定都市、中核市、特例市、一般市、町、村といった「階級化」は、導入されていない（ただし住民数の大小によって市議会議員数が異なるといった区別は存在する）。このように、基礎自治体の政治的自立性を重視した制度は、

五四億円なので、この契約差金はその二・二％にあたる。また、契約件数が増え、市内業者への発注が増大した。これは地域経済振興（公共事業の地域内での乗数効果）の観点からみて、「財政効率」改善のよい契機といえよう。

ただし落札は最終的にはクジ運に左右されるので、従来のように個別業者の技術力や経験が評価されなくなった。決定が価格のみに依拠しており（コンピュータが落札業者をはじき出す）、工事の質の保証という課題が残されている（「安かろう、悪かろう」になる危険性がある）。そもそも、もし市が算定した「設計価格」が適切ならば、落札率が一〇〇％でも何ら問題がないはずである。落札率の低下と契約差金の増大だけで、入札改革の効果を評価してよいだろうか。突き詰めると、①地域の利権構造が打破されたか否か（実質的に住民参加が進んだか）、②良質の公共事業が適正価格で実施されたかどうか、この二点が改革評価のポイントであろう。しかし、実は、公共事業の適正価格の判定と、工事の質のチェックは、途方もなく難しい課題なのである。たとえば優秀な検査官（技術者）の確保が容易ではない。横須賀市の入札改革の試みは、一定の評価はしうるとしても、「良い政府」に向かう第一歩に過ぎないと言えよう。

なお腐敗防止の国際NGOであるトランスペアレンシー・インターナショナルの日本チャプター（提携団体）がすでに設立されている。名称はトランスペアレン

明治地方自治制以来「官治的」自治の伝統が強い日本にとっての、示唆深い教訓と言えよう。

　これに関して、近年の動向として二点、挙げておこう。第一に、ブラジルにおけるムニシピオ数の増加である。ブラジルでは過去百年間、ムニシピオは常に増えてきた。一九五七年には二四六八、八二年に四〇一六、八九年が四四二八、九三年には四四九一、九九年に五五〇七、そして二〇〇一年に五五六〇団体に達した（六四～八五年の軍事政権時代は若干の減少）。一九五七年の二四六八団体から、二〇〇一年の五五六〇団体へと、五〇年弱で二倍以上に増加しているのである。市町村合併（後述）で数を常に減らしてきた日本と対照的である。

　第二に、住民参加を促進する制度である「参加型予算（participatory budgeting）」が重要である。これは、市民社会が地方議会から予算審議過程を奪い取るという歴史的社会実験である。直接民主主義が予算審議に関して間接代議制を凌駕したケースだとも言える。とくに、ブラジルのリオ・グランデ・ド・スル州の州都ポルト・アレグレ市（一七七二年設立、現在人口約一三〇万人）の経験は注目に値する（Navarro［2002］；Chocano［2002］）。「参加型予算」は、南米だけでなく世界中に広がっており、世界銀行も、ポルト・アレグレ市の経験と、アイルランド共和国および南アフリカ共和国の「参加型予算」の事例を紹介している（World Bank［2002］pp.125–132）。

シー・ジャパン（TI―J）という（筆者は理事で、事務所は東京新宿区）。現在NPO法人格の取得を申請中である。TI―Jは腐敗防止のための社会啓発活動、研究、政策提言などを行う非営利団体であるが、談合の防止を重点目標の一つに掲げており、「インテグリティ・パクト（誠実協定）」（IP）という談合防止策の普及に努めている。IPは、発注側と入札業者が談合や贈収賄を行わないことを事前に誓約する合意文書で、違反者への制裁規定（落札した契約の取り消しや罰金など）も盛り込まれている。この契約が締結されていれば、（長期化して収賄側がごね得になるケースがままある）裁判をしないで、迅速に違反者に罰則を科すことができる（刑法第一九七条〈収賄罪〉にある禁固刑といった重い刑罰は、無論IPの制裁条項の枠外である）。

（左）2002年8月19日～21日にペルー国リマ市内のビジャ・エルサルバドル区で，同区役所，国連開発計画（UNDP），地元開発NGOのDESCOほかの共催で開かれた「参加型予算」に関する国際ワークショップのポスター
（右）ポルト・アレグレ市の「参加型予算」の地区集会

ポルト・アレグレ市では、まず各街区で井戸端会議のような集会が開催され、町のニーズが何であるかが住民間で確認される。そこで集約された要望は、上位のホダーダ（rodada）と呼ばれるラウンド・テーブル型の住民評議会で審議される。ホダーダは一六に分けられた地区毎に、毎年三月〜六月にかけて二回開催される。そこには市行政側の予算担当者も参加して、前年度の決算を報告し、新年度の計画についての情報を市民に提供する。そこで代議員が選出され、彼（彼女）らは市の代議員総会（「参加型予算議会」と呼ばれる）に出席して、市の予算配分の優先順位の決定方法すなわち「クライテリア（基準）」を採択する。その基準に照らし合わせて、予算配分が最終決定される。審議過程に低所得者が多数参加するので、長年予算配分において軽視（無視）されてきたファヴェーラ（favela）と呼ばれるスラム地区にも、貧困撲滅のための財政資金が投入されるような案が採択されている。

このようにポルト・アレグレ市では、直接民主主

表1－1　ブラジル，ポルト・アレグレ市での「参加型予算」システム形成の歴史

年	事　項
1956	市条例で，多種類の地域集会（議会）が可能となる
1959	コミュニティ団体（協議会）の連合組織が設立される
1979	59年設立のコミュニティ団体連合会に，65組織が加盟
1983	コミュニティ団体連結会（union）が設立される
1985	コミュニティ団体連結会の第1回総会が開催される
	民主労働党政権成立。しかし住民参加は進まず，人々は不満を募らせる
1989	ポルト・アレグレ市で労働者党政権成立。政権側（行政側）が「参加型予算」システムを提案

出所）Navarro［2002］の説明を整理。

義で市の予算が決められているのである（ここでは詳述しないが、市の総合計画すらこの方法で決定された年もある）。間接代議制との関係が問題となるが、最終的には市議会で市民案が審議され、そこで公式に採択されるから、行政法上は問題がないようだ。議会の中に、市民案に反対する抵抗勢力が全くいないのかというと、そうではなく、実際には存在する。しかし今のところ、市民案を否決するまでの影響力を獲得するに及んでいないようである。

もっとも、「参加型予算」を過大評価すべきではない。住民が十分な情報を得て、自立的にそれを分析した上で意見を表明しているのかどうか、疑問がないわけではない。草の根住民の「判断過程」を分析し評価する必要がある。この点は、今後の研究課題といえよう。

日本がラテン・アメリカから学ぶべき教訓：地方自治の展望

日本の学ぶべき教訓として、以下三点を挙げておこう。第一に、日本は地方自治体（とくに基礎的レベル）の独立性についてラテン・アメリカから多くを学ぶべきである。ブラジルでは各ムニシピオはそれぞれ異なる税率で市税（ISSというサービス税で付加価値税の一種）を課している。ペルーでも各区は独自の都市政策を展開している。日本の自治体政策は金太郎飴のように画一的で（駅前再開発やハコモノ行政を想起せよ）、自治体間の横並び意識が強い。ラテン・アメリカの状況が最善とは言えないが（ペルーの首都リマ市では区役所間の政策調整不足の問題がある）、日本の各自治体は少しは独自のまちづくりを追求すべきである。

第二に、日本の市町村合併については、ブラジルの経験を見て反省すべきである。日本は明治二〇（一八八八）年頃以来、市町村合併を繰り返して、総数を約七万から約三三〇〇へと減らしてきた。現在進行中の史上三度目の市町村合併では、地方自治の終焉かと思われるほど地方の意向が無視されている。日本の総務省（旧自治省）は、「はじめに合併ありき」の態度で、合併による住民数の増加と役所の大規模化が地方自治の充実につながると主張している（地方分権の「受け皿」整備論）。「飴と鞭」で合併を全国の市町村に強制しているが、「飴」にあたる合併特例債は、無駄な公共事業を増やす可能性が高い。このまいけば、私たちが子孫に残す遺産は、①公共事業で破壊された自然環境と、②利用率が低い（したがって採算が合わない）公共施設と、③合併特例債の元利返済義務と、④広域化した市町村で暮らす不便さだけかも知れない。ブラジルのように、地方自治体を分割して基礎的自治体の規模を小さくしてきた歴史を持つ国があることを知るべきである。ブラジルの地方自治に関する評価は一筋縄ではいかない面もある。実際、「親」団体から分離した新自治体が、準備不足のまま走り出すといった問題が深刻化している。しかしこうした課題も含めてブラジルの動向を観察して、総務省は合併推進論を再考すべきである。

第三に、世界的に広がりつつある「参加型予算」に学んで、日本でも、予算配分に関する議会内既得権益の温存という悪弊を打破する手法を開発すべきである。この点では、神奈川県横須賀市の最近の入札制度改革（条件付き一般競争入札や電子入札の導入）は興味深く（コラム参照）、これで公共事業受注をめぐる建設業者間での談合が根絶したと、マス・メディアが報じている。長野県の田中康夫知事のアプローチも、入札改革の取り組み、「脱ダム宣言」に見られる財政効率を高める努力、住民意思尊重への姿勢などに限っていえば、今後の日本の地方自治の発展を展望する上で参考になろう。

4 ラテン・アメリカは日本から何を学ぶべきか

日本財政の特徴：高い直接税比重

日本の財政は、昨今直間比率（直接税対間接税の比率）の見直しが進んでいるとはいえ、ラテン・アメリカと比較すれば依然直接税の割合が高い。とくに国レベルでは、所得税と相続税（いずれも国税）の割合が途上国に比べて大きい。地方レベルでは、資産課税（直接税）である固定資産税の比重が大きく、また所得を課税ベースとする都道府県や市町村の個人・法人住民税（ただし法人住民税の所得割は事実上国の所得税への付加税）と都道府県の事業税のウエイトが高いことが、重要な特徴である。具体的には、日本は国税・地方税合わせて年間約七六兆五〇〇〇億円の税収があるが（二〇〇三年度予算）、図1―2に示したように、このうち四九・一％を所得税収入が占めている。ちなみにこの割合は、アメリカでは六六・三％、ドイツが四九・四％、イギリスが四六・六％、フランスが三九・一％である（いずれも二〇〇〇年）。日本の直間比率は、六七対三三である。

日本から学ぶべき教訓

ラテン・アメリカ諸国は、日本に比べて間接税依存の度合いが極めて高い。米州開発銀行（ＩＤＢ）の報告書によれば、直接税である所得税収入の対ＧＤＰ（国内総生産）比は、一九九一～九五年の平均値でみて、ラテン・アメリカ諸国が四・三％（二五カ国平均）、アジアは七・〇％（五カ国平均）であった。マレーシアやインドネシアが一〇％弱であるのに対して、ペルーやアルゼンチンは二％程度しかない（例外はジャマイカの二〇％）（IDB［1996］p.131）。直接税がほとんど捕捉されていないのである。ブラジルの場合は、連邦政府財務省国庫局（Secretaria de Tesouro Nacional）によれば、社会保障拠出金（公務員・民

図1－2　日本の課税標準別税収割合

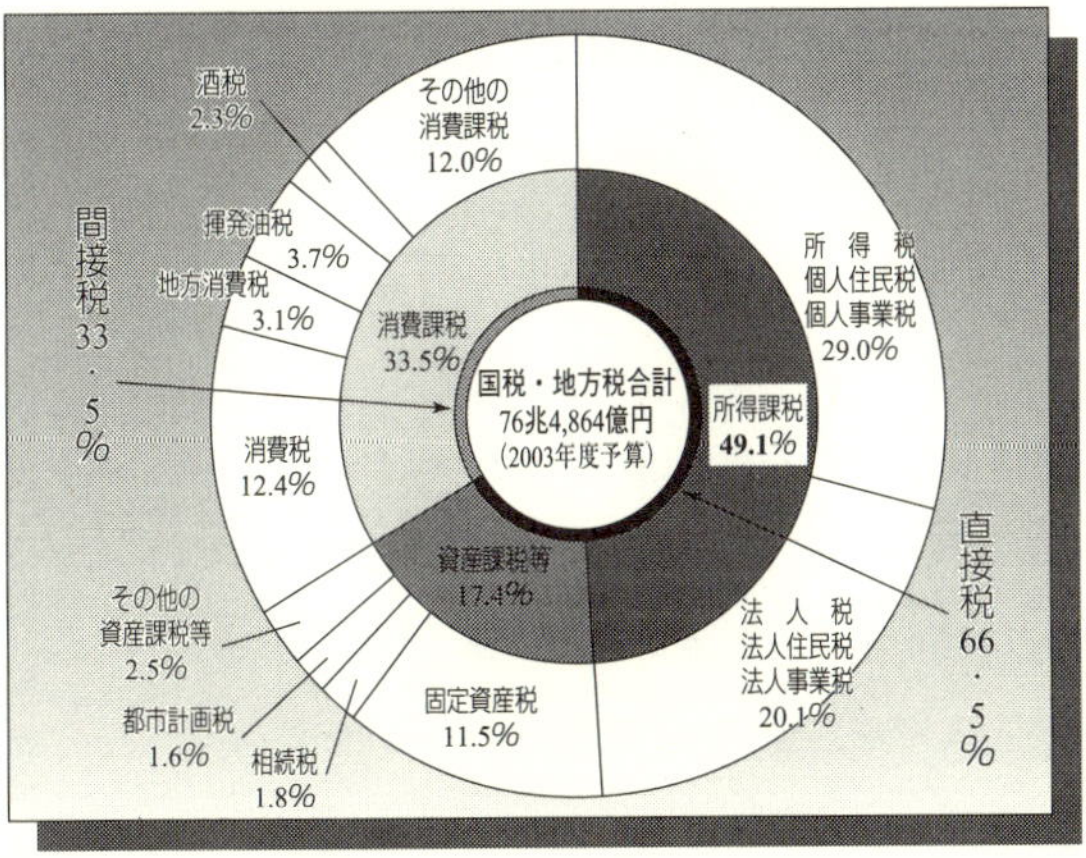

出所）財務省ウェブサイト。

図1－3　ブラジルの直間比率

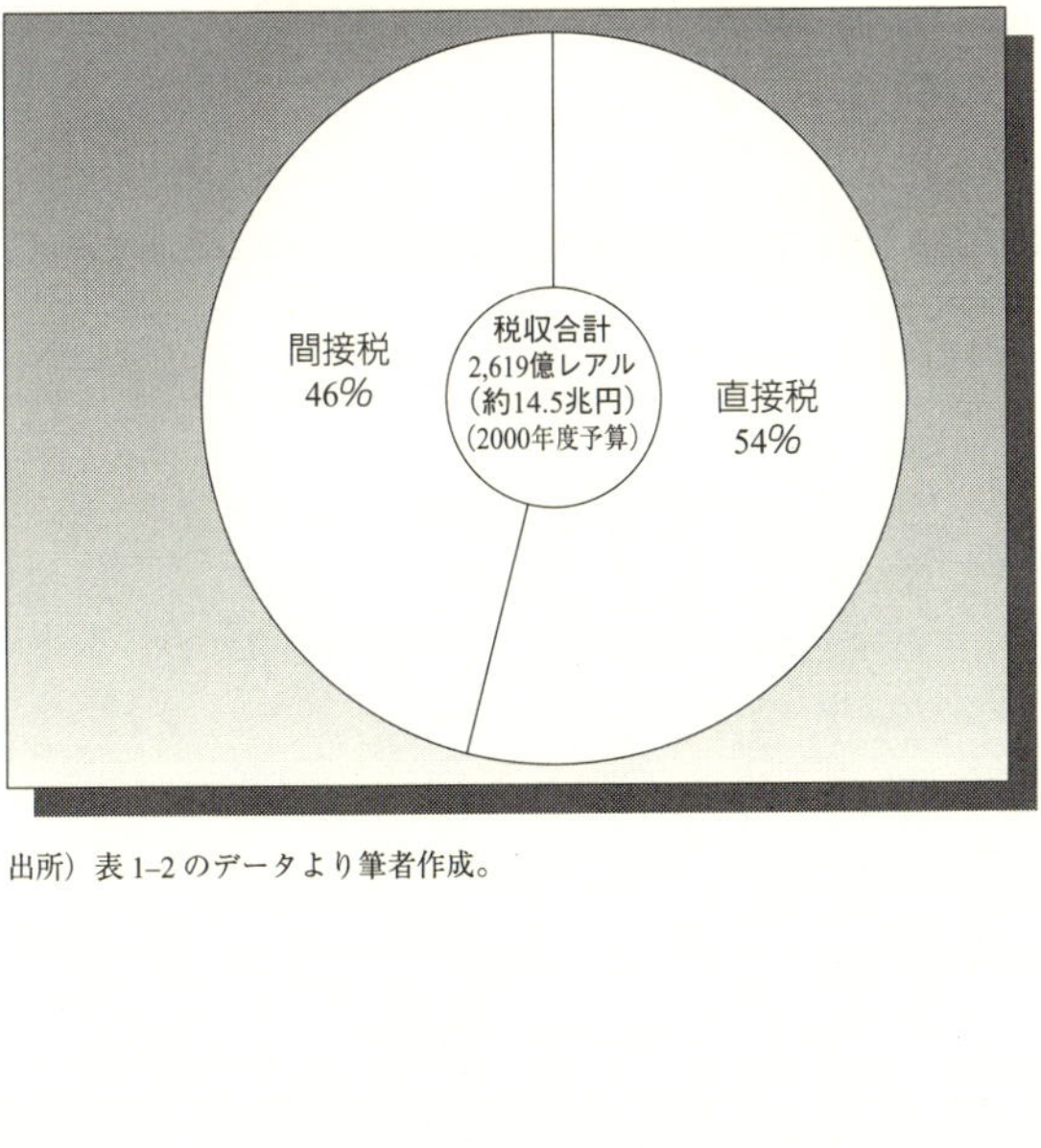

出所）表1-2のデータより筆者作成。

表1－2　ブラジルの課税標準別税収割合

税の区別	税	連邦税	州税	ムニシピオ税	収入額（単位：1000レアル）	構成比
直接税	教育賃金拠出金	●			2,729,559	1.04
	社会保険融資負担金（COFINS）	●			38,634,039	14.75
	社会統合計画金（PIS）／公務員厚生年金（PASEP）	●			9,434,024	3.60
	個人所得税	●			22,573,690	8.62
	法人所得税	●			26,047,530	9.95
	利益に対する社会負担金（CSLL）	●			8,635,756	3.30
	自動車保有税（IPVA）		●		5,296,891	2.02
	都市不動産税（IPTU）		●	●	4,519,326	1.73
	その他	●	●	●	24,781,003	9.46
	直接税小計				142,651,818	54.47
間接税	工業製品税（IPI）＝付加価値税	●			17,564,513	6.71
	輸入税（連邦税）	●			8,429,999	3.22
	金融取引税（IOF）	●			3,091,059	1.18
	その他の生産物への課税	●			1,944,179	0.74
	商品流通税（ICMS）＝付加価値税		●		82,274,924	31.42
	サービス税（ISS）＝付加価値税			●	5,922,626	2.26
	間接税小計				119,227,300	45.53
税収総額					261,879,118	100.00
社会保障負担金（年金）を含めた総収入					383,571,875	

注）各税および負担金類の訳語については，都築［2002］を参照した。公務員厚生年金（PASEP）については，この表では社会統合計画金（PIS）から分離できないので算入したままであるが，本来は削除すべきである。

出所）ブラジル連邦政府財務省国庫局（STN）のウェブサイト。

間労働者の年金財政）を含めた全財政収入（連邦、州およびムニシピオの歳入総額）が二〇〇〇年で約三八三六億レアルであった（同局ウェブサイトより）。同年は一米ドル一・八レアル前後で変動していたので、約二一〇〇億米ドル（約二〇兆円）にあたる。このうち、社会保障拠出金（年金）とその他収入を除いた税収は、約二六一九億レアル（約一四・五兆円）だったが、直間比率は五四対四六であった（図1―3）。

　やや専門的になるが、ここでの直接税には、所得税（連邦税）のほか、利益に対する社会負担金（CSLL、課税標準は法人の利潤）や社会保険融資負担金（COFINS、課税標準は法人の売上高）といった社会負担金類、それに都市不動産税（IPTUというムニシピオ税）、および所得・資産に課されるその他の税を含めた（表1―2）。CSLLやCOFINSは、社会保障拠出金（年金）ではなく租税に分類されており（福祉目的税の一種）、これも直接税として計算した。間接税には、各級政府の付加価値税や輸入税を含めた。ブラジルでは租税と社会保障拠出金の区別が不明確で、なぜCSLLやCOFINSが租税に分類されるのかについては、本稿では立ち入らない。詳しくは、山崎［二〇〇二］を参照されたい。

いずれにせよ、間接税の割合が高い（税収全体の五割に近い）。これでは、税制が所得再配分機能を果たすことは難しいばかりか、もともと世界一不平等な所得分配（ジニ係数〔序章四八頁参照〕は〇・五四）に対して、租税制度が火に油を注ぐ役目を果たしている。ブラジル人は、自国の貧富格差の絶大さに頻繁に言及するが、そのわりには税制の逆進性には触れないし、是正策を講じようとしない。間接税中心の租税構造を改め、直接税中心へと移行させるという抜本改革を実施する必要がある。

おわりに

日本もラテン・アメリカも、一刻も早く新自由主義と訣別して公共政策を充実させる必要があるが、そのためには法人への累進課税を復活させて増税し、他方で政官財の癒着を解消しつつ歳出構造を再編して（環境と福祉を重視する）、「良い政府」をつくる必要がある。この目的のためには住民自身が参加する草の根民主主義の再生が必要であるが、この点でムニシピオ自治の伝統やその延長線上にあるポルト・アレグレ市の「参加型予算」の経験は、日本にも他のラテン・アメリカ諸国にも参考になる。他方ラテン・アメリカは日本に学んで、直接税を拡充して、国民統合と「市民革命」を進め、「租税国家」への脱皮を図るべきである。

日本の状況について述べると、今のまま、「構造改革」（本来は財政緊縮だから財政赤字は減るはず）の名の下で、既得権益を保護し続けて財政効率を低下させ（財政赤字を拡大させ）、他方で税制の逆進性を高めて家計を圧迫し続ければ、（金融監督と銀行再編の動向やマネー・サプライ（貨幣供給）の増減にもよるが）景気はさらに落ち込み、「平成大不況」は継続するであろう。そこでまた景気対策の美名のもとに国債を増発し、従来型の公共事業が繰り返されれば、財政赤字はさらに累積する。そうなればいずれ国債の暴落とそれによる長期金利（一〇年物国債の利回り）の上昇が生じる可能性がある（それは景気を冷却する）。個人金融資産一四〇〇兆円という日本独自の事情があるとはいえ、日本経済は規律とモラルを欠いた財政赤字拡大路線を歩んでおり、一昔前のラテン・アメリカに近づいている。民主主義に基づいた財政政策の大胆な方向転換が、今ほど求められているときはないと言えよう。

Más allá de la década perdida

Além da década perdida

第2章

高齢者の生活保障をどうするか

アルゼンチンの年金改革に「学ぶ」

宇佐見耕一

はじめに

「失われた一〇年」と呼ばれた、ラテン・アメリカにおける一九八〇年代の深刻な経済危機は、アルゼンチン経済ならびに国民生活に大きな打撃を与え、そのため九〇年代初頭の同国の最大の政治的課題は経済の安定化であった。そうした課題を背負って八九年に成立したメネム・ペロン党政権は、貿易自由化、規制緩和、国営企業民営化など新自由主義《ネオリベラリズム》的経済政策を積極的に展開した。それと並行して、社会政策面でも雇用関係の柔軟化（従来の全日制無期限雇用に加えて、パートタイムや有期雇用契約を正規化し、試用期間延長などを実施）、年金制度改革、医療制度改革を実行した。これらの社会政策上の改革はどれも、アルゼンチンの福祉国家としての性格が変容したことを体現しており、それぞれに重要性を持つが、本章では特に一部積立方式を導入した年金制度改革に焦点を当てることにする。アルゼンチンでは九四年から新年金制度が発足したが、その新制度ならびに高齢者の生活保障は、二〇〇一年の金融危機により、大きな問題を抱えることとなった。

年金制度に焦点を当てた理由は、年金財政方式に相違があるものの日本とアルゼンチン両国とも年金基金が大量の国債を抱えている点、外国通貨建てか自国通貨建てかという相違があるものの両国とも大量の国債を発行しているという点、さらに背景に差違があるものの、日本においてはバブル崩壊以降の金融市場低迷またアルゼンチンにおいては二〇〇一年の金融危機など、両国は年金をめぐる状況に共通点が多いためである。したがって、アルゼンチンにおける〇一年の金融危機と、それが年金制度ならびに高齢者の生活保障に及ぼした影響は、日本の年金制度・高齢者の生活保障制度に対する警告と示唆を与えてくれるものと考えられる。

そのためにまず、アルゼンチンにおける年金改革の実態とその背景を説明する（第1節）。つづいて、二〇〇一年金融危機により積立資産内容が悪化した実態を示し、積立方式の問題点を検討する（第2節）。そして最後に第3節で、年金制度を補完する高齢者福祉システムを概観し、経済危機を経た後の高齢者福祉におけるウェルフェアー・ミックスの問題を展望する。

1　アルゼンチンにおける年金改革

公的賦課方式年金の制定と問題

アルゼンチンの年金制度は一九〇四年制定の国家公務員年金金庫設立に始まり、その後鉄道労働者や銀行員等、職域別に制度が拡大されていった。その発展は、フアン・ドミンゴ・ペロンの政治的影響力の拡大とともに加速された。ペロ

●年金財政方式：年金財政方式は大きく**賦課方式**と**積立方式**に分けられる。賦課方式とは，現実に賃金を獲得している世代の拠出金で退職世代の年金を賄う年金財政方式のこと。市場の変動に対して相対的に耐性があること，必要な年金給付額を直ちに調達するため制度発足当初は負担が少ないこと等のメリットはあるが，給付の変動に対して保険料等も同率で変動するなど負担の安定性に欠け，人口高齢化に際して現役世代の負担増や世代間格差がデメリットとなっている。これに対して積立方式とは，加入者本人が将来の給付に必要な費用を事前に積立てておくもので，時の経過とともに増加していく給付費を将来にわたり平準化して賄っていこうという方式のこと。個人年金や企業年金，金融機関の年金商品などはこの方式である。市場の変動の影響を直接受けるというデメリットがある。日本の厚生年金および国民年金（公的年金）では，現役世代が高齢者世代を支える賦課方式の要素の強い財政方式であるが，将来の支給額増加に対処するため巨額の積立金を有している。

●ウェルフェアー・ミックス（Welfare Mix）：福祉サービス供給に対するさまざまな主体の適切な組み合わせ。近年高齢社会を背景に，経済成長を前提とした「ケインズ主義的福祉国家」の終焉や「福祉国家の危機」論の流れから，新しい福祉国家，福祉社会のあり方として登場してきた考え方。

ンは軍政下の四四年に労働・社会保険庁長官として商業労働者向け年金制度を制定し、ペロン政権（一九四六～五五年）が成立した四六年には工業労働者年金、五四年には経営者年金・専門職年金・自営業者年金・農業労働者年金制度を制定した。これにより、家内サービス労働者を除くほとんどすべての勤労者が形式的には年金制度の対象となった。さらに、五五年クーデターでペロン政権を転覆させて成立したアランブル軍事政権（一九五五～五八年）では、五六年に家内サービス労働者を対象とした年金制度も制定された。この他に軍・警察の年金制度、市・州の年金制度が制定され、五〇年代末までには職域別年金制度によってすべての勤労者が形式的にはカバーされることとなった（Sistema de la previsión social Argentina [1969] p. 11）。また、年金財政方式も賦課方式が採用されるようになった。

こうした職域別の年金制度は、一九六七年にオンガニア軍政（一九六六～七〇年）により軍と地方（市・州）の年金制度を除き国家公務員年金、雇用労働者年金、自営業者年金の三制度に整理された。年金制度統合の目的は、拠出と給付基準の統一による平等化の促進と、悪化した年金財政を健全化させることであった。また、この改革を実行した軍事政権の思想には、混乱した年金制度に「秩序と管理」を与える意図があったとされている（Golbert [1988] p.41）。この改革の結果、年金財政は一時的に回復し、七五年には黒字化が達成されたが、七八年以降再び赤字に陥り、それ以降赤字は拡大し続けた。年金財政赤字化の要因は複数あるが、拠出金未納者が多く八三年で平均二四％に達したことや、年金制度の成熟による受給者の増大と人口高齢化に伴う経済活動人口に対する年金受給者の増加等が挙げられる（Feldman et al. [1986] pp. 73–80）。

一方、年金受給年齢層（男性六〇歳以上、女性五五歳以上）に対する年金受給者の比率（年金受給率）は、一九五〇年代以降上昇を続け、八五年には六〇・九三％に達したが、その後横ばいとなっている。なお年金受給率は、労働人口が極めて少なくなる七〇歳以上をみると、九〇年で男性七五％、女性七〇％と上昇している（Isuani et al.［1993］p.19）。このことを逆に言うと、九〇年時点で七〇歳以上の高齢者の二五％以上が無年金状態であるということになる。八三年の職域別年金拠出金未納率をみると家内サービス従事者が八〇％と極めて高く、次いで自営業者の三二％が続き、逆に雇用労働者や国家公務員は低くなっている（Feldman et al.［1986］p.75）。すなわち、インフォーマル・セクター（非正規部門）従事者は法制的には年金制度にカバーされているが、実質的には年金制度から排除されていたことになる。こうした年金財政の悪化や拠出金の未納拡大、年金のカバー率低下が公的賦課方式の問題点とされている。

労働・社会保障政策を拡充したJ. D. ペロン

一九九三年の年金制度改革の経緯

一九八〇年代の深刻な経済危機を経て成立したカルロス・メネム政権（一九八九～九九年）は、それまでの輸入代替工業化による産業保護措置を撤廃し、多くの国営企業を民営化するという、市場機能を重視したかなり徹底した新自由主義的経済政策を推進した。その背景には、八九年に年率五〇〇〇％に達するインフレを経験したアル

●フアン・ドミンゴ・ペロンとペロン党：「ペロン党」とはペロン政権を支持することを目的に組織された政党で，公正党（Partido Justicialista）という正式名称を持つが，アルゼンチンでは一般に，創設者のペロン（Juan Domingo Peron　1895～1974）にちなみペロン党（Partido Peronista）と呼ばれている。ペロン党の支持基盤は労働者と低所得層であり，ペロン大統領および大統領夫人エバは，労働・社会保障制度を整備していったことで知られている。

ゼンチン国民にとって、経済安定化が最大の政策目標となっており、厳しい政策であってもそれを受け入れる政治的環境があったことが指摘されている（Alonso［2000］p. 199）。

こうして一九八〇年代の経済危機を経て、財政赤字削減を迫られる経済環境と経済安定化が最優先される政治的状況の下、社会保障制度改革も主要な政治課題として注目されるようになった。改革の議論は、年金財政方式を従来の公的賦課方式から民間会社が運営する積立方式に転換するか否かが中心となった。改革の議論の中では、八一年にほぼ全面的に民間積立方式に転換した隣国チリの事例が「成功例」として紹介されていた。また年金改革後の九四年に世界銀行から出版された『人口高齢化の危機を回避するために』と題する世界的な年金制度改革に関する報告書も、公的賦課方式の問題点を指摘し、①貯蓄機能やリスク回避機能を持った公的制度、②貯蓄機能を持った強制加入積立方式、③付加年金を目的とした任意加入年金、の三つの柱からなる年金制度の構築を提案しており（Banco Mundial［1994］）、その中には積立方式の導入も組み込まれている。こうした三本柱の構成により、最適なターゲティングを行った再分配、生産的な貯蓄、それに最も低い社会的コストが達成されるとする。これに対して、国際労働機関（ＩＬＯ）系研究機関では、市場に依存した積立方式の危険性を指摘していた（Beattie y Macgillivary［1995］）。

他方、アルゼンチン国内ではアルゼンチン銀行協会が賦課方式から積立方式への移行と、積立資金を運用する資本市場の育成を提案していた。また、産業界系の研究所であるラテン・アメリカ経済研究財団が、世銀の提案と同じ三本柱からなる年金改革案を一九九一年に作成した。九二年に政府が議会に提出した改革案では、公的賦課方式による基礎年金に加えて、四五歳以上の勤労者は民間の年金基金運用会社による強制加入積立方式という二段階方式の制度が提案された（Isuani et al.［1993］pp. 41–95）。このような政府提案に対し、与党ペロン党の最大の支持団体である労働総同盟は反対し、ペロン党内の労働組合寄り議員もそれに同調した。年金改革の議会審議が続けられる中、九三年三月三一日にメネム大統領と労働総同盟書記長ブルネリの会談が行われたが、それぞれの立場を主張し合うに留まり、年金改革の審議は進展しなかった（*La Nación*, 1 de abril de 1993）。

新年金制度の発足

議会内外における幾たびかの交渉の結果、一九九三年九月に可決され翌九四年七月から施行された新年金制度は、多くの点で労働組合側に譲歩したものとなった。新制度の骨格は、以下のとおりである。まず全加入者に共通の公的賦課方式の基礎年金があり、その支給条件は制度加入期間が最低三〇年、支給開始年齢は男性六五歳、女性六〇歳と定められた。また、旧制度で拠出を行ってきた年金制度加入者に対して、公的賦課方式による一定額の補償年金を給付することとした。さらに付加年金に関し、年金制度加入者が公的賦課方式の付加年金か年金基金運営会社が運営する民間積立方式のいずれかを選択できることとなり、後者を選択した者は年金基金運営会社も自由選択できることとなった（図2―1）。拠出金の支払いは、被雇用者の場合、雇用者が賃金の一六％を公的制度へ、被雇用者は自らの賃金の一一％を選択した制度へ支払うこととなり、また、自営業者の場合は、課税対象額の二七％をそれぞれの選択に従い支払うこととなった（Wassner［1994］）。公的年金制度の運営には国家社会保険局（ＡＮＳＥＳ）があたり、民間年金基金運用会社を監督する公的機関として年金基金運用会社監督局が設立された。

これら積立方式の利点として前述の世界銀行の報告書は、①拠出と給付の関係が明確になるため年金制度のカバレッジ（補償範囲）を拡大させることができる、②制度および年金基金運用会社の移動が容易である、③資本市場を育成し産業の発展に資することができ、労働者が各自の利潤を向上させることができる、

図2－1　アルゼンチン：1994年施行の新年金制度

付加年金（公的賦課方式もしくは民間積立方式）
補償年金（公的賦課方式）
共通基礎年金（公的賦課方式）

出所）筆者作成。

表2－1　アルゼンチン：改革後の方式別付加年金加入者数の推移

単位：人（%）

加入者の選択方式	1994年7月	1997年3月	2002年6月	2004年12月
公的賦課方式	186万（33%）	244万（30%）	220万（19%）	223万（18.1%）
民間積立方式	303万（53%）	555万（68%）	900万（79%）	982万（79.7%）
未決定	81万（14%）	13万（1.6%）	20万（2%）	28万（2.2%）
全加入者数（人）	570万	812万	1140万	1233万

出所）SAFJP及びANSES各種ウェブサイト資料より作成。

④政治的リスクを回避できる、等の点を指摘している（Banco Mundial［1994］p.283）。とはいえ、民間積立方式推進論者はそのメリットのみを強調し、そこに潜むデメリットに関して言及することは希であった。

2　経済危機と年金制度

改革後の積立方式年金の推移

一九九四年七月に新制度が導入され、その時点で公的賦課方式付加年金を選択した者が全加入者（五七〇万人）の約三三%（一八六万人）、民間積立方式による付加年金を選択した者が五三%（三〇三万人）、未決定者が一四%（八一万人）であった。それが九七年三月には全加入者（八一二万人）のうち、公的賦課方式加入者が約三〇%（二四四万人）、民間積立方式加入者が六八%（五五五万人）、未決定者が一・六%（一三万人）とより多くの者が民間積立方式を選択した（Ministerio de Trabajo y Seguridad Social［1997］）。民間積立方式加入者はその後も増加し続け、二〇〇四年一二月には約九八二万人に達している（表2―1）（ANSESウェブサイト資料）。

このように民間積立方式加入者は順調に増加し、二〇〇四年には改革前の年金制度全加入者を大幅に上回る加入者を獲得することに成功した。しかし、こうした民間積立方式年金制度の急激な拡大が、アルゼンチンにおける年金制度の実質的カバレッジ拡大に果たして本当に寄与したのであろうかという疑問が残る。そのことを端的に示しているのが、積立方式における年金拠出金支払者数の推移である。民間積立方式での拠出金支払者数は、一九九五年には約二〇〇万人であったものが、二〇〇〇年には三五〇万人まで上昇した。しかし、この後年金拠出金支払者数は減少に転じ、〇一年一二月には二六〇万人にまで低下している（SAFJP［1994–2002］p.20）。〇三年三月では民間積立方式への加入者は約九〇〇万人で、これに対して年金拠出金支払者は約三〇〇万人に過ぎず、未納率は三分の二に達する（SAFJP［2003］p. 3）。民間積立方式開始後、新たに設立された二六社の年金基金運用会社は全国各地に支店網を張り巡らし、新聞・テレビ等で盛んに宣伝活動を行い、また大都市の街頭でも常に新規加入者勧誘のキャンペーンを行ってきた。その結果、民間積立方式への加入者は劇的に増大したが、実際に年金拠出金を支払った人数はそれほど増大せず、年金拠出金未納率の上昇へとつながった。

他方、積立方式のメリットとして資本市場の活性化が掲げられている。事実、民間積立方式導入後、民間年金基金運用会社に積み立てられている基金は年々増大し、表2―2にあるように二〇〇二年六月には国内総生産（GDP）の一〇・五％にまで達するようになった。しかし、その背後には、民間積立方式に移行後、旧方式での年金受給者への年金給付財源を政府が負担しなければならないという移行コストの問題が隠されている。それを端的に表しているのが公的賦課方式年金制度財政における国庫負担率であり、それは一九九四年の三九・一％から二〇〇〇年には六九・九％にまで上昇している（Secretaría de Seguridad

表２－２　アルゼンチン：民間年金基金総額と対 GDP 比

年月	1995.6	1996.6	1997.6	1998.6	1999.6	2000.6	2001.6	2002.6
基金総額（百万ペソ）	1,365	3,839	7,345	10,102	13,861	18,714	22,166	35,142
対 GDP 比（%）	0.5	1.4	2.4	3.4	4.8	6.4	7.7	10.5

出所）SAFJP〔1994–2002〕p.188.

Social 内部資料）。

また、年金制度を民間が運営する利点の一つとして、競争原理に基づく年金制度運営の効率化が想定されていた。しかし、実際には加入者が支払った拠出金のうち、運営コストの占める割合は、一九九五年が四一％で、それは二〇〇〇年に二四％まで低下したが、〇二年には再び三三％にまで上昇している。このように民間に制度が移行した後に極めて高いコストが発生しているわけであるが、その理由の一つに、年によって相違はあるものの、運営コストの三割から五割が営業経費により占められているという高営業費問題がある（SAFJP〔1994–2002〕pp.120, 123）。この営業経費は、年金基金運営会社間での顧客獲得のために必要とされる経費で、少なくとも公的制度の下ではこれほどの営業経費は必要とされなかったものと思われる。

二〇〇一年金融危機と年金制度

積立方式の利点の一つに資本市場の活性化があり、それを通して経済成長に貢献できることが想定されている。しかし市場が低迷したり危機に陥ったりしたとき、市場に依存する性質をもつ積立年金基金は当然負の影響を受けると考えられてきた。そして、市場の低迷・危機はアルゼンチン経済史上周期的に経験されてきたことなのであった。

アルゼンチンでは、一九九〇年代を通して経済安定化政策がとられた。その一環として、一ドル＝一ペソの固定相場制を採用し、その維持には外貨準備（序章四七頁参照）を充当し、新規通貨の発行も外貨準備の裏づけをもってなされるという通貨制度を維持してきた。これは国内的には兌換制度と呼ばれ、また一般に準カレンシー・ボード制（序章五一頁参照）と呼ばれるものであったが、ラテン・アメリカ域内で固定相場制あるいは管理相場制を採っていたブラジルやメキシコといった大国が変動相場制に移行するにつれ、アルゼンチン・ペソの評価高が進行した。九四年一二月に起きたメキシコ金融危機（通称テキーラ・ショック）の際には、同じ新興市場ということからアルゼンチン市場に対する不信が高まり、アルゼンチン・ペソ売りとアルゼンチン株式市場の下落という結果がもたらされたが、アルゼンチンとメキシコ間の貿易量は相対的に少なく、九五年こそマイナス成長となったものの、翌年にはプラス成長に戻っている。

しかし、一九九九年一月に起きたブラジルの通貨危機とブラジルの通貨レアルの切り下げは、ブラジルがアルゼンチンの最大の貿易相手国であったことからアルゼンチンの国際競争力に直接影響を与えた。九九年より二〇〇二年に至るまで、アルゼンチン経済は四年連続のマイナス成長に陥っている。他方、九〇年代半ばより財政赤字が再び拡大し、そのファイナンスは兌換法の枠組みにより事実上国債の発行か借り入れに限られ、〇二年の純公的債務は一三四二億ドルに達していた。そのため、〇一年半ばからアルゼンチンの金融制度に対する不信が高まり、銀行預金の流出が顕著となり、また国による新規の借り入れや国債発行が困難になっていった。こうした危機を打開するために〇一年に再度経済相に任命されたカバロは、金融制度保護の観点から、預金者一人当り週二五〇ドル（またはペソ）を上限として銀行預金の引き出し制限を実施した。こうした政府の政策に対して、従来から経済危機の影響を最も受けてきた低所得層に加えて、銀行に口座を持つ中産層までもが政権支持から離反し、九九年に「第三の道」を目指して成立したデ・ラ・ルーア連合政権は崩壊するに至った。代わって〇二年一月に上下両院総議会でブエノスアイレス州選出上院議員であったペロン党のドゥアルデ議員が大統領に選出され、ドゥアルデ・ペロン党政権（〇

表2－3　アルゼンチン：民間年金基金運用会社による積立資産運用先

(%)

年・月	1995.6	1996.6	1997.6	1998.6	1999.6	2000.6	2001.6	2002.6
流動性資金	2.27	2.24	1.38	1.37	1.92	1.10	0.72	2.35
公債	54.87	54.11	50.61	46.03	52.85	54.43	54.74	78.83
信託	—	—	3.06	3.00	2.74	2.73	9.11	0.40
株式・私債	8.74	24.16	26.63	23.33	19.87	19.22	14.01	9.07
定期預金	27.07	17.57	16.42	22.96	18.15	15.24	15.44	2.08
外国公債	2.84	0.45	0.44	0.40	0.23	4.36	3.37	5.62
その他	6.48	3.70	2.85	4.28	6.17	4.02	3.33	3.35

出所）SAFJP［2003］p.188.

二～〇三年）が成立した。ドゥアルデ新政権の下で固定相場制を基軸とした兌換法は廃止されて変動相場制に移行したが、他方公的債務は不履行状態となった。

こうした二〇〇一年金融危機は、アルゼンチンの積立年金制度に対して極めて深刻な影響を与えた。まず表2－3にあるように、民間年金基金運用会社による積立資産のなかに占める公債の割合が〇一年を境に急増し、〇二年六月で七八・八三％に達していることである。公債の割合増加は、政府保証の対政府貸し付けを国債に強制転換したことや、満期になった定期預金の強制国債転換などにより〇一年に目立っている。こうした国債は、先に述べたように〇二年一月以来債務不履行状態にある。さらにドル建て預金やドル建て国債は、アルゼンチン国内に限り一ドル＝一・四ペソに強制転換されている。他方、兌換法の廃止により変動相場制に移行し、〇二年七月には一ドル＝三・九五ペソまでアルゼンチン・ペソは下落したが、その後持ちなおし〇三年五月では二・七九ペソとなっている。それでも政府の定めた「一ドル＝一・四ペソ」の半分にペソ価値が下落しており、ドル建てで見た場合、民間積立方式の年金基金は資産価値を大幅に減少させていると言える。こうしたペソ化の影響は、将来ドル建て支払いを約束してあった年金給付にも及んでいる（SAFJP［1994–2002］p.141）。しかし、年金基金運用会社側はドル建て国債の強制ペソ転換を認めておらず、今後の交渉事項となっている（*La Nación*, 16 de mayo de 2003）。

他方、年金基金の利潤率は二〇〇二年こそマイナス一一・四％にまで落ち込んだが、〇三年三月には年間利益率三〇・七％の高率に達しているとされている（SAFJP［2003］p. 6）。これは国債の強制ペソ転換後、利子にインフレ調整分が上乗せされたためである。しかし、当事者の年金基金運用会社側がドル建て年金のペソ転換を認めておらず、年金基金の状況はいまだ不安定な状況にあることに変わりはない。

以上のように二〇〇一年の金融危機は、市場に依存した民間積立方式の弱点をあらわにする結果となった。そこでは、アルゼンチンのように過去たびたび金融危機を経験した新興市場での高齢者の経済生活保障に、果たして民間積立方式が適切であるのか否かという問題が提起される。

3　年金制度を補完する高齢者の生活保障制度

ここまでみてきたように、アルゼンチンでは金融危機により拠出方式の年金制度への拠出金未払い率が上昇しているが、これは実質的に拠出方式加入者の減少を意味している。こうした拠出方式年金システムにカバーされていない高齢者への公的経済支援として、社会開発・環境省の管轄下に無拠出制年金制度が存在している。ただしこの無拠出制年金受給には、七〇歳以上の無収入者で、本人または配偶者がいかなる社会扶助または拠出制年金も受給していないことという条件がある。また、無拠出制年金の給付額自体が低水準であり（二〇〇三年以降月額一五〇ペソ＝

●公債：国債と同義で用いる場合もあるが，広義には地方債，政府保証債（公庫，公団，事業団の財源）も公債に含まれる。

約五〇ドル）、この年金のみでは最低限の生活保障をするに至っていないように思われる。

一方、州レベルではこうした金銭的支援の他に、在宅介護制度、老人介護保健施設、デイケア・センターなどの制度がある。在宅介護制度は、被介護者の収入に応じてホームヘルパー利用の際に補助金を支給するという形で行われており、低所得者には週六時間まで州（またはブエノスアイレス市）がホームヘルパーの給与を全額補助している。また公立老人介護保健施設の入居条件は、六〇歳以上で無収入という条件がある。在宅介護制度や公立施設はいずれも需要を満たすまでには至っておらず、ケアの面でも公的制度は立ち後れており、無拠出制年金制度と併せて両者の状況が近い将来急速に向上するとは考えられない。

それでは、非政府組織（NGO）等の市民部門の活動は高齢者の生活支援にどの程度貢献しているのであろうか。一九九七年に行われた市民社会組織調査によると、アルゼンチン全土で四一三〇の市民社会組織が登録されており、そのうちの一一・八％＝四八六組織が高齢者を

コラム

囲われた銀行・囲われた大統領府

アルゼンチンの首都ブエノスアイレスは、街角にあるカフェや有名なオペラ座のコロン劇場に代表されるヨーロッパの香りの濃い街である。ラテン・アメリカの中では相対的に治安もよく、深夜までカフェで友達とおしゃべりを楽しんだ女性が、安心してひとりでバスに乗って家に帰ることができる街であった。

その愛すべきブエノスアイレスの風景が、二〇〇一年金融経済危機以降著しく変化してしまった。ブエノスアイレスの中心部にはシティーと呼ばれる金融街があり、アルゼンチンの金融機関の本店が集中しているのだが、危機の後、それら本店の一階部分は厚い鉄板に覆われて中の様子を窺い知ることができなくなってしまった。また、大統領官邸はカサ・ローサーダと呼ばれ、官邸前広場は故ペロン大統領が演説したときは労働者で埋め尽くされ、その後しばしば政治的集会が開かれる場となっていた。ところが、近年この広場の中央には鉄の柵ができ、広場を二分するようになってしまった。

金融街が鉄格子の街になってしまったのは、二〇〇一年金融危機時に行われた個人預金封鎖に人々が抗議し、銀行に押しかけ窓ガラスを壊したためである。大統領官邸前広場が鉄柵で仕切られたのは、やはり〇一年以降、

対象に活動している（CENOC［1998］p.116）。アルゼンチンでは第三セクターの組織を一般に市民社会組織と呼ぶことが多いが、そうした組織の実態把握と相互協力拡大のため「国家コミュニティセンター（CENOC）」が設立されている。これらの市民社会組織は政府・州と協力して、高齢者への食料扶助・衣類の援助などを実施したり、行政とは関係なく独自の活動を行っている組織もある。また、移民エスニック集団の互助組織が運営する老人介護保健施設もいくつかみられ、そこでのケアにはボランティアの参加も多い。もっともこれらの施設は有料で、入居人数も限られている。こうした市民社会組織の参加により、高齢者への公的支援の効率化がなされ公的支援の不足の一部が代替されている。しかし、そうした市民社会組織の支援のみで高齢者への公的支援の不足をすべて補うような状況には至っていない。

一九九一年に行われた六〇歳以上の高齢者に対するアンケート調査では、「何か問題が起きたときに誰に相談し誰を頼りにするか」という設問に、「家族」と答えた高齢者が七一・一%に達している（Secretaría de Desarrollo Social［1994］p.30）。このアンケート結果は、高齢者への公的な支援は不十分であり、またそれを補完しかつ独自の活動をしている市民社会組織も高齢者の問題解決のための有力な制度になるに至っていないことを示している。そこで最終的に高齢者が問題を抱えたときに家族を最も頼りとすることになる。実際アルゼンチンに暮らしてみると、親子が別居していても頻繁に行き来している現場を目撃することが

貧困者や失業者の抗議活動が活発化したため、彼らから大統領官邸を守る目的でとられた措置である。

二〇〇一年金融危機以降、こうした組織労働者ではない中産階級、失業者、貧困者の街頭抗議活動はすっかり日常の光景となってしまった。中産階級以上の銀行預金保有者は預金引き出し制限策やドル預金の強制ペソ化に抗議し、カセロラーソと呼ばれる鍋を叩きながらの街頭での抗議活動を展開していった。他方、失業者や貧困者も、雇用と社会扶助を政府に要求し、道路封鎖を行うなど抗議活動を活発化させていった。〇一年一二月にデ・ラ・ルーア政権を崩壊させたのは、彼らのような自然発生的な国民の抗議活動であった。道路封鎖をする失業者や貧困者はピケテーロと呼ばれ、今日社会政策策定上政府も無視し得ない存在となっている。

できる。少々古いデータではあるが、七九年に行われた調査によると、「(高齢者とその家族間の）財とサービスにおける助け合いは頻繁に行われ互恵的である。たとえば結婚した息子が別居していても同じ地域に住み、毎日顔を合わせている」（Oddone［1991］pp.51–54）と報告されている。ここでも高齢者の生活支援について家族の重要性が改めて浮き彫りにされている。しかし、こうした図式では高齢者の生活上のリスクを最終的には家族が背負うことになり、家族に過重な負担がかかることが予想される。

おわりに

年金制度は、高齢者の生活保障の中核に位置する制度であると考えられる。年金制度の財政方式としては、現役勤労者が退職者を支える公的賦課方式と、制度加入者が各自の口座に保険料を積立・運用し退職後にそれを受け取る民間積立方式が主要な方式として存在する。賦課方式はメリットとして市場の変動に対して相対的に耐性があり、逆に人口の高齢化に対して現役勤労者の負担増や世代間格差といった弱点を持っている。これに対して民間積立方式は、市場の変動の影響を直接受けるというデメリットを持つが、人口の高齢化による影響が相対的に少ないと考えられていた。すなわち両制度ともメリットとデメリットを持ち、両者を組み合わせたアルゼンチンの年金財政方式は、少なくとも発足当初は、リスク分散の観点から優れたものであったと筆者には判断された。

しかし、二〇〇一年の金融危機は、まず民間積立方式の年金基金に重大な影響を与えた。特に基金の八〇％弱が投資されている公債の取り扱いが問題となってきた。政府の当初の案の強制ペソ転換策では、ドル建てで計算した場合、大幅な基金の減少は避けられない。またペソ転換策をとらずにドル建てを維持した場合でも、仮に元本の大幅削減となれば、将来の年金受給額は政府の補償がない限り大きく低下することは避けられないであろう。繰り返しになるが、過去にたびたび経済危機を起こし、決して安定的とは言えないアルゼンチンにおいて、市場に依存する形の積立方式年金が果たして適切であったかどうかという問題がここでは提起されている。また、日本との共通点から得られる教訓としては、冒頭で述べたように国債や資本市場に環境の相違はあるものの、いずれも年金基金が大量の国債を購入している以上、財政規律の確立が高齢者の経済生活保障にとって必要なことであろうという点がまず指摘される。さらに〇一年のアルゼンチン金融危機や日本の長期不況を考えると、市場は不確実で不安定なものであり、高齢者の生活保障を過度にそうした市場に委ねる制度は問題を孕むものであることもわれわれは学ぶことができる。

それでは、アルゼンチンにおいて年金制度以外の制度により高齢者の生活がどの程度保障されているかというと、公的な高齢者向け社会福祉制度は質量ともに不十分であり、今後それが飛躍的に拡大される可能性は少ない。他方市民社会組織は、公的制度の効率化に寄与しその不備を補っているが、それが不安定化した現行の年金制度を代替したり、不十分な公的社会福祉に取って代わったりするほどの広がりはみられない。今後市民社会組織の拡大は続くであろうし、その役割も増大するであろう。一方で、市民社会組織のみで全体的な高齢者の生活保障をなしえないのも予測可能であろう。そのような中で、高齢者の生活保障にとって家族の重要性が再確認されている。しかし、アルゼンチン社会も少子高齢化や女性の社会進出が進んでおり、高齢者の生活上のリスクを最終的には家族が負うというシステムは、現実と照らして適切ではない。高齢者の生活保障には、健全な年金制度と公的な社会福祉サービスに、市民社会組織による活動と家族の支援というインフォーマルな制度が組み合わされることが必要であり、それにより初めて有効で持続力のある高齢者の生活保障システムが構築できると考えられる。

アルゼンチンの年金制度の危機は、社会保障制度に不安定で不確実性を孕む市場機能を導入したために発生した市場の問題と、財政赤字補塡のために大量の外貨建て国債を発行してしまったという国家の問題とが複雑に絡み合って発生したものである。社会保障制度に市場原理を取り入れることには慎重な配慮が求められる一方、国家の財政運営にも規律が要請されている。その上で、複数の制度が連携して、より確実な高齢者の生活保障制度を構築することが急務となっている。

〔追記〕アルゼンチンでは二〇〇四年一〇月、民間年金基金運用会社が保有していた債務不履行中のドル建て国債の扱いに関し、政府と民間年金基金運用会社が合意に達した。その内容は、ドル建て国債の大部分を次の条件でペソ建て国債に転換するというものである。一ドル＝一・四ペソ、年利三・五〜三・九％にインフレ率を加算し、年金積立金のペソ建て購買力は低下させない。この合意により、今回の年金制度の危機はひとまず解決された。しかし同時に、今回の危機は、民間積立方式年金制度が市場の不安定性という大きなリスクを伴っていることを明らかにした。（二〇〇四年一一月二〇日　記）

Más allá de la década perdida

Além da década perdida

第3章

金融危機をどう克服するか

望まれる中小企業対策の充実

安原　毅

はじめに

二〇〇一年末からアルゼンチンが通貨危機に見舞われた際、「日本のアルゼンチン化、ラテン・アメリカ化」が噂されることがあった（序章）。アルゼンチンのサムライ債を日本の地方自治体等が多く保有していたために、地球の裏側の通貨危機が日本にも飛び火して、公債の暴落をはじめとする深刻な経済危機が波及するのではないかと危惧されたからである。他方で、このような危惧を一笑に付すような議論も存在した。累積債務や預金流出等が重大な社会経済問題となっているラテン・アメリカに比べ、日本にはこの種の問題は無いので、アルゼンチンのような経済危機は生じない、というのがそれである。確かにこの議論は正論ではある。たとえばラテン・アメリカでは国債価格の暴落はすなわち資本逃避を意味するが、日本では国債と民間株式が代替的に売買されるため、仮にアルゼンチンのような国債暴落が日本で発生したとしても、そのマクロ経済的な影響は異なるからである。

しかし一方で、銀行救済とその後の貸出状況を見れば、ラテン・アメリカのいくつかの国と日本との間には共通点が多い。たとえばメキシコでは日本と同時期（一九九〇年代後半）に、公的資金まで動員して不良債権買い上げ・銀行救済が進められたし、方法は異なるもののアルゼンチンでも通貨危機の後に、中央銀行（以下、中銀）から市中銀行に緊急融資が出された。また、にもかかわらずこの三国ではともに、銀行の対民間部門貸出は減少し続け、逆に公的部門向け貸出と銀行による国債保有が増加するという結果が見られる。ここで特定銀行に対する救済が新自由主義《ネオリベラリズム》、「構造改革」の理念と組み合わされれば、いささか奇妙な論理になる。つまり公的資金注入によって銀行の財務状況を改善し、同時に潤滑な通貨供給を続けてやれば、企業への貸出は自然に回復するという理屈である。これをやや専門的に言えば、こうなろう。すなわち、通貨・金融政策においては通貨供給（マネー・サプライ）のみに着目するマネタリー・ヴューこそが重要なのであって、あとは銀行部門のバランス・シート（貸借対照表）の健全性にのみ気をつけていればいいのだ、と。つまり、通貨供給量の管理と銀行のバランス・シートの健全性とを短絡的に結びつけるような政策を、新自由主義者は主張するのである。このような発想が、結果的に「不良債権処理が進んでいるから景気は上向いている」といったような俗論の横行へと帰着することになる。

しかしメキシコの例を見れば分かるように、不良債権処理は銀行を救済することはできてもマクロ・レベルでは資金循環の歪みをもたらし、ひいては通貨供給を錯乱する要因ともなりうることを見逃してはならない。つまり大切なのは、銀行貸出と通貨供給・マクロ経済状況との関連を重視する信用的視点（クレジット・ヴュー）で

コラム

不良債権とデフレの因果関係：「銀行貸し渋り論」と「資産デフレ論」

日本では不良債権に三つの定義がある（星、パトリック〔一九九九〕）。第一は各銀行がバランス・シートに示す「リスク管理債権」、第二は監督当局が銀行検査で用いる四段階の貸付分類のうち、「注意なしには回収不能となる可能性のある債権」（第二分類）から「回収の見込みのない債権」（第四分類）までの合計、第三は一九九九年の金融再生法で示された定義、すなわち「要管理債権、危険債権、破産厚生債権およびこれに準ずる債権の合計」である。これらは銀行の視点からの定義だが、不良債権とは貸し手と借り手の関係において発生するのであるから、その原因の分析には企業部門全体の動向、マクロ経済状況まで視野に入れねばならない。

こうした日本はじめ各国政府・中央銀行の不良債権の定義にみられる認識は、銀行の不良債権が原因となって貸し渋り、デフレが発生しているとする見方、すなわち資金の供給サイドに着目する議論である。これに対して、デフレが不良債権の原因であり、デフレ・信用収縮の原因として資金需要側の要因を重視すべきであるというのが「資産デフレ論」である（第一生命経済研究所〔二〇〇三〕一三五～一三七頁）。この理解によれば「構造改革」は資金需要を一層低下させてデフレを加速させ、不良債権

ある。なかでも資金調達状況が設備投資の制約となりやすい中小企業に対する融資を、いかにして早急に整備するかが最重要課題の一つとなろう。というのも「銀行行動の変化は、主に、資本市場へのアクセスが限られている中小企業を通じて実体経済活動に影響を及ぼす」（廣島［一九九七］）ことがいくつかの研究で確認されているからである。もちろんこれは、マクロ・レベルの市場原理のみでは解決困難な問題であり、対象企業の規模や業種を特定した中小企業政策として実施されねばならない。その意味でメキシコ、アルゼンチンの現状は、日本の通貨政策・銀行救済がこのまま進んだ場合に生じうる帰結を示唆すると同時に、実施すべき政策についての思考材料をも提供しているのである。

　近年では、「不良債権処理を進め、経営危機に瀕した銀行には公的資金も注入し救済しよう。そうすれば、市場に十分な資金が供給されて景気が回復する」といった論調が多く見られる。しかしこうした措置の結果増加するのは、マネタリー・ベース（序章五一頁参照）と銀行の国債保有残高だけで、むしろ民間企業向け貸出は減少していることが、日本でも注目され始めている。これは日本特有の現象ではなく、通貨危機、金融危機を経験したメキシコ、アルゼンチンでも同じである。以下では、ラテン・アメリカにおける金融危機の処理過程を整理しながら、そこから日本が学べるいくつかの教訓を引き出してみたい。

も増加させるという結論になる。筆者の見解としては、この銀行貸し渋り論と資産デフレ論はともに事実の片面しか捉えていないと考える。つまり不良債権、銀行救済の分析においては系列融資や追い貸しが重要であるし、そもそも企業と銀行の間に株式持ち合いをはじめさまざまの結合がある場合には、資金の需要側・供給側という区別が意味をなさない。ラテン・アメリカだけでなく、日本でも大手銀行と企業との間にはさまざまの結びつきが在るので、資金の需要側と供給側を別々の主体とみなす「情報の非対称性」の論理（スティグリッツ＝グリーンワルド［二〇〇三］）などは、こうした企業グループについては現実適合性に疑問があるといわざるを得ない。

1 新興市場諸国の通貨危機

理論的には、二国間で資本移動が自由化されれば両国の金利は為替リスクを反映した水準で均等化され、そこで資本移動は止まる。しかし現実の資本移動は、金利差等に反応して「往く川の如く」自然に流れる単純なものではなく、資本移動の背景には、通貨当局や投資家という現実的な担い手が存在し、複雑な動きとなる。ラテン・アメリカやアジアにおける通貨危機とは、政府・民間の対外債務が利払い期限を迎える時に多額の資本逃避や投機アタックが発生し、外貨準備（序章四一頁参照）の減少の末に固定相場制が崩壊したことによるものであった。

ラテン・アメリカの新興市場諸国すなわちメキシコ、ブラジル、アルゼンチンは、一九九〇年代以降相次いで通貨危機を経験した。メキシコでは九三年から増発された対ドル・リンク債が九五年には二九〇億ドルの償還期限を迎えたが、九四年末の外貨準備は三二億ドルに過ぎず、固定相場は維持不能となった。この時はアメリカ、国際通貨基金（ＩＭＦ）からの緊急融資により為替は落ち着くものの、変動相場制移行後の九七、九八年に再び為替相場は一ドル＝七・五ペソから一〇・五ペソまで下落し、「第二の通貨危機」が生じた。

一方アルゼンチンでは一九九一年以来の兌換法と（準）カレンシー・ボード制（すなわち、①マネタリー・ベースを外貨準備の裏づけ限度内に限る〔これは後に緩和〕、②一ドル＝一ペソに固定する、③ペソとドルの自由兌換を認める、という政策）が、通貨危機の背景にあった。当初、アルゼンチン政府は、

現在通用しているメキシコ（上）とアルゼンチンの20ペソ紙幣。アルゼンチンでは2001年通貨危機の後，対ドル自由兌換制は廃止されてこのペソのみが用いられている。一方メキシコでは近年偽造紙幣の増加を受けて，すかしを廃止して透明のタグを貼りつけた紙幣が用いられている。

中銀引受債の発行を禁止して厳格な財政運用を定めたが、実際には外貨リンク債発行高は九三年から二〇〇〇年半ばまでに八四〇億ドルにも上り（その七〇％強が公的部門の債務）、財政赤字は野放しとなった。その結果、〇一、〇二年には二〇〇億ドル近い外貨リンク債が償還期限を迎えるにもかかわらず、外貨準備は〇一年一〇月には一三〇億ドルにとどまり、事態の深刻さが露呈し始めた。このような状況に対し、デ・ラ・ルーア政権（De la Rúa, Fernando 九九年一二月～〇一年一二月）は対ドル＋ユーロ・バスケット・ペッグ制への移行（〇一年四月）や、銀行預金引出制限（一二月）などで対応したが、その政策の甲斐もなく、深刻な社会的混乱の責任をとって総辞職に追い込まれる。その後、暫定政権の後に続いたドゥアルデ政権（Duhalde, Eduardo　〇二年一月～〇三年五月）によって、〇二年一月に一ドル＝一・四ペソへの切り下げ政策と、実質的な二重為替レート制の導入が実施されるに及び、債務利払いがようやく再開されるようになった。

　ラテン・アメリカとアジアの通貨危機を比較すると、いくつかの共通点と相違点が浮かびあがり興味深い。まず共通点であるが、一九九七年のアジア通貨危機のケースも、危機の直前には銀行部門の貸出ブームが発生し、景気は過熱気味であったことである。通貨危機はこの直後に発生したのであって、その後、国内金融は一転して信用収縮へと向かった。同様のケースとしては、メキシコにおける九四年の通貨危機（いわゆる「テキーラ・ショック」）がある。つまり、この二つのケースの場合、金融危機は景気過熱の直後に生じたという点で同じなのである。一方、相違点を挙げると、九八年以後のメキシコ、アルゼンチンの事例は、九七年のアジア通貨危機とはかなり異なっている。この時期メキシコ、アルゼンチンでは数年間のデフレ、貸し渋りが続いたあとに金融危機と為替下落が発生したのである。この結果、これらラテン・アメリカ新興市場諸国は、景気後退と金融危機のダブルパンチに苦しむこととなった。

一九九八年以後のラテン・アメリカが、しばしば「失われた五年」と呼ばれることは、図3―1の粗固定資本投資（または設備投資。機械、設備など再生産可能な固定資産）の対GDP（国内総生産）比の推移からも明らかである。図のようにメキシコでは粗固定資本投資が九五年から二〇〇〇年まで七ポイント上昇してはいるが、これはマキラドーラ（輸出加工工業）区での外国投資の増加を反映したものであって、国内企業に限ればこの時期の投資は横ばいであった。またこの点は、新興市場諸国への純資本流入が九八年を境に減少に転じたことと対応している。

●バスケット・ペッグ制：複数の主要通貨（米ドル，ユーロ，円など）の平均値との連動為替相場制。開発途上国では，政策的に輸出を促進して外貨獲得を図ったり，あるいは輸入品の自国通貨建て価格を抑制してインフレ対策にする政策が採用される場合が多い。その際に，多くの貿易相手国を持つ場合には複数通貨の平均値に連動するバスケット・ペッグ制が現実適合的といえる。

図３－１　粗固定資本投資の対 GDP 比

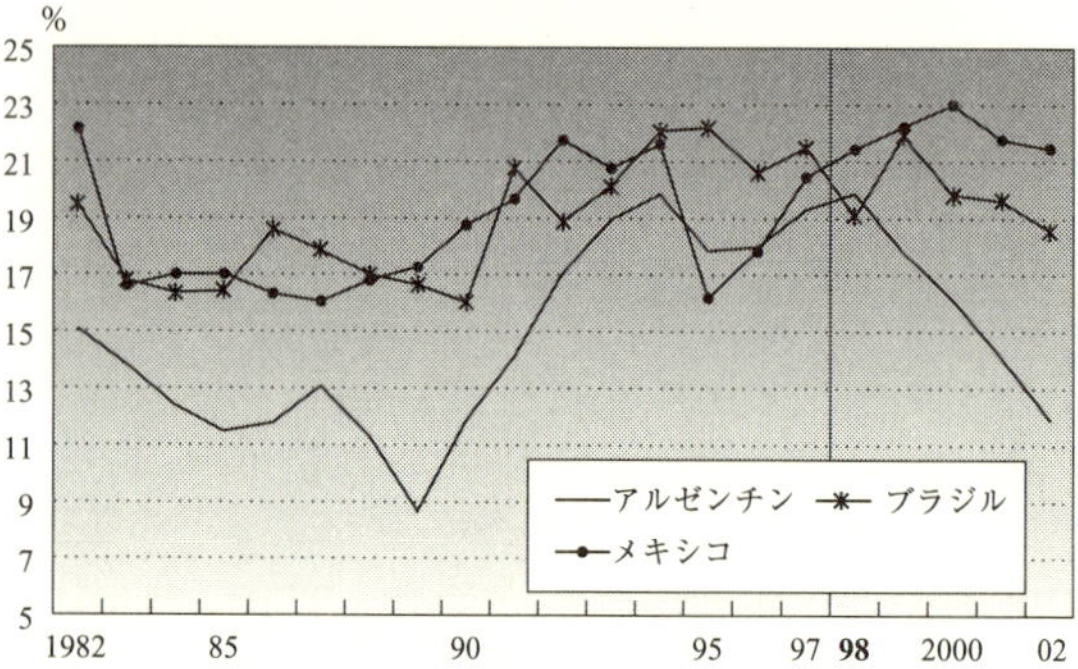

出所）各国とも 1994 年までは Hofman［2000］, 95 年以後はアルゼンチンは経済省，*Informe Económico Trimestrial*（各四半期版）より。メキシコはメキシコ中央銀行，*Indicadores Económicos*（各月版）と金融証券庁，*Indicadores Económicos* より。ブラジルは CEPAL, *Estudios Económicos de América Latina y Caribe*（各年版）より。

2　ラテン・アメリカの金融危機、信用収縮の概況

金融危機の定義はさまざまだが、ラテン・アメリカでは、金融部門の対民間貸出の低下による信用収縮、そしてその後に続く銀行の不良債権の増加、経営危機の銀行に対する政府・通貨当局による介入・救済策の発動といった一連の事態を指す。ボリビア、メキシコでは不良債権が早期に表面化し、それぞれ一九九四、九五年にその対貸出比率は一〇％に達した。ベネズエラでは企業グループによる系列会社への不正融資が露呈したことから金融危機が始まった九三年末、大手銀行で預金流出が発生して翌年から二四七行のうち一八行に政府が介入し、その財政コストは対GDP比一七～一八％に上ったのである。ブラジルでは九四年、七六行に政府が介入した後、銀行制度強化プログラムが制定され、吸収合併・清算が図られた。同国の民間銀行では九九年の通貨危機直前には比較的健全だったが、それでも銀行救済コストの対G

DP比は八〜一一%に達した。他方、メキシコでは九一年からの銀行再民営化によって金融機関を中心とする企業グループが再編され、一方では銀行の自己資本比率規制が導入されたものの、高率インフレがおさまったことから消費拡大と貸出ブームが発生したために、銀行の貸出額は九〇年末の一三五七億ペソから九四年末には五二七八億ペソまで増加した。ところが上述のように、このような信用拡張は、通貨危機以後一変して収縮へと向かうことになるのである。

一九九四年の通貨危機を経て、九五年以後のメキシコの状況は、図3—2で銀行貸出額の対GDP比の推移を見れば明らかである。貸出総額（対民間部門貸出+対公的部門貸出の合計）の対GDP比は九五年の四〇%台から一貫して低下し、二〇〇二年末には一二・八%となった。メキシコの場合、銀行による間接金融に代わって証券市場における直接金融（株式、社債など）の比重が高まっていると指摘されるが、証券流通残高の対GDP比は、九七年にいったん四一・六%まで上昇してから後は低下傾向を示し、〇一年には一九%、〇三年初頭には一四・九%にまで低下している。この一方で、図3—3に見るとおり対公的部門貸出と銀行救済に伴う国債保有残高の合計の対GDP比は、九七年に一四%にまで上昇し、〇三年でも七%前後で推移している。結局、公的機関による銀行救済の結果、銀行の債権保有が増加しそのバランス・シート上の健全化がもたらされるものの、肝心の民間企業への貸出状況はまったく改善されていないのである。

銀行貸出の停滞、金融部門の機能低下は、アルゼンチンでは一層深刻だった。同国では一九九四年のメキシコ通貨危機の影響からペソ建て対民間貸出は九七年まで一九〇億ペソ

●**自己資本比率**：金融機関が保有する総資産に対して，資本金や引当金などの内部資金が占める比率。銀行経営の健全化のためバランス・シートの構成に規制が課されるが，最も重要なのが総資産の一定比率の自己資本の積立てを義務づけるこの自己資本比率規制である。

図3－2　メキシコ：金融機関の貸出額と証券流通残高の対GDP比

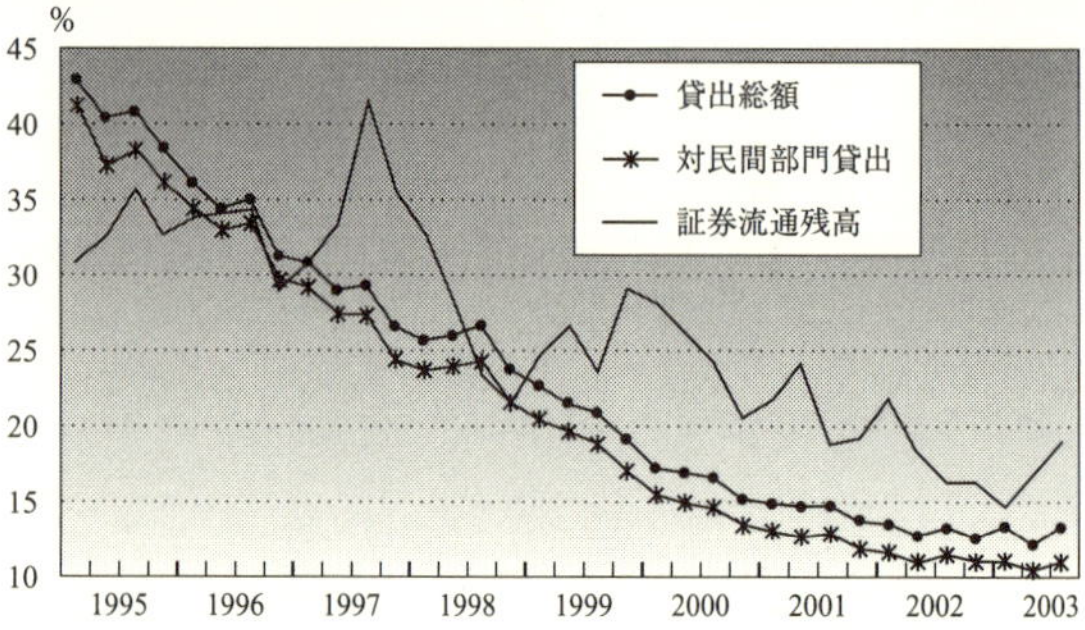

注）民間部門は金融を除く。

図3－3　メキシコ：金融機関の対公的部門貸出、国債保有残高の対GDP比

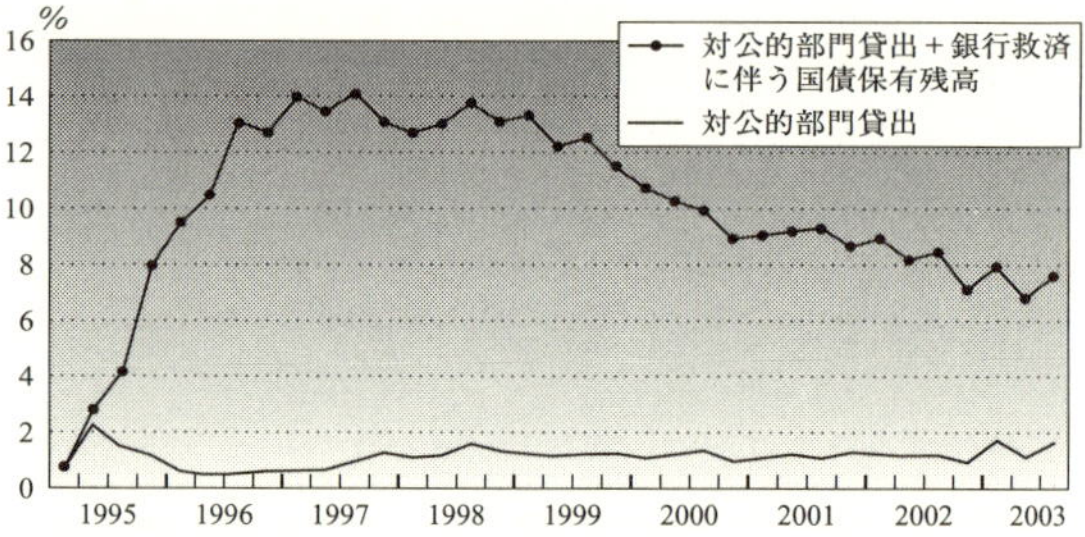

出所）図3–2，図3–3とも，メキシコ中央銀行，金融証券庁，前掲。

●**流動性準備規制**：銀行が預金者からの現金引出に備える現金準備が流動性準備で，実際には銀行が中銀への預け金（当座預金）として持つ準備預金を指す。日本では銀行の健全性を維持するため，銀行は預金の一定比率を「法定準備預金」として日銀に預け入れることを義務づけられている（流動性準備規制）。

前後で停滞し、代わってドル建て貸出が九五年末の二八五億ドルから九八年には四〇〇億ドルまで増加したものの、これもその後減少に転じた。次頁の図3―4はアルゼンチンの国内金融機関による対民間部門貸出の対GDP比、図3―5は同じく対公的部門貸出の対GDP比を示している。これを見れば、対民間貸出は自国通貨建て・外貨建てともに九九年から停滞し、その総額は二〇〇一年には二一・三％まで低下していることが確認できる。その一方で対公的部門貸出はほぼ一貫して増加傾向を示した。特に〇二年以後の危機下において、対民間貸出の急減と対公的部門貸出の倍増は対照的であった（後述）。民間部門に対する信用収縮の原因は、まず第一に、景気後退の影響である。九八年からアルゼンチンは景気後退局面に入り、一人当りGDP成長率は九七年の七％から九九年にはマイナス五％へと落ち込んだのである。また、民間非金融部門での設備投資が落ち込んだこと（対GDP比が九七年の二七・一％から〇一年末には一一・一％に下落）や、落ち込んだ設備投資自体の資金調達手段が対外債務へとシフトしたこと、さらには、九七年以後政府が自己資本比率規制や流動性準備規制を強化して銀行の淘汰を図ったことなどがその原因として挙げられる（Fanelli et al. [2002]）。

貸出の低下局面で銀行規制の強化を図れば、一層の信用収縮と借り手の対外債務へのシフトを招く。しかし、アルゼンチンでは景気対策よりも金融部門のバランス・シート上の健全化が重視され、その結果実質的なドル化が進む悪循環となった。これにより、銀行の倒産、吸収合併も相次ぎ、銀行数は一九九四年の二〇五行から九九年には一一七行にまで急減した。そのうえ、二〇〇一年半ばからは、対外債務の償還が行き詰まり、とうとう一二月には債務不履行を惹起、多額の預金流出により国内金利も上昇し、金融機関の融資や国債発行はほぼ麻痺状態となった。結局〇二年一月に兌換法とカレンシー・ボード制は廃止され変動相場制に移行したが、従来のドル建て融資は一ドル＝一ペソ、ドル建て預金は一ドル＝一・四ペソ

図３－４　アルゼンチン：国内金融機関による対民間部門貸出の対 GDP 比

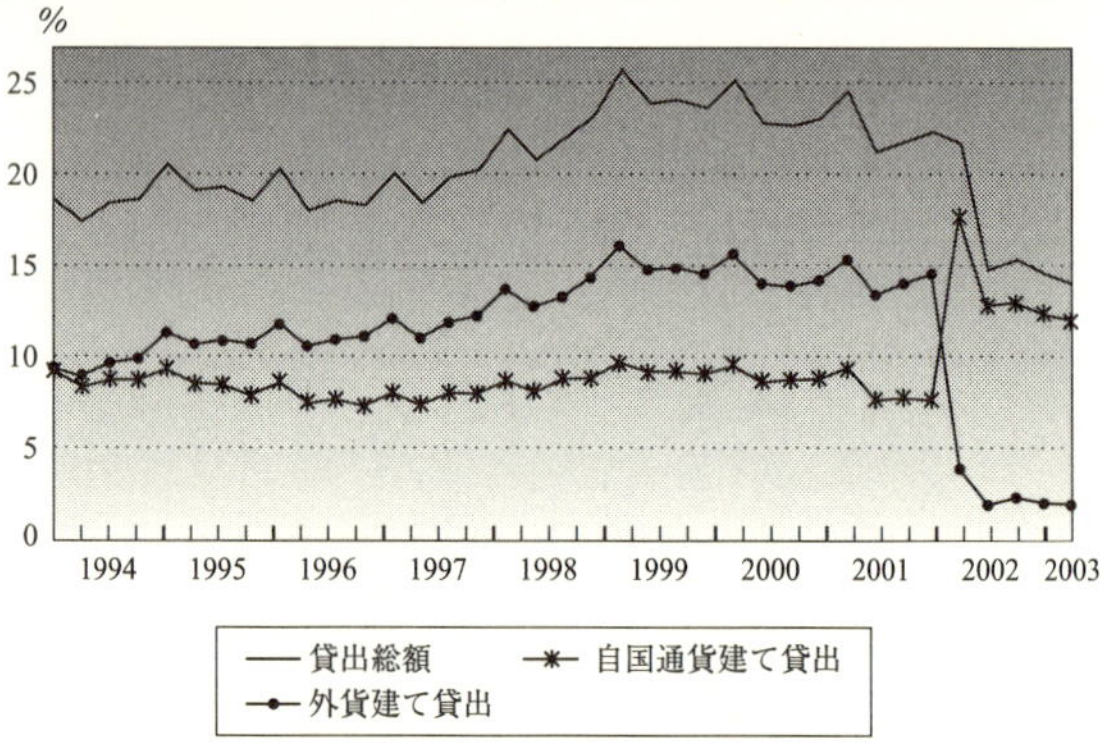

図３－５　アルゼンチン：国内金融機関による対公的部門貸出の対 GDP 比

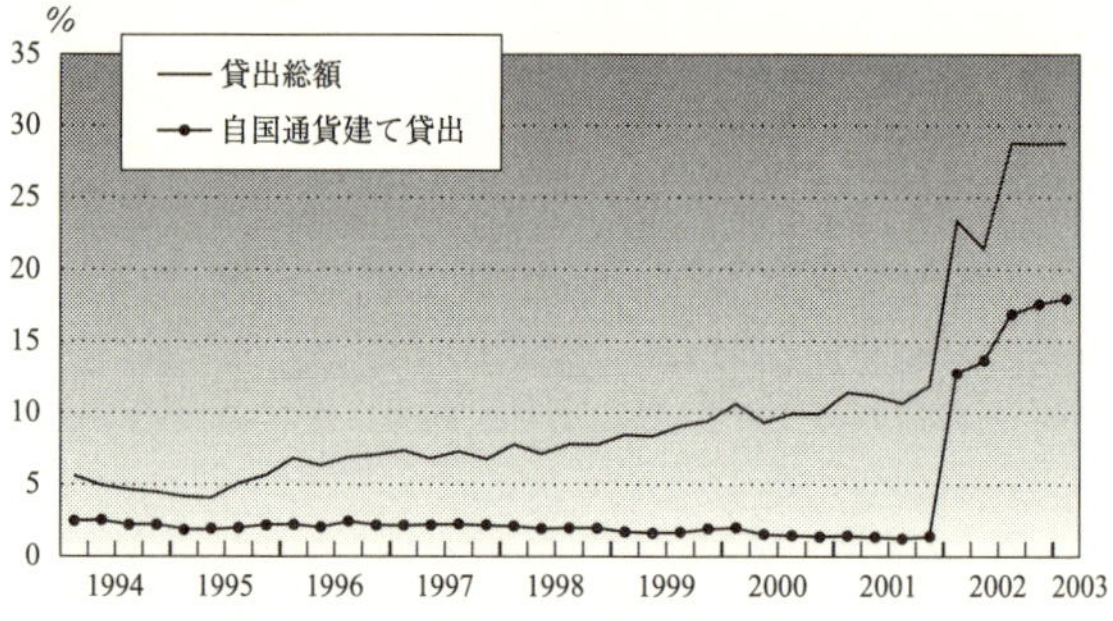

出所）図 3–4，図 3–5 とも，アルゼンチン中央銀行のサイトより。

（ともにインフレ率を加算）でペソに転換するという措置が実施された（宇佐見［二〇〇二］）。こうして金融危機の負担は実質的に金融部門に押しつけられ、それがさらに社会不安を呼び預金流出を招くという新たな悪循環が発生したのである。

3　銀行救済の方法と問題点

以上のような金融危機に対して、ラテン・アメリカ新興市場諸国はどのような対応を見せたのであろうか。

アルゼンチンとメキシコにおける銀行救済

まず、アルゼンチンでは、二〇〇一年末までは経営危機に瀕した銀行に対する救済、不良債権買取等の措置は実施されず、むしろ、バランス・シート規制を強化して市場原理に基づく金融機関の整理が図られた。しかし〇二年初頭からようやく中央銀行による緊急融資（Asistencia del Banco Central）が開始され、その額は同年二月の一七億ペソ、四月の一八億九八〇〇万ペソから五月には二四億二七〇〇万ペソまで増加した。その後この融資は事実上消滅し、八月には二億ペソまで減少した。この緊急融資のマクロ的効果は図3―4、3―5を見れば明らかである。対民間部門貸出総額の対GDP比は〇二年前半だけで七％以上低下したのに対し、対公的部門貸出総額の同比は〇二年の一年間で一二％上昇した。中銀の見解によれば、〇二年八月には主要銀行の流動性準備保有が充分回復されたので緊急融資が必要なくなったとされる。確かにこのとき銀行のバランス・シートは改善されたが、民間非金融部門に資金を供給するという金融機関のマクロ的役割はまったく改善されず、むしろ公的部門に資金が集中する形となったのである。

一方メキシコでは、セディージョ政権（Zedillo, Ernesto　一九九四年一二月〜二〇〇〇年一一月）が新自由主義政策の維持を掲げたものの、銀行救済に多額の支出を費やしたために、公的な預金保護機構を通じた不良債権買取の財政コストは対GDP比の一五〜二一％にも上った。まず、預金保険のために設置された「銀行預金保護基金（FOBAPROA）」が、専ら銀行救済に利用された。このFOBAPROAによる不良債権処理は、次のように二段階に分けて計画された。

①FOBAPROAは問題銀行へ資金を貸し付け、担保として銀行またはグループ持株会社の議決権付き株式を取得する（ただし後の調査で、実際には不必要な融資が多かったことが明らかになっている）。②債権買取、資金注入については、FOBAPROAは各銀行に信託を設立させ、FOBAPROAとグループ持株会社が受託者となる。銀行は不良債権を信託に移転し、その対価としてFOBAPROAが政府保証付きの一〇年物債券を発行して銀行はこれを資産に組み入れる。こうして銀行は不良債権を新債券におきかえることになる。

①は銀行の流動性準備不足への対策だが、②は総資産の計算を利用して自己資本比率を引き上げる方法である。したがってこの二点が併記されること自体、金融危機は銀行の流動性準備不足なのか自己資本不足なのかという認識が混同されていることになる。いずれにせよ銀行に資金を注入すれば貸出が増える、という理解が、これら二段階の方策の前提になっていることを指摘しておきたい。

ところで、FOBAPROAの資産は財政上オフバランス（簿外）扱いであるから、これを財政に組み込むか否かが議論となった。一九九八年に野党民主革命党が中心となって示した代替案は、介入を受けていない比較的健全な銀行を中心に資金を拠出させ、政府財政から独立した基金を設け、この基金が不良債権を買い上げるというものであった（Calva［1998］）。確かに同年には政府介入を受けていない銀行が半数近くあったし、またメキシコでは同一親族の者がいくつかの銀行の株主を務めているなど横の繋がりがあるため、特定の銀行は他行の救済にも責任を負うべきだという意見があった。したがって当時はこの主張は説得力があったものの、九九年からは大手三行さえ経営危機に直面するに至り状況は一変し、ＦＯＢＡＰＲＯＡの改組が必要となった。この事態を受けて設立されたのが、九九年の「銀行預金保険機構（ＩＰＡＢ）」である。以後はこのＩＰＡＢが銀行救済の任に当たることとなり、経営危機に陥った銀行に対し清算、業務停止を決定する権限も認められた。また、各銀行はＩＰＡＢに毎月一定額の拠出金を出し、これがＩＰＡＢの資産となる。さらに、貸し付けた資金が順調に返済されない場合、銀行保有資産等を差し押さえする権限もＩＰＡＢには付与された。しかし実際には、ＩＰＡＢの介入を通じて銀行が閉鎖に追い込まれたケースはなく、むしろ、いったん引き受けた銀行債権を第三者に売却する方法がＩＰＡＢにおいて制度化されたことにより、経営危機に陥った銀行の資産の一部が他行・企業に売却された。さらに同じく九九年に同国銀行部門への外資参入規制が緩和され、スペイン、アメリカ等の銀行が相次いでメキシコの銀行を買収した。そのうちたとえばサンタンデール銀行（スペイン）によるセルフィン銀行の買収に際しては、後者に対して行っていたＩＰＡＢの支援を前者が一部「肩代わり」するという形で、ＩＰＡＢが実質的に買収の仲介役を担ったといわれる。

以上の不良債権処理、銀行救済が貸出状況を改善しえなかったことは図3―2より明らかであろう。しかし、メキシコの場合さらに一層興味深い事実が観察される。ＦＯＢＡＰＲＯＡ、ＩＰＡＢはその財政上の位置づけに問題を残したままで、結局中央銀行からの借入に大きく依存してきたために（図3―6）、民間銀行貸出が減少を続ける中で、中銀貸出によるマネタリー・ベースだけが増加するという現象が引き起こされたのである。図3―7は一九九〇年以後のメキシコにおけるマネタリー・ベースとマネー・サプライM2の対応関係を図示したものであるが、九七年からマネー・サプライに比べてマネタリー・ベースの増加が大きくなり、特に二〇〇〇年以後それが顕著になっていることがわかる。同国では一貫して通貨供給伸び率を抑制する金融引き締め策がとられているのだが、不良債権処理を目的とする公的機関の資金繰りがこうした通貨政策と相容れない状況を招いているのである。

日本における公的資金注入と金融の量的緩和

さて、以上のようなラテン・アメリカにおける金融危機対策の展開を踏まえた上で、そこから日本における金融危機の対処法について何か教訓を引き出すことはできないか、その点を最後に述べてみよう。

近年の日本では、公的資金を活用して銀行救済・不良債権処理を進めればデフレは克服できるという議論が多い。特に目立つのは、金融の量的緩和によって市場に資金がジャブジャブ供給されているのだから、あとは銀行が健全な経営を取り戻しさえすれば「貸し渋り」は解消されるという主張である。一方これに対する慎重論は、貸し渋りの原因はむしろ借り手である企業側の資金需要の停滞（つまり設備投資意欲の減退）にあること、また公的資金も銀行保有株式買取も最終的には納税者の負担となることを強調する。

不良債権処理のための公的資金枠は一九九八年のうちに三〇兆円から六〇兆円、最終的には約七〇兆円に拡張され、この一部が長銀（日本長期信用銀行）と日債銀（日本債券信用銀行）の一部国有化、大手銀行への公的資金注入に充てられた。九二年から二〇〇二年度までの預金保険機構を通じた資金援助は累計二四兆七三〇〇億円で、このうち九七年に五兆三七〇〇億円、九九年と〇〇年には各々約六兆円が銀行救済に充てられている。

図3－6　メキシコ：中央銀行貸出の内、国内民間金融機関と FOBAPROA、IPAB への貸出額

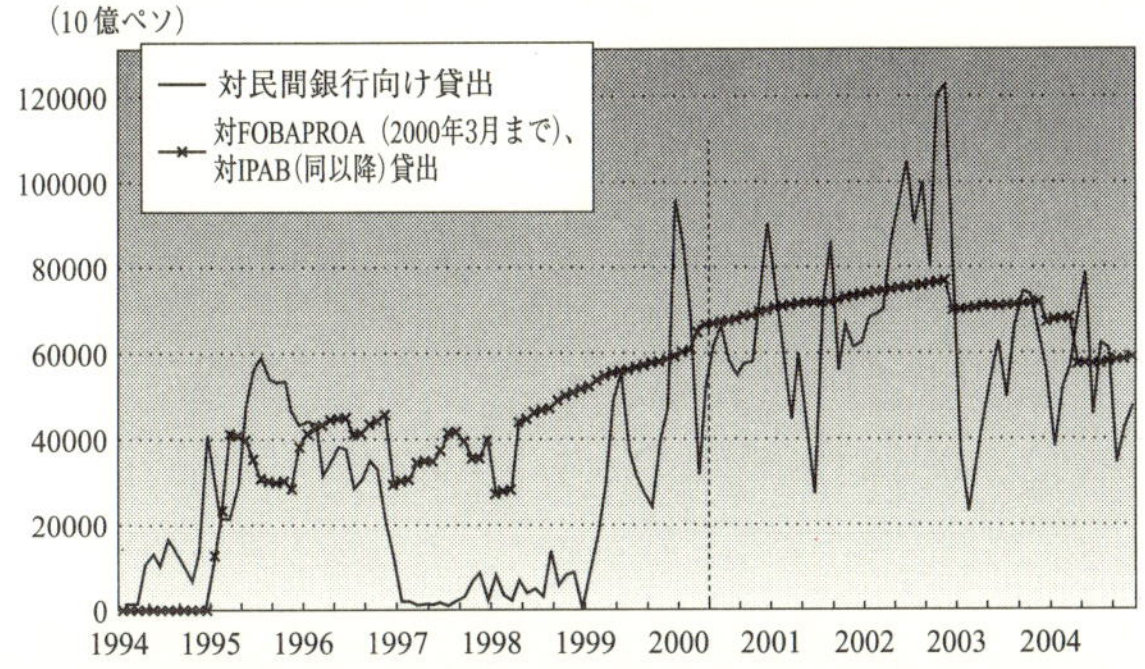

図3－7　メキシコ：マネタリー・ベースとマネー・サプライ M2 の対応(1996年1月～2003年6月)

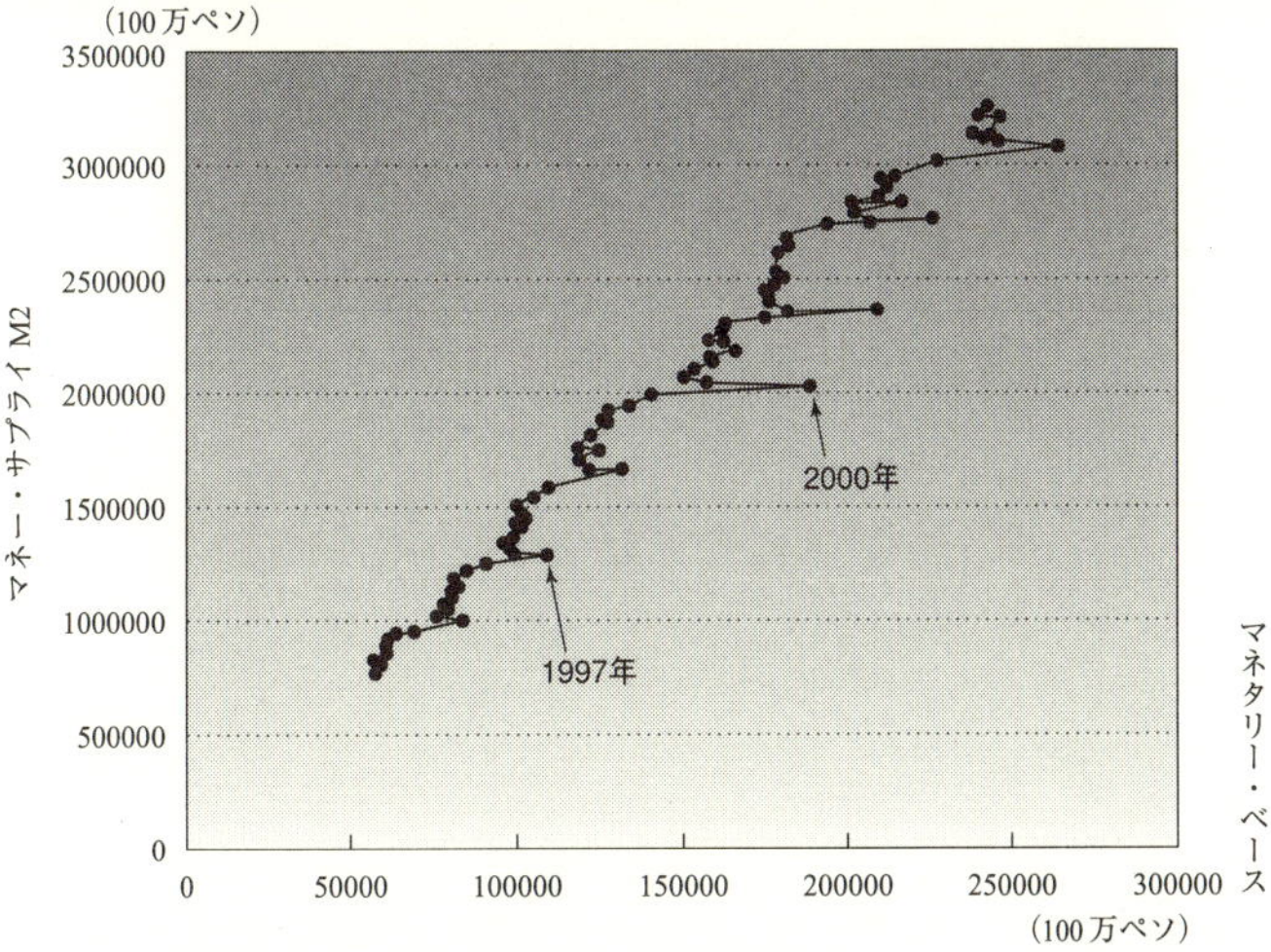

出所）図3–6，図3–7とも，メキシコ中央銀行，前掲。

●マネー・サプライ M2：通貨供給量（マネー・サプライ）とは社会全体で保有される支払手段（手形，小切手等）の総額，すなわち現金プラス国内金融機関の預金と定義される。日銀の定義では，現金通貨＋要求払い預金の合計 M1，M1に定期預金を加えた M2，そして最も広義の M3 があり，この M2 に CD（譲渡性預金；銀行が発行する無記名の預金証書。企業が余裕資金の運用に使用する場合が多い）を加えた M2＋CD（後出，p.139）がマネー・サプライとして用いられる。

一九九九年の公的資金注入の大半は、「議決権の無い」優先株の引受けを条件とするものであったにもかかわらず、金融庁は資金を受け入れた銀行に対して、「経営健全化計画」の立案と公的資金の自主的返済（計画では一〇年期限）を求めるという、やや整合性に欠けた政策を実施した。その後、銀行保有株式の買取による銀行救済の制度化が進められ、まずは二〇〇一年の「銀行株式保有制限法」の制定、あわせて「銀行等保有株式取得機構」の設立も決まり、翌年には、各金融機関から一〇〇億円の資金が同機構に対して拠出されることとなった（茨木［二〇〇三］四六頁）。銀行保有株式の買取が導入されたのは、株価下落による評価損が銀行の自己資本を圧迫するのを防ぐためである。しかし、実際には、〇三年四月の買取額はわずか二一八一億円にとどまり、同機構による買取の上限として定められている二兆円の十分の一に過ぎなかった。その意味ではこの制度が十分に機能しているとは言い難い。他方、これとは別に日本銀行による銀行保有株の買取も行われているが、これは各銀行にとっての負担が小さいことから積極的に利用され、〇三年五月には一兆三六〇〇億円相当が買い取られている。

日銀による銀行保有株式の買取は、各銀行にとっては特別な意味合いがあった。すなわち、企業との持ち合い株式は自己資本に組み込めないのに対し、保有株式を中銀に売却して得た対価は資本に組み入れることができるため、この制度は自己資本比率の大幅な引き上げを可能にするからである。この点はメキシコのＩＰＡＢが銀行の資産を第三者に売却するための仲介をしたのとは異なっている。

次に、ゼロ金利政策に続いて二〇〇一年に導入された金融の量的緩和政策を見ておこう。量的緩和とは日銀が各銀行から国債や手形を買い取り、その代金を日銀当座預金に入金する方法である。この政策に関して日銀はこう考えていた。すなわち、日銀当座預金は民間銀行の流動性準備なので、この資金を増やしてやれば、銀行貸出も増え信用収縮解消に繋がるであろう、と。この結果、銀行部門の手持ち資金量を示す日銀の当座預金残高は二七兆円規模まで拡張され、一九九二年以後はメキシコと同様に、マネー・サプライ（M2+CD〔一三七頁参照〕）の低い増加率に比べて、マネタリー・ベースばかりが大幅に増加する結果がもたらされた。つまり前者の後者に対する比率は九二年以前は一三・九％前後で安定していたが、九八年末に一〇・一七％、〇二年末には七・一一六％まで低下しているのである（日本銀行『金融経済統計月報』各月版）。この点については当の日銀も気づいており、『日本銀行調査月報』の掲載論文で、〇一年三月以降マネタリー・ベースとマネー・サプライとの関係が不安定化していることを認めている。しかしそこで述べられているのは、中央銀行の当座預金額がゼロ金利の状態では大幅に変動し、それがこのような変化につながったという指摘だけで、その原因についてはつっ込んだ分析はなく、「さまざまな波及経路を包括的に検討する必要がある」と簡単に扱われているだけである。真に重要な問題は、金融の量的緩和において、銀行部門がいかなる行動を示しているかという点にあるにもかかわらず、である（日本銀行〔二〇〇二〕）。

金融の量的緩和が充分な効果を発揮していないのはなぜであろうか。それは、供給された資金が銀行に滞留して貸出に回されず、銀行部門の「余剰資金」がさらなる国債購入に充てられているからである（服部〔二〇〇三〕）。その証拠に、国内銀行の全資産に占める国債保有残高の比率を見てみると、ゼロ金利が始まった一九九九年三月までは四％前後で推移してきたが、その後

●預金保険機構：預金保険法（1971年）に基づいて設立された，預金者の保護と信用秩序の維持を目的とする機関。銀行が預金の払い戻し不能に陥った場合，その銀行が預金保険機構に加入していれば，預金を一定限度内で肩代わりして払い戻す。同機構が全額出資して九九年に設立された整理回収機構（RCC）が，旧住宅金融専門会社（住専）や破綻金融機関から譲り受けた債権の回収等を行っている。

●ゼロ金利政策：1990年代後半から景気対策として採用された金融緩和政策で，金融機関の資金調達の目安となるコール・レートを最低水準に維持する政策である。これに対し01年からの量的緩和政策では，金利の代わりに「貨幣ストック量」（日本ではマネー・サプライとほぼ同義に解釈されている）が直接の指標とされ，マネタリー・ベースを増加させれば貨幣ストックも同様に増加すると考えられている。

上昇を続け二〇〇一年には一〇%を一時上回り、その後〇三年三月に福井俊彦日銀新総裁が就任してからさらに上昇し、同年後半には一二%を超えるに至っている。そして銀行による国債保有残高と公的部門向け貸出とを合計すれば、その対GDP比は〇三年には三〇・七%に達したのであり、これは民間部門向け貸出が同年に四六%まで減少（九八年には六四%）したのとは対照的である。つまり一連の政府・日銀による銀行救済策は銀行の流動性準備拡充と自己資本比率引き上げには効果があっても、マクロ的には資金流通を歪める結果を招いているといえる。公的資金注入にせよ、銀行保有株式買上や量的緩和における国債買上にせよ、本来市場で取引されるべき商品を政府部門が買い取ってきた点は同じである。これらの政策によって銀行のバランス・シート上の健全性は保たれるものの、信用収縮の問題は解決されず、一層歪められてしまうのである。

このような帰結が、メキシコの状況に極めて近いことは容易に理解されよう。メキシコではインフレ対策として金融引き締めが続けられるなかで不良債権処理が進められ、その結果マネタリー・ベースばかりが逆に増加した。一方、日本では金融の量的緩和が維持されているものの資金流通のひずみは解消されておらず、その結果インフレ率を差し引いた実質金利は二〇〇三年まで二%以上の高止まりの状態にあった（図3―8）。銀行部門の信用供給機能が麻痺した状態で、金融市場はむしろ引き締め状況に陥っているのである。

図3－8　日本：実質金利の動向

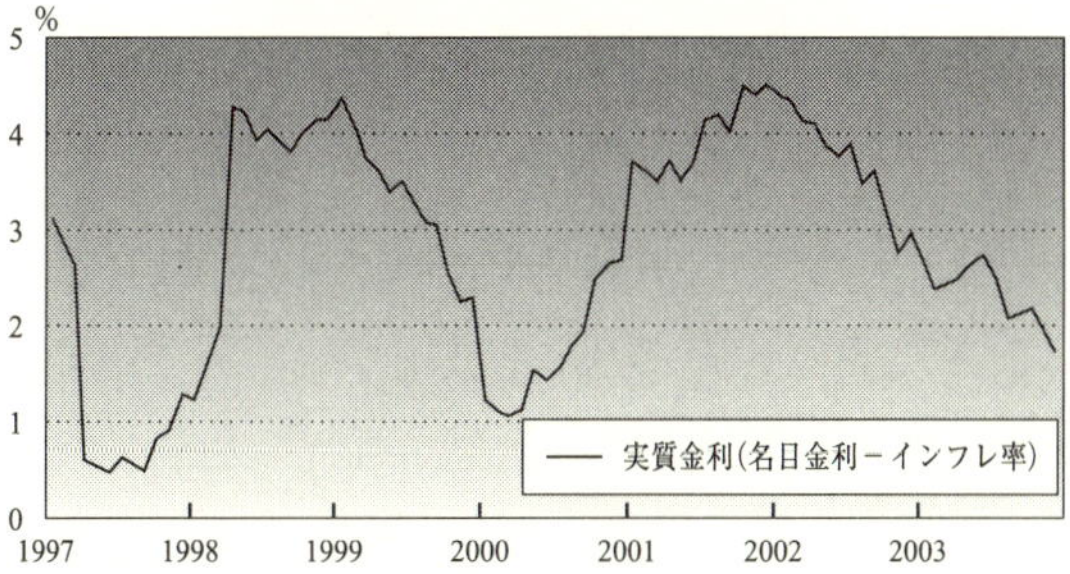

出所）日本銀行『金融経済統計月報』各月版。

4 信用収縮過程における中小企業金融の必要性

以上の叙述によって、市場で銀行を淘汰させ健全な銀行を残そうとした二〇〇一年までのアルゼンチンの事例からも、また、公的資金も用いて不良債権処理を進めたメキシコ、日本の事例からも、ともに金融部門の「健全化」が必ずしもマクロ的に円滑な資金循環を保障するものではないことが明らかになった。もう一度整理しよう。一九九七年以降のメキシコ、アルゼンチンでは次の現象が見られるのである。

①国内金融システムは信用供給能力も預金獲得能力も、ともに著しく減退しており、貸出、預金はともに減少した。短期外資の流入がこれに拍車をかけている。

②信用収縮局面において、名目貸出金利の上昇幅に比べて名目預金金利の上昇幅は明らかに小さく、金利スプレッド（貸出金利と預金金利との差）が拡大している。

③銀行貸出が金融グループ内の系列融資に集中する信用割当により、資金が偏在する傾向が強く、かつ九〇年代後半以降その傾向が高まっている。

「銀行救済が景気回復につながる」議論の陥穽

不良債権処理を進めれば、銀行は貸出に積極的となって資金が供給され景気は回復する、という通説についてては再検討する必要がある。不良債権を抱える銀行は必ずすべての貸出に消極的になるであろうか？グループ内の系列融資が多い場合、銀行は不良債権を抱える借り手に対して追い貸しを行い、損失の顕在化を先送りしようとする。このとき、不良債権の拡大にもかかわらず追い貸しを続け借り手の破綻を回避させることが、貸し手の銀行にとっても利益となるし、不良債権比率を上昇させないことが借り手企業の利益ともなる。他方で追い貸しによる機会費用が過大になれば、中程度の危険度の借り手に貸出が回されない「信用割当」が発生する。そして銀行にとって不良債権額が保持不可能となるまで拡大した時点でこれを公的機関に売却してしまえば、双方にとって機会費用が帳消しとなり、互いにリスクを軽減できる。不良債権が公的機関によって買い上げられれば、銀行の貸出意欲、利潤期待は向上する可能性があるが、それでもすべての借り手に資金が均等に分配されるのではない。当然従来の系列融資が優先されるし、景気後退局面では資金を需要する企業は限られる。また、日本では銀行が保有株式を手放す動きが顕著だが、企業と銀行のつながりとは株式保有のみではないのだから系列融資までが消滅するとは考えにくい。こうして不良債権買上や各種銀行救済の結果として、マクロ的には資金配分が一層歪められ、経済が不安定化するという可能性が生じるのである（安原［二〇〇三］一二七〜一四三頁）。つまり公的資金も動員して不良債権を処理し銀行を救済すれば、あとは市場原理に従って貸出が増えデフレが克服されるという議論は、多くの意味で単純すぎる金融観に基づくものといえる。

廣島［一九九七］の主張を借りれば、過去の景気回復局面では大手銀行は貸出先の多様化を進める意欲が強く、まず中小企業向け貸出に積極的に取り組んだ。その結果金融緩和政策はまず中小企業の投資を活発化させ、それが経済全体に及ぶというメカニズムが見られた。ところが金融自由化の結果、銀行にとっては業務・収益手段が多角化されたことから貸出先を多様化する必要性が低下し、他方で金融危機下で大手銀行は経営が行き詰まった他の銀行や系列の企業・証券会社等の救済を優先するようになっている。その結果かつては景気回復を先導する役割を果たした中小企業向け貸出が低下し続け、彼らの資金需要が満たされない状況となっている。したがってまず必要な対策とは、系列融資への偏重を可能な限り抑制させ、金融グループ以外の中小・零細企業まで資金が配分されるメカニズムを確保した上で、彼らの資金需要に銀行が対応できる環境を整えることである。

こうした現象は、日本に先行するラテン・アメリカの事例でも見られる。実際メキシコでは、一九九六年末の貸出総額五五七九億九〇〇万ペソのうち二二八三億ペソは、銀行を所有するグループ内の企業向けの系列融資が占めている。一方で、中央銀行の調査では九九年末に銀行融資を希望した国内企業五〇〇社のうち融資を受けられたのは三八・二%、二〇〇〇年には三三・六%に過ぎない。そのため、九〇年代後半には系列融資から外れた中小企業の間では、資金調達手段として企業間信用が多く使われることになった。同じくメキシコ中央銀行の調査によれば、小規模企業五〇〇社のうち企業間信用を第一の資金調達手段とするのは九九年末で五六・九%、〇〇年には五三・三%で、同時期に中規模企業では四六・三%であった。これらの七七%が取引先の中小企業に企業間信用を供給するという貸出の階層化を形成している。同様にアルゼンチンでも、小・零細企業のうち銀行融資を獲得した企業の比率は、九六年の一三・三%から、景気後退が顕著となった九八年には七・一%にまで低下した。そして〇一年には小・零細企業の四七%が、投資ファイナンスを専ら利潤の再投資によって賄う状態となっている。

他方、日本でも本来資金需要者たるべき企業部門が、設備投資を抑制して過去の債務の返済を優先する資金供給者となり、銀行は貸出抑制に加えて民間株式の購入も減らし、国債等の運用比率を上げている。こうして民間部門で循環すべき資金がすべて政府・日銀を中心に循環する構図となる一方で、メガバンクから疎外された中小・零細企業の四分の一は十分な追加的融資が受けられない状況にあるのである（「日本経済新聞」二〇〇三年四月二五日）。

日本の中小企業金融の現状

図3―9は国内銀行全体による中小企業向け貸出の推移を示したものである。中小企業への貸出は一九九五年にピークに達した後に減少傾向にあるが、この中でも都市銀行による貸出は九三年の一一二兆円から二〇〇一年には九四兆円と、地方銀行や信用金庫に比べて減少率が最大になっている。そして政府系金融機関の貸出（国民生活金融公庫による新規開業融資、中小企業金融公庫による新事業育成貸付、商工組合中央金庫による融資制度など）でさえ以後二九兆円前後で横ばいになっている。もっとも、九九年以降〇三年までの国内銀行の貸出総額の減少幅は六〇兆円に達するため、貸出全体に占める中小企業向け貸出の比率は結果的には九九年の六八・四％から〇三年には七二・〇％まで上昇しており、ここから中小企業にはある程度十分な資金が供給されていると見る主張もある。

しかし規模別、業種別に見れば、特に小・零細企業において資金調達の困難さが目立つ。つまりメインバンクから融資が受けられない小・零細企業は、従業員二〇人以下のそれでは全体の一八・二％、自己資本比率五％以下の零細企業では三〇・二％で、これ以外の場合でも貸出金利や物的担保の条件の引き上げを強いられる例が増加している。そして中小・零細企業は資金調達の五〇～六七％を金融機関からの借入

図3－9　日本：国内銀行貸出総額と中小企業向け貸出総額

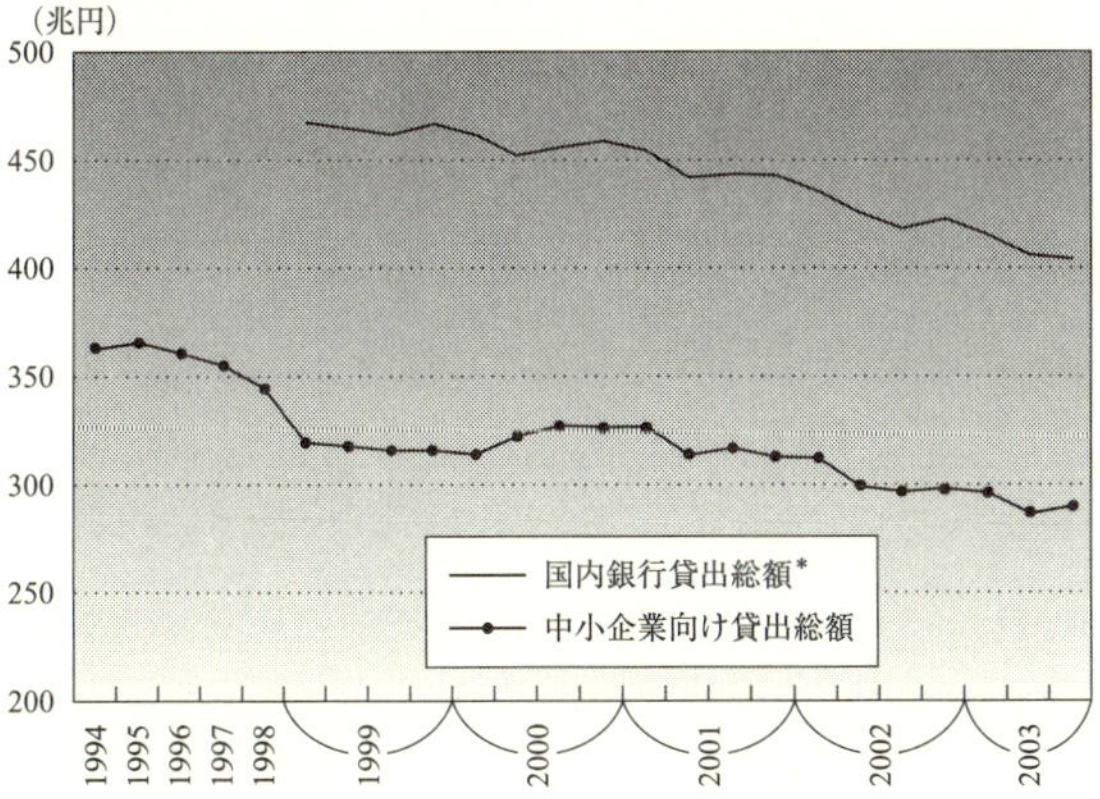

＊注）外資系・信託銀行含む。
出所）日本銀行，前掲書。

に依存しているため、たとえ一時的でも貸し渋りや貸し剥がし（貸出後の無理な回収）は設備投資に対する重大な制約となるのである。二〇〇三年一二月に金融庁が発表した、「公的資金注入銀行二二行の経営健全化計画の取り組み状況」によれば、〇三年第2、第3四半期に中小企業向け貸出を増加させたのは都市銀行・大手信金の中では三行のみで、全体の同貸出は一兆五四〇〇億円の減少を記録した（「日本経済新聞」二〇〇三年一二月二六日）。公的資金注入を受けた金融機関に対しては、収益性の向上と中小企業向け融資の増額計画という相反する目標の達成が求められているが、現在のところ大部分の銀行において、資金注入は中小企業向け貸出に繋げられてはいな

●**企業間信用**：非金融部門企業間の取引では，財・サービスを販売した企業が代金を受け取るまでの間，購入企業に対して信用を供与していることになる。売手企業は販売代金分の売上債権を資産として保有し，買手企業は同額の買入債務を持つ。つまり個別企業のレベルで見れば，買手は銀行融資がない場合にもこの企業間信用で売手企業から信用を受けることができるので，中小企業ではしばしば用いられる。具体的には受取手形・支払手形による決済と買掛金，それに前受金がある。

いのである。

また企業間信用（手形支払＋買掛金＋前受金）は中小企業の資金調達の約八％を占めるが、大企業から中小企業に対する企業間信用の供給は大企業の銀行借入額に比例して増減するとの実証結果もある（小川［二〇〇三］一三〇～一三三頁）。つまり日本でも中小企業向け企業間信用は銀行貸出を補完するというより、むしろ銀行貸出に依存して決定されているのである。さらに、企業間信用は一九九七年の一九九兆円から九九年には一七六兆円、二〇〇二年末には一六二兆円と減少傾向をたどった。以上に鑑みれば、中小企業は信用収縮の影響を何重にも被っているといえるのである。

おわりに

以上のことから明らかなように、「不良債権処理を進め、さらに経営危機に瀕した銀行には公的資金も注入して救済すれば、市場に資金が供給されて景気が回復する」という議論は机上の空論に過ぎない。もちろんアルゼンチンの例のように、不良債権買上や銀行救済を実施せずに規制・監督の強化のみで対応していては、金融危機の影響は最大限に達することも明らかである。その意味では何らかの政策介入は必要である。しかし、そこで介入の目標とされるべきは銀行のバランス・シート上の健全性よりは、むしろ民間企業向け貸出、特に中小企業向け貸出の増額なのである。

「公的資金注入→貸出増加→景気回復」という議論は単純にいえば、中央銀行の屋上から紙幣をばら撒いて「貨幣を供給した」ことにし、銀行はその紙幣を拾って右から左に動かすことで「貸出」と称する、という認識である。これでは通貨当局から銀行へのマネタリー・ベース供給ばかりが増えるが、他方で非金融部門の資金需要や金融機関の貸出意欲などさまざまの要因に規定される銀行貸出の問題は未解決のまま残されてしまう。そして銀行の貸し渋りや信用収縮は大企業と中小企業の間に資金調達の一層の格差を発生させるものだが、公的資金による不良債権処理はこの状況をまったく解決してはいないのである。

金融政策が実体経済に影響を及ぼす過程において、中小企業金融が重要な位置を占めることは各国で共通している。ならばここで現実的かつ望ましい政策とは何であろうか？　メキシコでは二〇〇二年に、中小企業金融に限定して発動される信用保証基金「資金アクセス援助基金（ＦＯＡＦＩ）」が設立されている。こうした目的限定型の信用保証は、金融機関と中小・零細企業の間の結びつきを強化する対策として評価できよう。もちろん最終的には金融グループ内での系列融資に偏った信用割当の解消が望まれるが、これは長期的課題である。また資金調達手段の多様化のために中小・新興企業向けの株式市場や私募債市場を整備することも、ラテン・アメリカや日本の現状では困難が多い。一方日本には五〇以上の信用保証協会があるが、これは不況下で実質的に機能していないゾンビ企業を延命させているという批判がある。しかし本章で述べた、中小企業まで含めた資金循環の改善という論点は、各企業の経営努力とは区別して考えるべき問題である。信用保証が中小企業金融改善の可能性をもたらすにせよ、当然それだけで必ずしも状況が改善されるものではなく、しかるべき産業政策、中小企業対策が必要であることは、メキシコの現状を見れば明らかである。

Más allá de la década perdida

Além da década perdida

第4章

新自由主義的な労働改革がもたらすもの

ペルー・フジモリ政権の経験

小倉英敬

はじめに

本章の目的は、「労働市場の自由化」達成を目指して行われた一九九〇年代フジモリ政権下の新自由主義《ネオリベラリズム》的な労働法制改革に焦点を当て、この改革が結果的には労使関係における使用者（雇用者）側の絶対的優位と、雇用安定性の悪化、労働者側の実質収入の低下をもたらしただけであったことを検証するとともに、今日の日本における労働法制改革の方向性にも注意を喚起することにある。まず最初に、新自由主義的労働改革の元祖でもあったサッチャリズム期のイギリスと日本の事例を通観する。その後に、ペルーの事例を詳細に検討し、そこから引き出せる日本にとっての教訓を明らかにしてみたい。なお、筆者は「新自由主義」とは単に経済面における「市場原理主義」的な傾向を指すのみでなく、政治的な新保守主義的傾向をも内包する政治・経済イデオロギーであると捉えるが、本章においては「新自由主義」なる用語を主に経済的側面に限って使用することをお断りしておく。

1　新自由主義と労働法制

サッチャー政権時代（一九八〇～九〇年代）の労働法制改革

イギリスにおいては第二次世界大戦以後、工業輸出力の低下や福祉政策の強化などに伴って継続的な経済低下に陥ったが、このような事態を前に、一九七九年五月に発足したサッチャー保守党政権（～九〇年一〇月）は、歴代の労働党及び保守党の諸政権が行ってきたケインズ的有効需要政策からマネタリズムへ、経済政策の主軸を根本的に転換し、「小さな政府」、「民間活力重視」、「自助精神」、「労働慣行の改革」、「法と秩序の回復」に重点を置いた。このような新自由主義的な経済路線は、すでに七〇年代初頭から軍事政権下のチリやアルゼンチンにおいて採用されていたが、この「サッチャリズム」の登場を画期として、以後、世界中の多くの国々で国際的な主流を形成していくことになる。

サッチャー政権が経済再建に向けて重視したのは効率化、能力主義、競争原理の導入であり、このような視点から既存国有企業の四分の一の民営化が図られ、雇用者数を半減させた。労働政策面での基軸は、市場経済優先論に基づく「労働市場の自由化（規制緩和）」と「個人の自由の復権」であった。このような労働市場の「市場経済」化による経済合理化策を推進する上で重視されたのが、労使関係へのテコ入れを軸にした労働組合の弱体化であった。具体的には、①支援者による争議行為の非合法化、②組合の民法上の法人責任の強化（非合法行為による損害に対する賠償責任）、③クローズド・ショップ（労組加入を雇用条件とする労使間協定）に対抗する個人の就労権の強化、④役員選挙・争議行為・政党支持の際の秘密投票の義務づけ、⑤最低賃金制の廃止、⑥組合費徴収における個人の同意署名の義務づけ、⑦経営者の解雇権の強化などであった。このような「労働硬直性」の打破を目指した労働政策の背景には、過去の政権において採用されてきた「完全雇用」政策が、生産性の低下、その結果としての経済低迷をもたらしてきたとする考えと、その克服のためには失業者増加という社会的リスクを避けることはできないとする政治的確信が存在したと言える。

このようにサッチャー政権においては、権威主義的傾向を有した民主主義体制と、新保守主義的な政治・経済イデオロギーである「新自由主義」の下で、「労働者の雇用安定」という既得権益を犠牲にして経済の活性化が図られた。この結果、二〇〇二年時点では、全雇用労働者三〇一〇万人のうち、臨時労働者は一九二万人（全雇用労働者の六・四%）、パートタイム労働者は七五八万人（同二五・二%）に増加し、不安定雇用が増大している。

小泉政権における労働法制改革

労働者の安定雇用を犠牲にして経済低迷からの脱出を図るこのような路線が、サッチャー政権以後、多くの諸国で取られた。一九九〇年代末より構造的な経済不況局面に入った日本においても、二〇〇二年一二月二六日付で労働法制「見直し」の提言を提示し（厚生労働省労働政策審議会）、労働法制の改定作業が進展した。

この提言は、「労働契約の成立、展開から終了に至る制度、労働時間にかかわる制度等各制度の在り方の見直しを行うことが必要である」とした上で、「労働契約内容の明確化」、「有期労働契約期間の上限の引き上げ」、「労働契約終了などのルール・手続きの明確化」、「労働時間にかかわる制度の見直し」等を提言している（厚生労働省［二〇〇二］）。

提言の基本的な目的は、労働基準法と労働者派遣法の改正によって「労働硬直性」を打破するための、規制緩和の大幅な促進にある。改正案の要点は、①解雇ルールの明確化（経営者の解雇権の明記）、②裁量労働制の緩和、③有期雇用の規制緩和（期間延長）、④労働者派遣の規制緩和（派遣業務の拡大と期間延長）等であるとされている。提言においては、「労働者の能力や個性を活かすことができる多様な雇用形態や働き方が選択肢として準備され、労働者ひとりひとりが主体的に多様な働き方を選択できる可能性を拡大すること」や、「紛争解決にも資するよう労働契約など働き方にかかわるルールを整備すること」が目標として記されているが、具体的に「可能性を拡大すること」及び「ルールを整備すること」とは何かと言えば、換言すれば「労働市場の自由化（規制緩和）」に向けた経営者側への「解雇権」の容認と、不正規雇用（派遣労働者の雇用等）の拡大である。

この提言を受けて、厚生労働省から提出された両法の改正法が、それぞれ二〇〇三年六月四日と六日に国会で可決され、労働者派遣法改正法は六月一三日に公布（施行は公布後九カ月以内）、また労働基準法改正法は七月四日に公布（施行は公布後六カ月以内）された。

労働基準法改正法は、第一八条第二項に「解雇は、客観的に合理的な理由を欠き、社会通念上相当であると認められない場合は、その権利を濫用したものとして、無効とする」と不当解雇を防止することに重点が置かれているものの、先にふれた厚生労働省の提言にある解雇権も「権利」として明記された。また、同省による提言②及び③も明記された。他方、労働者派遣法改正法も、提言④を充たす内容となった。

次節以降では、日本で行われたこれらの労働法制改革がどのような結果に結びついてゆくのかを、一九九〇年代ペルーのフジモリ政権下で実施された労働法制改革を先行事例として検証し、予測してみたい。

●**裁量労働制**：労働基準法によって定められたもので，労使間協定によって，業務方法や時間配分を労働者の裁量に大幅に委ねる制度。この制度では労使協定で定める時間を「労働したものとみなす」。たとえば1日9時間労働と規定されている場合，それ以上でも以下でも一律「9時間の労働と“みなす”」ことになる。その緩和（対象範囲の拡大）は，仕事が終わらなければ退社できず，たとえ残業しても超過勤務手当を受領できない被雇用者を増加させることになる。

2 ペルーにおける労働法制の推移

ベラスコ軍事政権（一九六八～七五年）

ペルーにおいては、貨幣経済の浸透を背景とした農村社会の変化に伴って、一九四〇年代末より農村部、特にアンデス山岳部の農村から海岸部の諸都市へ急速な人口移動が行われた。その結果、リマ首都圏（リマ市とカヤオ市）の人口は、一九四〇年―六六万人（全国人口の九・四％）、六一年―一九〇万人（一八・二％）、七二年―三四二万人（二四・二％）、八一年―四八四万人（二七・二％）、九三年―六四三万人（二四・〇％）、二〇〇〇年―七八〇万人（三〇・四％）と増加の一途をたどってきた。絶対数でみれば、過去六〇余年間に全国人口が三・七倍に増加したのに対し、首都圏人口は約一二倍に増加した。

このような一九五〇年代以降の人口増加（新来者の到着、次世代・次々世代の誕生）に比し、リマ首都圏は十分な労働力の吸収力を有していないために、インフォーマル・セクター（非正規部門）が拡大した。インフォーマル・セクターは雇用構造から見た場合、露天商や自営労働者層（家内製造業、輸送業等）の増加となって現れる。

農村から都市への人口移動の要因としては、上記のような貨幣経済の浸透や、その結果として生じた農産品の商品生産化への転換に伴う農村社会の変化の他、都市の文化的な求心力の作用、農村部の大土地所有制に起因する農業従事者のための農地不足等が挙げられるが、大土地所有制が社会発展の障害になっているという認識は一九六〇年代以降、軍部にも共有されていった。ペルー軍部は、大衆政党アプラ党（P

AP）との長年にわたる敵対関係もあり、同党に対する対抗上、大土地所有者などの伝統的支配者層を解体し、軍による改革を目指す高等軍事研究所（CAEM、Centro de Altos Estudios Militares）を設立（一九五七年）するなど、社会変革問題にも敏感であった。また軍部は、都市部に移動してきた人々が未就労の貧困層に位置し、政治的にも社会的にも参加のアクセスが閉ざされている状況にも敏感になっていた。

一九六八年一〇月に軍事クーデター（ペルー革命）によって政権を掌握したベラスコ軍事政権は、「革新型」軍事政権であったと評価されている。それは、同政権の中核となった陸軍の革新派将校団（佐官クラス）をCAEM卒業者で占め、大土地所有者層の政治的・経済的基盤を解体するために農地改革等の社会変革を推進したことにある。同政権は、彼ら革新派将校団と一部左翼出身のイデオローグたちとの連携の中で、国家の積極的な介入によって経済発展を実現する「国家介入型」の「国家資本主義」モデルを確立するとともに、都市部の低所得者や農村部の貧農を中心とする底辺層を経済発展の基盤とする政治的、経済的、社会的「統合モデル」を提起した。産業構造においても、基幹産業を国有化するとともに、農地改革を実施して大土地所有者層の経済基盤の一掃を図った。

このような基本方針の下で、労働政策においても、労働者の体制支持を確保する目的からさまざまな改革を行った。まず労働者の経営面における「参加」を保障するとともに、労働者の福祉向上のために労使関係を変化させる変革措置を導入した。また、労働者への利益再分配の確保を目的とした「労働共同体」（労働者自主管理企業における全労働者が参加する組織）を設立したり、労働者の経営参加を目的とした「産業共同体」（企業運営に関する労使協議機関）の確立を目指した。

さらに労使関係における労働者保護は、解雇条件を厳密化して雇用安定化を図ることによって行われた。一九七〇年に制定された法律第一八四七一号は、個々の労働者を解雇する場合は重大な解雇理由の存在を前提とし、かつ労働者に再配置請求権を保障すると規定している。これは、使用者側の一方的な利害に基づく不当解雇を事実上禁止するものであり、労働市場の「硬直性」を維持する基本軸となった。

また体制擁護を強化するため労働者の組織化が促進され、政権主導のペルー革命労働者中央組織（CTRP）が結成された。その結果、労働団体はペルー共産党「統一」派（PCP–Unidad）が主導権を握るペルー労働者総連盟（CGTP）と、アプラ党が主導権を握るペルー労働者連盟（CTP）、そしてこのCTRPの三大組織が分立することとなり、労働者の組織率も高まった。労働市場の「硬直性」の強化は、このような労働者組織率の上昇に伴う労働者側の権利意識の高まりによってもたらされることになる。

モラレス・ベラムデス軍事政権（一九七五〜八〇年）

一九七五年、軍の内紛による政治プロセスの急進化を恐れた政権内右派がクーデターを起こし、モラレス・ベラムデス政権が発足した。モラレス・ベラムデス政権の労働政策は、基本的に国家介入路線を維持しつつも、資本側の有利を確保するために雇用安定の低下を労働者側に強いるものであった。同政権中に公布された主要な労働関係法制は、ベラスコ前政権期に確立された、労働者側に有利な雇用安定政策を掘り崩すことに向けられた。その結果、七七〜七八年に発生した経済不況の下で、実質賃金の低下と労働条件の悪化に抗議するストライキが多発し、ゼネストにまで発展するなど労働攻勢が強められ、「政・資」対「労」の対決が全面化する社会状況が生まれた。しかしこの労働攻勢は、政府による警察力を用いた治安対策の結果、労働者側の全面的敗北に終わり、それ以後一貫して国家権力と一体化した使用者側の「攻勢」が労働政策上で展開される転換点となる。

表4－1　ペルー：失業率の推移①（1985～94年）

(%)

年	1985	1986	1987	1988	1989	1990	1991	1992	1993	1994
安定就業	47.6	52.1	60.3	55.9	18.6	18.6	15.6	14.7	12.7	16.9
半失業*	42.5	42.6	34.9	37.0	73.5	73.1	78.5	75.9	77.5	74.3
完全失業	9.9	5.3	4.8	7.1	7.9	8.3	5.9	9.4	9.9	8.8

＊注）週35時間以上労働し，その収入が最低賃金（1967年価格で1.2ソルをベースにしたインフレ調整値）以下の状態を指す。
出所）Webb［1997］.

ベラウンデ政権（一九八〇～八五年）

一九八〇年に民政移管選挙に勝利して成立した中道右派のベラウンデ・人民行動党（ＡＰ）政権は、右派のキリスト教人民党（ＰＰＣ）との連立政権となった。ベラウンデ政権は経済発展モデルとしては国際協調・民間主導を基調としつつも、国家介入型の一九七九年憲法の制約下で、国家介入を根本的に脱却する路線はとれず、経済運営はこの政治的志向性と法律体系の間に存在する矛盾を反映させたものとなった。労働法制面では、基本的にはモラレス・ベラムデス政権期における労働政策を継承し、一九七九年憲法の国家介入型・政労使三者協調型路線を採る一方で、実際の労働政策においては、事実先行的に最低賃金の低水準維持を規定するなど、使用者側に有利な諸措置を実施した。

ガルシア政権（一九八五～九〇年）

一九八五年に成立したガルシア・アプラ党政権は、ナショナリスト的傾向の強い中道左派に分類されるが、基本的には階級協調的な国家資本主義志向を示し、経済発展モデルにおいても国家資本主義的発展を目指した。このため労働政策面では、支持基盤の一つである労働者層の利益擁護を強調しつつも、他方で資本主義的発展のための資本側の利益擁護を顧みざるをえないという二面性が示された。

特に、一九八六年に公布された法律第二四五一四号は、安定雇用の縮小化を目指して試験雇用期間の短縮や臨時雇用枠の拡大を図るとともに、解雇コスト（退職金等）の削減を図るなど、使用者側に有利な労働政策を方向づけるものであった。

ガルシア政権期後半にはインフレが上昇し、それに伴って最低賃金の引き上げが行われたが、引き上げ幅がインフレ上昇率を上回らない範囲に限定されたため、最低賃金を基準として設定された民間部門の実質賃金が低下することになり、その結果半失業者の増加をもたらした。この傾向はガルシア政権末期の一九八九年から顕著となる（表4―1）。この時期から、雇用構造に占める半失業者の割合が継続的に増加する。換言すれば、労働者保護の目的で設定された最低賃金制度が、その本来の目的から離れて、賃金抑制の基準として機能し始めるのである。次節で述べるように、つづくフジモリ政権期においては、この側面が強化され、労働者保護策としての最低賃金制度の意味は消滅することとなる。

3 フジモリ政権（一九九〇～二〇〇〇年）における労働法制改革

労働法制改革の方向性

一九九〇年七月に発足したフジモリ政権においては、労働市場の自由化・規制緩和が労働政策の主軸とされた。その背景には、政権発足後に経済顧問として政権入りした、新自由主義的経済政策を主張するエコノミストたちの影響がある。彼らは一九七〇年代前半のベラスコ政権期に確立された労働者優遇政策の結果として生じた「労働硬直性」の打破を労働政策面における経済再建の基軸とした。このように、フジモリ政権下の労働法制改革には、労働市場の規制緩和に向けた資本側の要請という国内的要因と、七〇年代末以降に国際的な潮流となった新自由主義的な経済モデルの採用という対外的要因とが影響し合っていたと見るべきであろう。

フジモリ政権下で実施された労働法制改革の目的は、「企業家と労働者が世界経済の加速的な変化に対応し、経済成長において人的資源が潜在力を発揮しうる活動に向けられるよう、労働力の柔軟性と可動性を保障し、労働者の基本的権利を尊重しつつ、労働市場の有効的な展開に資する規範的枠組みを創出することにあった」とされる（Verdera［2000］）。すなわち、改革の目的は、経済のグローバル化の進展の下で、労働市場が競争原理に基づいて機能するように、労働市場における国家の介入を一掃しつつ、使用者側を有利に導くために、ベラスコ政権期に確立された雇用安定化の諸条件や、団体交渉権の承認等々に見られる「労働硬直性」を打破することにあったと言いうる。

一九九〇年代のフジモリ政権下の主要な労働法制

一九九〇年代フジモリ政権下においては、こうした「労働硬直性」を打破するために、雇用契約・解雇条件の緩和や団体交渉権の弱体化を目指す労働法制が次々と整備されていった。具体的には、次頁表4―2の諸法令が公布された。これらの法令は、労使関係において使用者側に有利な内容をもち、労働市場を競争的なものにするための労働者の可動性を保障するものであったが、労働者側には労働条件の悪化をもたらした。

これらの諸法律の中でより重要なのは、解雇条件の緩和や派遣労働・臨時雇用枠の拡大を規定した行政立法第七二八号（一九九一年一一月公布）と、同法以上に解雇条件を緩和し、派遣労働・臨時雇用枠をさらに拡大した法律第二六五一三号（九五年七月公布）、及び労働組合の団体交渉権を制限するとともに労使紛争への国家介入権を縮小した法律第二五五九三号（九二年七月公布）である。

表4－2　ペルー：1990年代に公布された主要な労働法令

法令名	公布年月	内容
行政立法第 650 号	1991 年 7 月	使用者に金融機関での労働期間補償金の積立義務を課す（失業保険的機能）。
省令第 430－90－TR 号	1991 年 9 月	臨時雇用枠を拡大。
行政立法第 728 号（雇用振興法）	1991 年 11 月	・労働時間の柔軟化。 ・1991 年以後の契約者に対する雇用安定保障の破棄。 ・解雇条件の緩和（解雇理由の明示義務，及び再配置義務を破棄）。 ・派遣労働・臨時雇用枠の拡大（派遣労働者等の雇用比率上限を 20% まで拡大）。 ・解雇に伴う退職金の削減（勤務 1 年以上 3 年以内は 3 カ月分，その後 1 年につき 1 カ月分追加）。 ・実習制度を通じた若年労働者雇用の促進。
政令第 26136 号	1991 年 12 月	超過勤務手当の増額（上限を給与の 25%→50%）へ。
省令第 077－90－TR 号	同上	・法律 18138 号の臨時雇用制限を撤廃。臨時雇用のカテゴリーを増加。特殊な場合には契約再更新限度 2 年を撤廃。
政令第 25593 号	1992 年 7 月	・労働組合結成の柔軟化（組合単一状態の打破→団体交渉権の相対化，国家の介入権の縮小）。 ・交渉権を産業別から企業別に縮小。合意内容の有効性を更新可能付で 1 年に限定。 ・労働者スト権は労働者総数半数以上の賛同によるものと確認，スト期間中は賃金不払いを規定。
1993 年憲法	1993 年	不当解雇からの労働者保護を保障（但し，「適切な措置を講ずる」とするも内容は明記せず）。
政令第 25897 号	1993 年 7 月	民間年金制度を確立（低賃金労働者は負担増から民間年金に加入できなくなる）。
法律第 26513 号	1995 年 7 月	・不当解雇からの保護による雇用安定保障の破棄（本人及び判事の再配置請求権を破棄）。 ・解雇に伴う退職金の削減（勤務 1 年毎に 1 カ月分）。雇用者側負担を退職金供与のみに縮小。解雇理由の明示義務を削除。 ・男女間の労働時間制限の単一化。 ・派遣労働者等の雇用可能期間を 5 年間に延長するとともにその雇用比率上限 20% を再確認。
行政立法第 853 号	1996 年 10 月	全国住宅基金（FONAVI）の再編（労使双方の負担額増額）。
行政立法第 854 号	同上	超過勤務手当の削減（上限を給与の 50%→25% へ）。
行政立法第 855 号	1996 年 11 月	・解雇に伴う退職金の削減（勤務 1 年毎に半月分）。 ・派遣労働者等の雇用比率上限を 50% に拡大。
行政立法第 871 号	1996 年 11 月	解雇に伴う退職金の増額（勤務 1 年毎に 1.5 カ月分で最大限 12 カ月分）。

出所）筆者作成。

行政立法第七二八号は「雇用振興法」と呼ばれ、使用者側に課せられていた解雇理由の明示義務と労働者の再配置義務を破棄し、解雇時における退職金支給基準を引き下げることで、解雇における使用者側の裁量権を拡大し、解雇コストを低減した。法律第二六五一三号は、行政立法第七二八号と同じ方向性の下に、解雇時における再配置請求権を破棄し、退職金など使用者側の負担をさらに低減した。

また、行政立法第七二八号は派遣労働者等の雇用比率を二〇％まで引き上げ、法律第二六五一三号はこれを維持することを確認した上で派遣労働者等の雇用可能期間を五年に延長した。

他方、政令第二五五九三号は、一企業における労働組合の複数化、産業別団体交渉権の否定、ストライキ実行に関する票決の制限、ストライキ中の賃金支払い義務の破棄、国家の労働紛争介入権の縮小を規定した。

上記の三法によって、労働市場の規制緩和が進展し、労働市場が市場原理に沿って機能する可能性を増加させたことは事実である。他方、労使関係においては使用者側に一方的に有利な法的環境が整備された。

労働法制改革の社会的結果

このように、労働市場の規制緩和は雇用者側に有利な環境を整え、それが、労働法制改革の進展時期（一九九〇年代）とあいまって経済の活性化をもたらす一因となったことは事実であろう。しかし問題は、そのような労働市場の規制緩和が社会情勢にいかなる影響を与え、長期的な視点から見たとき、それが果たして経済成長に導く環境を整備しえたか否かの判断である。

一九九〇年代の雇用関係の統計を見ると、次の特徴が見られる。①完全失業率の低下（雇用の拡大）（表4―3）、②労働組合組織率の低下（表4―4）、③雇用安定性の低下（首都圏では安定雇用が一九九

■ペルー：1990年代の雇用統計

表4－3　失業率の推移②（1995～2000年）

	1995年	1996年	1997年	1998年	1999年	2000年
安定就業	50.0	50.3	50.5	47.9	48.5	49.7
半失業*	42.4	42.7	41.8	44.3	43.5	42.9
完全失業	7.6	7.0	7.7	7.8	8.0	7.4

＊注）労働時間が週35時間以内で，最低所得が557.6ソル以下の状態を指す。
出所）Webb［2001］より作成。

表4－4　労働組合組織率

年	労働者の組合組織率（首都圏）			労働争議数（全国）		
	経済活動人口（千人）	組合加盟者（千人）	組合加盟率（%）	申し立て総数	解決件数	直接交渉解決件数*／%
1990	966.0	268.4	27.8	2015	1762	1093／62.0
1991	1004.4	277.3	27.6	1941	1402	1101／78.5
1992	1029.6	228.0	22.1	N.D.	N.D	N.D.
1993	1257.1	209.2	16.6	1461	1059	968／91.4
1994	1236.2	226.1	18.3	1350	883	795／90.0
1995	1289.1	142.0	11.0	1271	803	751／93.5
1996	1237.3	82.5	6.7	998	623	567／91.0
1997	1323.8	85.8	6.5	846	627	596／95.1

＊注）解決件数のうち，直接交渉（ストライキ）による解決件数。
出所）Verdera［2000］より作成。

表4－5　雇用安定性の推移

年	首都圏労働者総数（千人）	安定雇用		臨時・派遣雇用	
		人数（千人）	比率（%）	人数（千人）	比率（%）
1990	883.6	517.9	58.6	365.7	41.4
1991	963.0	591.4	61.4	371.6	38.6
1992	977.2	493.7	50.5	483.5	49.5
1993	1109.3	548.8	49.5	560.5	50.5
1994	1175.9	567.4	48.3	608.5	51.7
1995	1240.6	522.2	42.1	718.4	57.9
1996	1213.7	304.1	25.1	909.6	74.9
1997	1321.8	304.8	23.1	1017.0	76.9

出所）Verdera［2000］より作成。

〇年の五一万七九〇〇人＝五八・六％から、九七年には三〇万四八〇〇人＝二三・一％に低下。臨時・派遣雇用は九〇年の三六万五七〇〇人＝四一・四％から、九七年には一〇一万七〇〇〇人＝七六・九％に増加）（表4―5）、④実質賃金（6章二〇七頁参照）の低下、である。

完全失業率が低下したということは雇用情勢が好転したことを意味するのであろうか。結論を言えば、完全失業率の低下、すなわち雇用の拡大は、必ずしも被雇用者側から見た雇用情勢の好転を意味していない。雇用数は増加したものの、雇用安定性の保障が大きく低下しているからである。

一九九〇年代に増加した雇用は、職業別に見ると民間事務職の非専門職、民間部門の未組織労働者、そして自営非専門職である。自営非専門職の多くはインフォーマル・セクターの露天商を除く階層（家内製造業、輸送業等）に属する。したがって、フォーマル・セクターに限って見るならば、雇用が増加したのは民間事務職の非専門職と民間部門の未組織労働者となる。そして、これらの階層は、大部分が不安定雇用の状態にある。

トレド政権に対し，新自由主義経済政策からの転換などを要求して2004年7月14日に実施された全国統一ストに先立ち，リマ市内をデモ行進する教育関係労働者たち（*Quehacer*, No.148, mayo-unio, 2004）

一九九〇年代のリマ首都圏における安定雇用と不安定雇用（臨時・派遣雇用）の推移を見れば、明らかに雇用状態の悪化が見て取れる（表4―5）。不安定雇用状態にある者の増加要因は、使用者側に有利な解雇条件の設定と、派遣労働・臨時雇用枠の拡大にあると見られる。

労働者に不利なこうした環境を強めたのが労働組合に対する権限縮小策であった。労働者の組合組織率は、労働紛争が激化した一九七七〜七八年を転換点として七〇年代末以降徐々に低下してきたが、これは国家と使用者側の連携による労働運動抑制策が採られた結果である。そしてその傾向は九〇年代にさらに顕著になる。表4―4が示しているように、組合組織率は九〇年の二七・八%から九七年には六・五%に大きく低下し、ストライキ発生数も組織率の低下を反映して大きく減少した。明らかに、政令第二五五九三号による労働組合の規制が奏効して、ストライキによって労働条件の改善を要求しうる労働者側の可能性が低下したのである。労働組合がストライキを実施した場合には、スト期間中の賃金が支払われないばかりか、解雇理由にもされかねない環境においては、ストライキは自ずと自粛されることになる。

他方、給与水準について言えば、民間部門の名目最低賃金は一九九〇〜二〇〇〇年の間に（九〇年八月の一六

コラム

派遣労働

本文で述べたように、ペルーでは一九九〇年代のフジモリ政権下で行われた新自由主義的な労働法制改革の結果、派遣労働者の雇用規制が段階的に緩和され、全業種におけるその雇用比率は五〇%にまで拡大された。

他方、日本においても二〇〇二年六月に労働者派遣法が改定され、①派遣労働者の雇用がこれまで認められていなかった製造業（溶融、鋳造、加工、組立て、洗浄、塗装、運搬など、モノを製造する工程に関わる業務）への派遣解禁、②派遣期間の長期化（就業場所ごとの同一業務につき、これまでの一年から三年に延長され、一年を超える場合は期間を予め定める）が新たに規定された。

周知のように、一九八〇年代末から急激に増加した日本における外国人労働者のうち、ブラジル、ペルーなどラテン・アメリカ諸国からの日系定住者は二〇〇二年現在で二八万人に達した（全外国人労働者数は同年で推定七六万人：厚生労働省データによる）。彼らの多くが、自動車産業及び家電・電子産業の下請け等の「製造業」においても雇用されていたが、その多くは派遣労働の形はとらず、形式的には「生産委託」制度に基づいて雇用されてきた。「生産委託」とは、労働者管理だけでなく生産工程の管理も含めて斡旋業者が生産の全体責任を請

ソルから〇〇年一一月の四一〇ソルへと）二五・六倍になったものの、実質賃金は一・六倍しか増加しておらず、この最低賃金に誘導された民間部門の平均給与は二・二倍増加したにすぎない。最低賃金が民間部門給与の抑制を導く方策として利用されたのである。

結局、雇用の微増は労働者側にとって雇用環境の好転には繋がらなかった。雇用規模は拡大したものの、労働法制改革の結果としては労働条件の悪化をもたらした。すなわち、改革によって使用者側の労働コスト減が実現し、量的な雇用が拡大したものの、雇用の質的向上は伴わなかったため、社会的格差の質的悪化をもたらして不平等感を増幅する結果となったのである。

おわりに――ラテン・アメリカから日本が学べること

日本のような先進資本主義国とペルーのような開発途上国とを安易に単純比較することはできない。しかし、一九九〇年代にペルーで実施された労働法制改革と、現在日本で図られている労働法制改革の間には共通

け負う契約形態であり、斡旋業者が顧客企業からその工場内の特定生産ラインを丸ごと委託される形態をとる。したがって、生産設備はもとより、生産計画などもすべて顧客企業の指示に従うことになる。

一九八〇年代後半以降、自動車産業及び家電・電子産業において、製品サイクルの短縮化をめぐる競争が激化したため、九〇年代にこれらの産業における新しい競争状況に対応して採られた雇用形態が「生産委託」である。すなわち、企業は需要の急増に応じて急激に生産を拡大し、他方、製品のモデルチェンジの際には、旧製品の在庫を抱えることなく一気に生産ラインを新製品に切り替えるという戦略を一般化させてきた。しかし、形式的には「生産委託」制度であろうと、労働者管理においては斡旋業者の裁量で労働者が雇用されるので、実質的には派遣労働と大差はないとの見方が一般的であった。

二〇〇二年の労働者派遣法改定は、日本人労働者にも影響を与えることは言うまでもない。本文でも述べたように、雇用不安定化を助長する危険性を伴うからである。しかし同時に、派遣労働者の雇用が製造業にまで及んだことは、特に下請け部門に多くの外国人労働者が従事してきた実態に照らしても、外国人労働者の雇用機会が増加するため、彼らの入国者数が増加して、出入国状況により大きな影響を与えることが予想される。

項が存在する。「労働硬直性」の打破を目的とした解雇条件の緩和と不安定雇用の拡大である。ペルーの場合には、これらの共通項に加えて労働組合の弱体化が図られたが、日本においてはそれ以前からすでに進行していた項目であるから、この弱体化措置は改革案には含まれていない。

「労働市場の自由化」を目的として実施されたペルーの労働法制改革が、雇用の不安定化と実質収入の低下をもたらしたという事実は重要である。特に、「派遣社員」とか「アウト・ソーシング（外部委託）」のような新しい用語の使用は、一見すると時代の先端を行く制度のような感覚を与えるが、その内実は雇用不安定化や収入水準の低下など、労働者の生活水準を悪化させる制度に過ぎない。このような結果を招来しかねない労働法制改革は、日本のようにデフレ不況の真っ只中にある現状においては、内需拡大に否定的な要因を加えることになり、デフレ不況克服をさらに困難にすることになろう。

日本においては、一九八〇年代より、輸出依存構造から脱却し内需経済構造に転換することが求められてきたが、これまで実施された労働法制改革は、ペルーと同様に雇用不安定化を助長し実質収入を低下させるものであった。これでは、将来的な生活への見通しを不可能にさせ、内需拡大に逆行する結果を導きかねない。

日本における労働法制改革を実りあるものとするためには、現在の世界経済の編成原理である新自由主義的政策に変化を生じさせ、アメリカの一極的覇権構造を変えていかなければならない。そしてそのためには、日本をはじめ、アジア新興工業国（ＮＩＥｓ）、東南アジア諸国連合（ＡＳＥＡＮ）諸国および中国が現在有している、アメリカの内需拡大主導・対米輸出依存構造を断ち切るような、内需依存経済への転換が必要とされる。であるなら、日本においては雇用安定を促進する方向での労働法制の確立が何よりもまず求められるのではないだろうか。

Más allá de la década perdida

Além da década perdida

第5章

アジアのラテン・アメリカ化

吾郷健二

はじめに

本章は、ラテン・アメリカとアジアの比較・対照を行う。

前半において、ラテン・アメリカの一九八〇年代以来の開発戦略の転換（国家主導型から新自由主義《ネオリベラリズム》グローバリゼーションへの移行）を概観し、そこでの外国資本（多国籍企業）の主導的役割を指摘して、新古典派とラテン・アメリカ学派（新構造主義と従属論）による外資に対する評価を紹介する。後半において、アジアでの外資のウエイトの高まりと、九七年のアジア（通貨）危機以後のシステム転換（アジア型からアングロサクソン型への）を概観する。結論として、アジアでも、それまでの比較的自立的な国民経済発展戦略が放棄され、外資支配・外資依存型の従属的発展の傾向が強まるとして、〈アジアのラテン・アメリカ化〉が示唆される。

ラテン・アメリカの過去二〇年の経験は、経済的停滞と危機、貧富の格差の拡大、中流階級の衰退、失業率の上昇と貧困の増大、都市インフォーマル・セクター（非正規部門）の肥大化、治安の悪化と犯罪の増加、国家の経済的機能の衰退、福祉の衰退と社会的サービスの悪化などであった。

そのことに鑑みれば、本章の分析が示唆する日本にとっての教訓は、なにか?

それは、いわゆるアングロサクソン型「構造改革」なるものへのシステム転換が必要とされているのではなくて、（旧システムの良さを保持しつつ）新たな独自の日本型システムの構築が必要であるということである。

1 ラテン・アメリカの先駆性と外国資本
――新自由主義グローバリゼーションの先頭ランナー

一九八〇年代債務危機に始まる新自由主義改革

戦後期の世界資本主義は、一九七〇年代末から八〇年代初頭に大きな転換の時期を迎える。すなわち、大戦直後に新たな正統派思想となった国家主導型の「ケインズ主義」（厳密にいうと、イギリスの経済学者ジョーン・ロビンソン〔一九〇三～八三〕のいう「えせケインズ主義」＝市場中心主義を維持しつつ政府介入政策を唱える）に取って代わって、市場主義を全面的に信仰する新自由主義思想が支配的となったのである。七九年のイギリス・サッチャー政権、八一年のアメリカ・レーガン政権、八二年の日本の中曽根政権の誕生が先進国における経済思想のこの転換をはっきり示したが、開発途上国にこれが波及するのは、少し遅れる。開発途上世界で最初にこの転換が始まったのは、八二年、いわゆる累積債務危機以後のラテン・アメリカである。もっとも、チリやアルゼンチンでは、すでに七〇年代の軍部クーデター後の軍事政権で先駆的な新自由主義政策を実践してはいたが、しかし、それは八〇年代後半以後のようにラテン・アメリカ全体に一般化することはなかった。

新自由主義経済政策とはどのようなものか？　一般には、基本的な性格として、経済活動や経済運営における国家の役割を引き下げて、経済活動を「市場の自由な活動に委ねよう」とするものであるといわれる。しかしそれは不正確な説明である。実際には各種の産業・企業への補助金や地域開発、インフラ整備、研究開発などの国家資金の支出（大部分は大企業の利益となる）がなくなったり減少するわけでは全くない（教育・福祉・保健・医療などの社会的支出は間違いなく削減されるが）。要するにその中身は、私的利潤を稼ぐ企業活動を妨げるような規制は撤廃してもらいたいが、そうした活動を援助するような公的資金の支出はどんどん遂行してもらいたいということに過ぎないのである。しかし、主流経済学者ははっきりそうとは言わず、あたかも、規制緩和や自由化をすれば、経済活動が「市場の自由」にまかされ、「小さな政府」がもたらされるかのごとく主張している。

具体的にラテン・アメリカの新自由主義改革はほぼ次の三形態を通じて進行した。

①インフレ収束のいわゆる「経済安定化」段階。ラテン・アメリカは、激しいインフレに悩まされてきた（インフレの根本的原因は、ラテン・アメリカ社会の極端な不平等構造にある）（序章）。そのインフレを抑えるために、従来から、オーソドックスな財政・金融の急激な引き締め政策や為替の切り下げ政策が採用されてきたが、ときに、ヘテロドックスと呼ばれる通貨改革＝通貨制度の変更や、デノミネーション（通貨単位の呼称変更）、所得政策などが併用されてきた。しかし、いずれもインフレ抑制に失敗し、結局資本の専制を認める新自由主義政策によってようやくインフレは沈静化した。

②国際通貨基金（ＩＭＦ）による「構造調整」政策段階。「小さな政府」と「規制撤廃・規制緩和（deregulation）」を掲げて、財市場と金融市場双方における「自由化」がなされ、価格の「適正化」がはかられる。それは多くの場合、物価や金利を上昇させ、バブルを発生しやすくする。特に、インフレ抑制で確立した先述の資本の専制を背景に、労働市場の「歪み」（「構造的硬直性」）を取り除くと称して（「労働の柔軟化」ともいわれる）、労働者の近代的諸権利の剝奪と保護の撤廃を進行させる（4章）。財政支出の削減のためには、公務員の人員整理や「合理化」、各種の社会的支出の削減がなされ、財政収入の増加のためには、各種の増税や公共料金の引き上げがなされる。グローバリゼーションを前提に、公共企業の民営化

（主に外資への売却）が推進され、また産業や金融への外資支配の制限や外資規制も撤廃・自由化される。

③「輸出主導型成長」の段階。貿易自由化、為替・資本移動の自由化、外資の積極的誘致がなされ、輸出の多様化、新市場の開拓、国内需要の抑制などが意図される。

これらの過程がラテン・アメリカでは、債務危機の中で、債務の返済を最優先すべく、一九八〇年代後半以後九〇年代にかけて、全面的に実践されていったのである。つまり、それまでの国家主導型の輸入代替工業化戦略の下で、国民経済発展のために取られてきた国内産業保護、国内市場優先、外資規制、外資支配への制限、労働者保護、社会福祉政策、貧困対策、国有企業経営などの政策方向（「ケインズ主義」）が根本的に覆され、経済自由化、企業の自由の優先、国際経済への国民経済の開放、外資支配の容認、国家の責任の放棄など（新自由主義）が全面化することとなったのである（吾郷［二〇〇三］）。

図５－１　新自由主義複合体

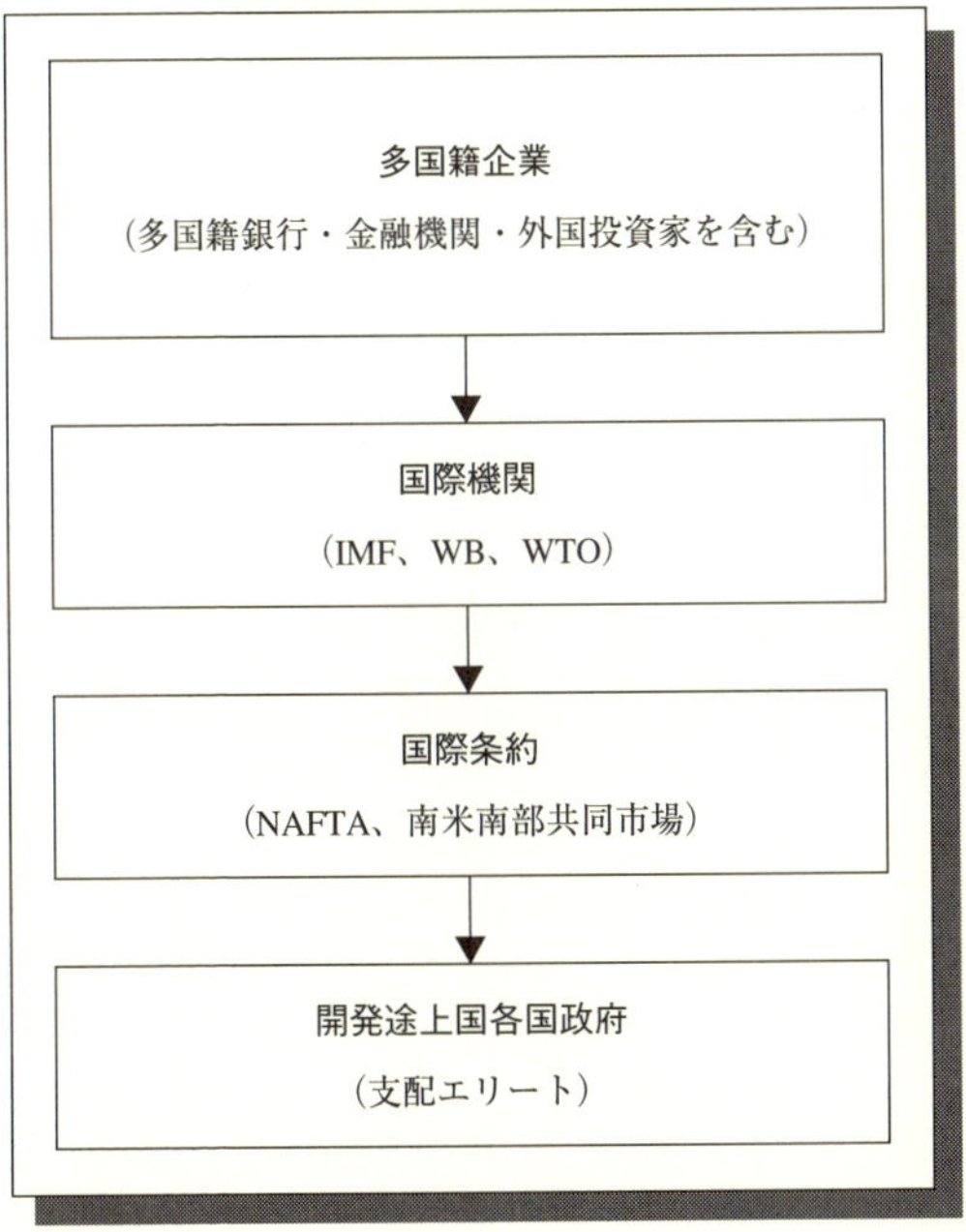

出所）筆者作成。

このような経済政策上の大転換をもたらしたものは、新時代におけるラテン・アメリカのグローバル・エリートの誕生であった。そしてこのグローバル・エリートを構成しているものこそ、多国籍企業（多国籍銀行・金融機関・外国投資家を含む）→国際機関（特にIMF、世界銀行〔WB〕、世界貿易機関〔WTO〕）→国際条約（特にラテン・アメリカの地域経済統合協定である北米自由貿易協定〔NAFTA〕、南米南部共同市場→開発途上国各国政府（支配エリート）を結ぶ「新自由主義複合体」である（図5―1）。バグワッティは、「IMF―財務省―ウォール街複合体」について語ったが（Bhagwati［1998］）、筆者は少し拡張して、「新自由主義複合体」と呼びたい。この複合体においては特に多国籍企業（多国籍銀行・金融機関・外国投資家を含む）がヘゲモニーを握っている。つまり、今日の世界は、多国籍企業支配の世界なのである。資本主義システムなのであるから、企業が経済を、したがって社会を支配するのに不思議なことは何もないが。

アジア通貨危機の先駆としてのメキシコ通貨危機

一九九〇年代に入って、世界経済に新しいタイプの通貨危機が頻発するようになったが、その最大の要因は、新自由主義政策の普遍化による金融自由化・資本移動自由化である。九七年のアジア通貨・経済危機は、歴史的意味合いを持った大きな出来事となったが、これに先立つ九四年のメキシコの通貨危機（通称テキーラ・ショック）は、その歴史的出来事の小さな予行演習であった。

テキーラ・ショックも、アジア通貨危機も、ともに、自由化と新自由主義改革を好感して大量流入した外国資本（特に短期資本）が、急速に大量流出することで生じたものである。急激な大量流出の理由は、それまでドルとリンクされていた各国通貨のレートがなんらかの契機によって維持できなくなったためである。つまり、為替の切り下げが不可避であると見て、為替差損を免れるべく、資本が逃げ出したものであった。金融自由化・資本移動自由化を推進する多国籍企業および金融資本（銀行・証券会社など各種金融機関、機関投資家、ヘッジファンド〔国際投機会社〕などを利用する外国投資家）のヘゲモニーの貫徹がその背後にある。

その後の危機克服策として、アジアにおいては、第3節で述べるように、新自由主義がいっそう徹底化されることとなった。IMF構造調整政策が貫徹され、アングロサクソン的システムによって「アジア的システム」の解体が進行したが、そのことは、本章の表題が示すように、今後のラテン・アメリカとアジアとの共通性（ラテン・アメリカの発展パターンとアジアの発展パターンの収斂）を示唆するものであると筆者は考えている。

危機以前のアジア各国政府の開発戦略は、基調として新自由主義政策の方向を示しつつも、なお、曲りなりにも、各国の歴史的社会的制度的遺産の上に則った、それぞれ固有のシステムに基づいた国家主導型開発戦略であり、赤裸々なアングロサクソン型を示すものではなかった。そのことを新古典派自身が理論的に部分的に承認したものが、一九九三年の世銀の「東アジアの奇跡」レポートである。しかしアジア危機以後、「アジア型システム」は大きな変質を余儀なくされ、よりいっそうアングロサクソン型へと近づいていくことになった。その際に決定的な役割を演じたのが、「新自由主義複合体」の中核としての外国資本、とりわけ多国籍企業の存在である。

2 ラテン・アメリカにおける外国資本の評価

外国資本（多国籍企業）が経済発展に果たす役割についてラテン・アメリカがどのように評価しているかを、大きく、新古典派と新構造主義、そして従属論の三つに大別して概観してみよう。

新古典派の「外資性善説」

新古典派は、多国籍企業を国際的な資源の効率的な配分者と位置づけて、受け入れ国・投資国双方に便益をもたらすものと見る。具体的には、主に三つの契機が指摘される。

（1）外国からの資本流入は資本ストックの増加となって、受け入れ国の所得や雇用を増加させる。外国資本は国内貯蓄を補完し、かつ外貨という形での追加的な資本を供給する、とする。これはいわば、資本フロー《流れ》論（「資本への貢献」論）とでもいうべき初期開発経済学の素朴な議論である。この議論は、系として、外国資本は追加的投資を刺激し、現地の追加的資源を創出するかまたは未利用資源を利用することも主張する。

（2）外国資本は生産技術や経営ノウハウ、労働者への熟練や訓練を提供する。これは、一九六〇年代以降に強調されはじめたもので、直接投資のパッケージ的性格（資本と一緒に技術や経営スキルがついてくる）や、直接投資と寡占的市場構造との強い相関関係（寡占企業は輸出市場での支配的地位を維持するために直接投資を行う）、また貿易論と海外投資論との統合の必要性（直接投資をしても必ずしも輸出は減らない）の認識から生まれたものである。より企業論的なアプローチとでもいうべきものであり、代表的なものとして、（産業の成熟度と直接投資を関連づける）プロダクト・ライフ・サイクル論がある。すなわち、成熟製品（標準化した技術をもつ製品）の場合、市場競争が維持されるので、多国籍企業の交渉力が弱くなり、途上国が有利な条件を獲得できるというもので、このような産業部門では途上国に比較優位が生まれる。また、多国籍企業が、第三世界製品に海外市場へのアクセスを与えることも強調される。つまり、外国企業が進出してくれれば、その途上国の輸出も増え、外貨が稼げるというわけである。

（3）より最近では、「市場が不完全だから、多国籍企業は存在する」という内部化理論（多国籍企業は国内企業より効率的である、あるいは効率性を増加させる）が主張されている。すなわち、多国籍企業は、市場の不完全性（市場の失敗）を克服する効率的な手段なのである、と。これは取引費用アプローチとでもいうるもので、たとえば、**水平統合**の場合（技術や経営スキルの公共財的性格や不完全な知識や不確実性など）や**垂直統合**の場合（寡占や長期大規模投資の必要性など）、あるいは政府規制（貿易障壁、資本規制、税率の違いなど）といった、各種の市場不完全性の存在によって、多国籍企業の存在と効率性が主張されるのである。技術や情報が主要な役割を演じる現代の世界経済にあっては、多国籍企業こそ効率性を増加させる存在となるというわけである。そしてこの観点からは次のように主張されている。受け入れ国にとっては、多国籍企業＝外国投資の便益は資本の流入＝資

●プロダクト・ライフ・サイクル論：製造業の技術にも，生物と同様に生成・成長・成熟・衰退というライフ・サイクルがあり，技術が成熟段階にいたる（＝標準化段階に達する）とその技術を途上国に移転させ，標準品についてはこれを輸入に依存するようになり，自らはより高度の技術の生成・成長を求める，という多国籍企業の行動様式をモデル化したもの。
●水平統合と垂直統合：同一の産業部門内で生産工程の同じ段階にある企業が統合することを水平統合，生産工程の前後にある分野の企業の統合のことを垂直統合という。

源移転に限られないことになり、それがなければ起こらなかったであろう技術移転が生じることによって、財市場と貨幣市場双方の効率性が増すのである、と。

新自由主義の外資政策が資本移動の自由化や外資への国内産業の開放、内外資本の無差別待遇、外資の積極的誘致を唱えるのは、このような考え方に由来する。それは全面的な外資性善説であり、しかも、それは先験的に（証明抜きに）、無限定に前提されている。その基本仮定は、不確実性や寡占といった不可避で自然的な原因によるにせよ、はたまた政府が人為的につくり出すにせよ、いずれにせよ、「市場不完全性は外生的なもの」であって、後述するハイマー理論で言われるように、「多国籍企業自身がつくり出すもの」ではない、というものである。

こうして、新古典派によれば、あらゆる問題はすべて、誤った政府規制（高関税や輸入制限や外資差別など）に帰せられる。外国投資を誘引するのに好都合な環境を創出することこそが、途上国政府の経済政策にとっては最重要であって、多国籍企業活動の政府規制は全く認められない、という論であり、この学派の代表的な論者の表現を借りれば、「政府規制は常に不効率で、多国籍企業は常に効率的である」（Rugman［1981］pp. 156-157）ということになる。

結論として、新古典派の理論的前提は、次の二つの信仰からなる。①多国籍企業の資源配分は必ず効率的であるという信仰、②多国籍企業による直接投資は国内資本による投資などの他のすべての選択肢に勝るという信仰。これらの信仰が、新自由主義政策を支え、外資の誘致＝外資によるラテン・アメリカ経済支配を引き寄せてきた。

グローバル・リーチ論と新構造主義

新古典派の「多国籍企業効率性論」は、ラテン・アメリカ起源ではないが、ハイマー理論を継承したグローバル・リーチ論（外国籍企業支配力論）(Jenkins［1987］）によって批判され、この批判は、ラテン・アメリカの新構造主義によって継承された。グローバル・リーチ論は産業組織論アプローチとも呼ばれうるもので、海外投資は、資本（資源）フローというよりも、寡占的企業の企業戦略の一部として把握されるべきであるというものであり、それを引き継ぐ新構造主義とともに多国籍企業の「市場支配力」に特に焦点を当てている。

では彼らのいう「多国籍企業の競争上の優位（寡占的優位）」の源泉とはなにか？

理論的にあげられているのは、資本へのアクセス、技術の支配、広告によるマーケティング、製品差別化、原料への特権的アクセスなどであるが、当然これに経営ノウハウや新たなビジネスモデルの創造、政府への影響力の行使なども付け加えることができよう。この見方では、多国籍企業自身が市場への支配力その他を通じて、市場の不完全性をつくり出す要因そのものとなる。多国籍企業は、新古典派のいうように、市場の不完全性を克服してグローバルな効率を増すどころか、逆に、その寡占的企業戦略の必然の結果として、市場をさらに不完全にし、効率性を減少させるのである。具体的には次の五点の契機が指摘されている。

●**ハイマー理論**：アメリカの経済学者 S. H. ハイマー（Stephen H. Hymer　1934–74）の唱えた理論で，多国籍企業の活動を企業内ヒエラルキーの国際的拡大と捉えた。
●**構造主義と新構造主義**：1940～50 年代に開発経済学を生み出したケインズ主義的な初期開発論（W. A. ルイスや R. ヌルクセを嚆矢とする）を一般に構造主義と呼ぶが，ここでは，特に早くも 1940 年代に先駆的な構造主義的開発論を唱えたラウル・プレビッシュ（アルゼンチンの経済学者）に率いられたラテン・アメリカ構造学派（国連ラテン・アメリカ経済委員会〔ECLA=CEPAL〕学派とも呼ばれる）のことを指している。構造学派に対する新古典派の批判に対して反批判と同時に構造学派の克服を試み，旧構造学派を発展的に継承したのが，80 年代後半以降の O. スンケルらの新構造学派（新構造主義）である。

（1）市場構造。多国籍企業は寡占的市場に投資して、資本の集積・集中を増す。すなわち、いっそう、寡占的、独占的市場構造をつくり出す。

（2）独占利潤。多国籍企業は市場支配によって独占利潤（独占的レント）を得る。その利潤（レント）は国際移転価格税制（1章八九頁参照）やさまざまな複雑な会計的操作などを利用することで、子会社の収益や各国政府、とりわけ途上国政府への税支払には現れない。

（3）市場支配力の乱用＝競争制限的商慣行。多国籍企業は個別的および集団的に、競争制限的に行動する。まず、個別企業としては、子会社やライセンス供与先に、技術契約を通じて、制限的条項を課したり、原料や機器などの投入財の購入をひも付き化したり、輸出市場を制限したりする。また集団的には、市場分割や勢力圏の割り当てなどにおいて、カルテルを形成したりインフォーマルな共謀を図る。

（4）需要創造。多国籍企業は消費者の好みに市場を通じて反応するのではなくて、広告・宣伝などを通じて現地の状況に不適切な製品市場を拡大するなど、能動的に自己の製品に対する需要を創出する。多国籍企業は、多くの場合（特に途上国において）、大衆向けの消費財ではなく（貧困層は購買力を持たない）、少数エリート向けの奢侈財の生産に集中する。

（5）生産要素の置換。多国籍企業による直接投資のパッケージ的性格と独占力は、少なくともパッケージの一部が現地の投入財に取って代わる状況をもたらす。現地に存在しない技術を多国籍企業子会社が輸入することは、現地の資本と企業家精神に取って代わる資本と経営を輸入することでもあろう。実際に、多国籍企業子会社は、その投入財の購入において、親会社やグループ内の他の子会社と連関を結び、現地サプライヤーとの産業連関を極めて限定的なものとしている。いわゆる産業的「非接合（disarticulation）」である。特に直接投資が新規投資ではなく、既存現地企業の買収によって行われる場合、多国籍企業子会社による現地産業の支配の拡張（denationalization）が生まれるが、それは現地企業にはない多国籍企業のより大きな「効率性」というよりも、むしろその「市場支配力」の反映なのである。構造主義・新構造主義のO・スンケルは、このような事態を「多国籍企業統合による国民経済の解体」と呼んでいる（次項の従属論の説明も含めて、カイ［二〇〇二］参照）。

以上のように、グローバル・リーチ論と新構造主義は、多国籍企業の競争優位の要因を探って、新古典派「効率性論」の理論的想定の非現実性を批判している。現実のラテン・アメリカの市場構造と企業行動からして、この独占的・寡占的競争論の優越性は明らかである。

従属論

他方で、ラテン・アメリカ独自の理論である従属論の多国籍企業批判はより急進的である。最も急進的なA・G・フランク（一九二九〜、アメリカの経済学者）の考え（「低開発の発展」）によれば、新古典派と正反対に、多国籍企業はラテン・アメリカの低開発のむしろ原因となるし、より穏健なF・H・カルドーゾ（7章）の考え（「従属的発展」）でも、多国籍企業はラテン・アメリカに発展をもたらすことはあっても、その発展はあくまで多国籍企業と連結してのみ可能な従属的なものである。従属論にあっては、三つの契機が主要なものとして指摘できよう。

（1）余剰の流出（フランクによれば多国籍企業による経済余剰の収奪・領有）。従属論は、新古典派と正反対に、多国籍企業の直接投資はラテン・アメリカから経済余剰を流出させ、追加的資本を供給するよりもむしろ資本を奪い取るものだと見る。そしてラテン・アメリカ

●独占的レント：レントとは，生産活動の対価のうち限界費用（marginal cost 生産量が1単位増えたとき増える費用）を超える部分。政府による許認可は一般に，許認可を受けた事業者に独占的レントを発生させる。

の慢性的な国際収支赤字問題も、交易条件の悪化や貿易収支の赤字よりもむしろ、対外債務の元利返済の負担（「金融的従属」）とともに、ここ（利潤やロイヤリティや技術指導料などの本国送還）に由来すると見る。しかし、だからといって、利潤再投資がよいというわけでもない。従属論の原典ともいうべきP・バラン（一九一〇～六四、アメリカのマルクス主義経済学者）も認めるように、「余剰の流出と利潤再投資とどっちがより大きな悪なのかをいうのは、難しい」のであって、ここにはジレンマがある。というか、多国籍企業支配そのものが問題なのである。

（2）独占的寡占的構造の途上国への拡張と技術的従属（T・ドスサントス〔一九三七～、ブラジルの経済学者〕）。アメリカでの戦後期の独占と経済停滞との因果連関を考えると、アメリカの多国籍企業子会社がラテン・アメリカでダイナミックな役割を演じるとはほとんど考えられない。実際に、輸入代替工業化期のラテン・アメリカの外資は、期待された効率性を発揮する代わりに、保護された国内市場で独占的レントを享受した。かくして寡占的市場構造の下で高利潤を得た独占企業は、一方で、利潤の本国送還を行って余剰の流出とラテン・アメリカでの国内資本の蓄積の制限をもたらし、他方で、利潤再投資をする時は、国内での競争企業を買収したり、国内生産者を排除して新分野へ進出したりして、成長した。結果は、ラテン・アメリカ経済における外資の支配の拡張（denationalization＝国民経済の剝奪）と国内資本の排除や縮小であった。つまり、国内資本は、最も収益率の低い分野や最も競争の激しい分野（したがって最も収益率の低い分野）に追いやられるか、または多国籍企業との下請け的関連においてのみ存在した。いわゆる「買弁（仲介人）」ブルジョアジーや「従属的」ブルジョアジーの誕生である。特に商人ブルジョアジーは、輸出部門の外国資本と結びついて、典型的な「買弁」ブルジョアジーとなる。より近年においては、この立場は、先のグローバル・リーチ論とスンケルらの新構造主義の考え方にきわめて近似する。

（3）従属的ブルジョアジーの出現（カルドーゾ）。ラテン・アメリカに出現したこの現地産業ブルジョアジーは、中心の多国籍企業と密接な関係を維持することによってのみ存在できるという意味で、自らの（自国の）資本主義的発展の国民的形態を推進することができない。したがってマルクスの言う意味でのその「歴史的役割」を演じることができない存在である。これは、アジアにおける状況と根本的に異なる。東アジア、ことに韓国と台湾では、アジア通貨危機の前までに、強力な国家指導の下に、産業政策と保護主義を通じて、国内で比較的競争的な現地産業ブルジョアジーを育成することができた。これはラテン・アメリカにおける輸入代替工業化といわゆる「アジア型システム」との最も大きな相違点といえる。総じて言えば、ラテン・アメリカでは、現地の経済発展の利害ではなく、多国籍企業親会社のグローバルな利害に基づいて、生産と蓄積の重要な意思決定がなされ、現地資本はそれを変えることを望まないか、または力が弱くてできない状況にある。特にカリブ海諸国のような小国の場合がその典型で、メキシコやブラジルのような大国の場合も、より少ない程度でそれが妥当する。

ラテン・アメリカにおける外国資本の評価をめぐる以上の検討から、ラテン・アメリカでは、すでに一九九〇年代までに、新自由主義政策と多国籍企業による支配の体制が確立していることを見た。表5―1に、世界の開発途上投資受け入れ国の「多国籍企業支配指数」を掲げたが、圧倒的にラテン・アメリカ諸国が多いことがわかる。そして新自由主義と多国籍企業による支配の結果は、成長率の低下、失業率の増大、独自の産業的基盤の弱さ、所得と富の格差の拡大、インフォーマル・セクターの肥大化、移民流出の増大、貧困の増大、栄養水準の低下、さまざまな社会的弱者の生活困難、治安の悪化、犯罪の増大、環境破壊、通貨の暴落、インフレ、経済危機、社会の解体などであった。

表５－１　開発途上投資受け入れ国の多国籍企業支配指数（1999年）

香港	98.4
トリニダード・トバゴ	44.1
シンガポール	40.1
ナイジェリア	38.6
マレーシア	30.7
チリ	28.4
パナマ	28.2
ホンジュラス	27.5
エクアドル	17.5
インドネシア	17.3
ドミニカ共和国	17.2
ブラジル	17.2
コスタリカ	16.8
バハマ	16.6
アルゼンチン	16.6
ジャマイカ	15.8
コロンビア	15.3
ベネズエラ	14.6
中国	14.4
タイ	13.2
エジプト	11.6
メキシコ	11.6
グアテマラ	11.0
ペルー	10.6
フィリピン	9.5
サウジアラビア	8.7
台湾	7.4
バルバドス	7.2
韓国	4.6
トルコ	4.1
インド	2.9
アラブ首長国連邦	1.9

注）多国籍企業支配指数とは，次の４つの比率の平均である。
①1997–99 年の直接投資流入額の，総国内資本形成額に対する比率（年平均）
②直接投資残高の対 GDP 比
③外資の付加価値の対 GDP 比
④外資の雇用の対 GDP 比
（ちなみに日本の指数は 0.6）

出所）UNCTAD［2002］, Annex Table.

3　アジア危機後のアジアのラテン・アメリカ化
――アジアへの外国資本の影響をどう見るか

外国資本の存在感の高まり

ラテン・アメリカとアジアにおける直接投資流入の動向を見てみよう（表5―2）。一九八〇年代前半までは、多国籍企業による対外直接投資は、東アジア向けよりもラテン・アメリカ向けの方が大きかったが、八〇年代後半以降、東アジア向けの方がラテン・アメリカ向けを上回るようになった。しかし九〇年代、とりわけその後半に入るとラテン・アメリカ向けも急増することになる。先に述べたラテン・アメリカの性格づけ、すなわち八〇年代の累積債務危機と九〇年代の新自由主義政策という特徴がはっきりとデータで裏づけられているといえよう。アジアの直接投資受け入れの増加は、「八〇年代後半以降の成長のアジア」と「九七年危機以後のアジア」の双方の特徴をよく示している。日本と韓国については、九〇年代、特に後半以降（日本については九九年以降、韓国については九八年以降）の急増が目立つ。両国共に、アジア危機以後の出来事である。

主要な受け入れ国・地域は、ラテン・アメリカではブラジル、メキシコ、アルゼンチン、チリ、バーミューダ、コロンビア、ベネズエラ等であり、東アジアでは中国、シンガポール、香港、マレーシア、インドネシア、タイ、台湾、インド、韓国、ベトナム等である。

表5－2　直接投資流入額の比較（年平均）

（単位：10億ドル）

	1980–84	1985–90	1990–95	1996–01
世界	49.7	141.9	225.3	812.3
開発途上国	12.5	24.7	74.3	199.9
ラテン・アメリカ	6.1	8.1	22.3	83.2
東アジア	4.7	12.4	44.6	99.3
韓国	–	0.7	1.0	5.4
中国	–	2.7	19.4	42.7
日本	–	0.4	1.1	5.7

注）「開発途上国」は他にアフリカ等も含む。「東アジア」は南アジア，東南アジアを含む。
出所）UNCTAD［1991，1997，2002］から筆者計算。

新自由主義とグローバリゼーションの推進に及ぼす多国籍企業の影響力

アジア危機は、先に述べたように、本質的には二一世紀型の資本収支危機であったにもかかわらず、ＩＭＦや先進国政府からは、危機の原因がアジア型システムにあるとして、アジアのクローニー（縁故）資本主義への非難が繰り返された。そして、危機に陥った国々への救済融資としてＩＭＦが押しつけた構造調整政策には、一九八〇年代のラテン・アメリカに対する以上の市場原理主義的な「構造改革」の要求が含まれていた。

すなわち、①金融部門改革（具体的には、債務超過に陥った金融機関の閉鎖、合併、公的資金の投入、再建機構への資産の移転、国内銀行の外国銀行への開放・売却、残存する政府規制の撤廃など）、②企業改革（企業の再編＝閉鎖・吸収・合併・売却・外資への開放、企業債務の再編成、国営企業の閉鎖・民営化・外資への売却、企業投資への残存規制の撤廃など）、③貿易・資本自由化のいっそうの推進・徹底化、④労働市場の柔軟化・労働法改革（労働者保護の撤廃、自由解雇制の導入など）、⑤外国投資家への債務返済を最優先するための、国内経済を犠牲にした超緊縮的金融政策（高金利）の要求、などである。そして、これらのＩＭＦの要求の背後にあるのは、何度も述べるように、「新自由主義複合体」の利害、とりわけ、その中心としての多国籍企業と金融資本の利害である。

以下では、ここまで述べてきた本章の理論的主張に若干の根拠と具体的イメージを与えることを目的として、アジア危機以後の多国籍企業のアジアへの進出の加速と、アジア型システムのアングロサクソン型システムへの「転換」の動きの実情を垣間見るべく、中国、韓国、日本の事例に簡単に触れたい。

中国における多国籍企業のウエイト

中国における企業形態の現状は、国有（公営）企業、民間現地資本、多国籍企業の三者からなっており、カルドーゾがかつてブラジルについて指摘した三者同盟と酷似しているが、表5―2が示すように、主役は明らかに多国籍企業が演じている。特に、一九九〇年代の直接投資流入の伸びは驚異的である。そして製造業の生産額の半分、輸出額の八割近くを占めるＩＴ産業をはじめとして、表5―1の多国籍企業支配指数が示すように、中国経済は八〇年代のブラジルよりはるかに強く多国籍企業に支配されている。かつてのプロダクト・ライフ・サイクル論の「標準化された成熟技術」の現代版であるモジュラー型生産方式の開発によって、多国籍企業にとって中国（沿海部）は、特に賃金コストの相対的安さの故に、グローバル・ネットワークにおけるモジュラー・ユニットの最適生産地となったのである（安室［二〇〇三］）。

しかし、多国籍企業支配の進展は中国においてもまた、分配格差の拡大をもたらし、社会の分解の脅威を増している。そして、中国における労働者の現状は悲惨である。一部を除いて、低賃金、長時間労働、労働強化は甚だしく、労働環境は全般にきわめて劣悪であり、かつてのラテン・アメリカや韓国における軍部独裁下の官僚的権威主義体制の下での労働者階級の状況より、もっとひどい状況である。かつて先進国で産業プロレタリアートが享受してきた近代的な労働者の諸権利は、今日の中国にはほとんど存在していないといってよい（Chan［2001］）。

言ってみれば、中国は、ルイス・モデル型の膨大な低賃金労働力を背景に、多国籍企業が支配する「世界の工場」となってはいるものの、労働者階級の置かれた状況に関する限り、西欧近代初期における原始的蓄積期の資本主義の状況に近いものがある。もちろん、他方ではかなり先進的な企業や技術も生まれており、その意味では二極分解も進行している。

要約すれば、社会主義国有経済からハイブリッド型資本主義（近代先進的資本主義と原始的資本主義との、多国籍企業と中国資本との、民間資本と国有資本とのハイブリッド型資本主義）への移行が進行中であり、政府規制がなお大きな力を持っている点ではブラジルと異なるものの、多くの点で、いわば「中国のブラジル化」（序章五二頁「日本

●モジュラー型生産方式：機能ごとのモジュール（複合）部品をあらかじめ組み上げておき，需要に応じて最終製品に組み立てる生産方式。
●ルイス・モデル：英領西インド諸島出身の経済学者 W. A. ルイス（Sir W. Arthur Lewis 1915–91）が開発途上国の典型として描いた，無制限労働供給下の資本蓄積モデル。

の『アルゼンチン化』再論」参照）的な未来が展望できる。

韓国における多国籍企業の役割

アジア危機以後の韓国経済システムの変化は劇的である。かつては強い国家統制の下、民族主義的政策で高度成長に邁進してきた韓国は、アジア危機の後、ＩＭＦから「構造改革」という名のシステム転換を迫られ、しかもそれを大胆にやってのけた。

たとえば、金融部門改革については、三三行あった銀行が、破綻、買収、合併などを繰り返した結果、五年間で一八行に減少し、主要九行のうち六行が外資系銀行となった。財閥企業については、上位三〇財閥のうち半数以上が解体、整理、ワークアウト（経営危機に陥っている企業を官民の企業構造調整委員会で審査して、再生可能な企業と売却・清算・法定管理が適当な企業とに選別する）などに追い込まれ、一〇大財閥だけでも大宇《デウ》、双龍《サンヨン》、起亜《キア》の三大財閥が消滅した。財閥自体も、かつてトップだった現代《ヒュンダイ》の解体が典型的に示しているように、内部の結束が保てず、各々の企業が独立性を強めて、しかも、それら企業の相当数への外資支配が進んでいる。多国籍企業の直接投資は、先に見たように、一九九〇年代の年平均一〇億ドル台が、九八～二〇〇〇年の三年間合計で二四〇億ドルにも達した。ポートフォリオ投資（証券投資）もほぼ同額に達している。通貨危機によるウォンの暴落は、まさに、火事場セールス的に韓国人の財産の外資への大安売りとなったのである（本山［二〇〇〇］）。二〇〇〇年時点で、韓国における全上場企業の株価総額の三〇％は外資系が占めている（Crotty & Lee［2001］）。代表的な自動車産業においても、トップの現代はダイムラー・クライスラー・グループ（本社アメリカ・ドイツ）であり、起亜は現代に、大宇はＧＭ（ゼネラルモータース、本社アメリカ）に、双龍はダイムラー・クライスラー・グループに、三星《サムスン》はルノー（本社フランス）に属している。半導体や長距離通信などＩＴ産業でも、サムスン電子のような民族資本がある一方で、外資のウエイトが高い。しかも、サムスン電子の経営方式もまた、きわめてアングロサクソン的なのである。

銀行の労働者数は、危機前の一一・三万人から六・八万人（二〇〇一年末）になった。九八年二月に自由解雇制が導入され、実に四割が解雇されたのである。金融改革が進行するその裏側で、外資は、民族系中小企業に融資を行わず、中小企業への貸し渋りが生じ、大問題になっている。一時国有化された銀行でも、取引先企業にリストラ（労働者の解雇や賃金カット）をさせるための圧力として、融資を行わず、倒産させ、誘致した外資に激安の価格でその会社を取得させるケースが続出している。財閥企業でも、三割の人員削減が実施され、労働のカジュアル化（臨時雇用化＝非正規化）が進行した。ストライキは頻発し（九八／九九年のスト日数は九七年の三倍にも達する）、成果主義賃金・報酬制の下、分配の不平等は急激に増加した。終身雇用、年功序列、学閥・地縁・権力者とのコネなどから成り立ち、それなりの社会的安定化機能を持っていた韓国システムは崩壊し、アングロサクソン型の不安定な強度競争社

アングロサクソン的経営で日本にも進出するサムスン電子。IT 関連企業が集まる東京・渋谷に出している同社のネオン広告塔

会になり、事実上「定年は三八歳！」（玉置［二〇〇三］）といわれるほどの超ストレス社会に変貌した（本家アメリカの労働事情については、フレイザー［二〇〇三］参照）。人々は三〇代半ば以降になると、賃金抑制、所得の低下、雇用不安（退職勧奨、配置転換、賃金カットなどの雇用危機）に悩まされ、生活苦に悩む一般民衆の間では、クレジット破産者が激増している。

韓国におけるアングロサクソン型システムへの急激な移行は、大いなる社会的不安定化傾向を促進していると言える。

日本のラテン・アメリカ化

日本は、自由化を漸進的に慎重に進めて、伝統的に民族企業と国内市場を保護し、官民協調の日本的システムを維持してきた。一九八〇年代の中曽根改革（民営化）、八〇年代半ばの前川レポート（自由化）、九〇年代初頭の平岩報告（「構造障壁」撤廃）と、一貫して新自由主義的政策導入への地ならしを行ってきたにもかかわらず、前掲の表5―2が示すように、日本の直接投資受け入れと多国籍企業支配はこれまで相対的に非常に少なく、低かった。しかし、その日本においても、九〇年代以降、とりわけ九七年アジア危機に端を発する金融危機以後、外資支配の強化と、日本的システムの解体からアングロサクソン的システムへの移行が始まっている。とりわけ目立つのが、労働慣行（終身雇用と年功序列と正社員）の解体、労働権の剝奪（解雇の自由、団結権やスト権の否認、賃金切り下げ、サービス残業、賃金不払い）（4章）、企業統治の変貌（長期的観点の放棄、短期株価重視の経営、地域社会・従業員・取引先との関係の軽視）、金融システムのビッグ・バン構想（金融自由化と直接金融化、その他無制限の金儲けの追求の是認）などである。

このシステム転換は、いずれも、旧来の日本社会の安定を支えていた要因を掘り崩し、人々の将来への不安をかき立てることで、長期不況を長引かせている（松原［二〇〇三］）。新自由主義政策を採用し、旧来のシステムからグローバル化的なアングロサクソン・システムへの転換を図ることによって、経済困難化と社会的不安定化が進むという意味では、疑いもなく、日本も「ラテン・アメリカ化」しつつあるのである。

具体例でイメージを喚起しておこう。日本の自動車産業は、トヨタとホンダを除いて、完全に外資の傘下に入った。一九九九年六月のルノーの日産支配とカルロス・ゴーンのCOO（最高執行責任者）就任は、「企業のリストラクチャリング」（事業再編成）が「労働者のリストラ」＝切り捨て（解雇と賃下げと労働強化と人権侵害＝パワーハラスメント）に変貌したきっかけとなった出来事である。以後、労働権の剝奪と労働慣行の解体の大波が日本を覆い、企業は「労働者の首を切れば、株価が上がる」という異常な「倒錯」（短期株価重視経営の当然の帰結）がまかり通ることとなった。

金融分野での外資支配も大幅に強化された。一九九七年の北海道拓殖銀行と山一證券の破産は、明らかに当局の根本的な政策ミスであるが、ミスをもたらしたものは、それまでの新自由主義政策の流れであった。両者の倒産は、アメリカ系証券会社（背後にヘッジファンドがいる）が行った空売り投機によるものであったが、外国投機筋は、この倒産劇で、拓銀の場合少なくとも三六〇〇億円以上、山一で一八〇〇億円以上の利益を手にした（伊東［一九九九］）。株の空売りは当時、規制がなく全く野放しにされていたのであるが、新古典派新自由主義者は、アメリカにおいてすら規制されていた空売りを「市場の声」と称して是認し、倒産を当然視した。

●空売り投機：実際には株式を保有していない投資家が，別の投資家や証券金融会社などから株式を借りてきて市場で売却すること。

九七年の金融危機は、バブルの後遺症からようやく立ち直りかけていた日本の景気回復を失速させることによって、「失われた一〇年」を決定づけ、その後の日本経済の混迷と悲観主義と自信喪失に決定的に貢献したものであった。それは、国家の責任の放棄（政策当局者の失政）が外資の貪欲さに大きな報酬を与えたばかりか、主流経済学者によるアングロサクソン型システム（広範な勤労国民を犠牲にした一握りの富裕層の金儲けの追求）への無原則の賞賛に決定的なモメンタム（勢い）を与えるものであった。

翌年に同じく破産した日本長期信用銀行と日本債券信用銀行には、公的資金七・五兆円が投入された挙げ句に、長銀は、わずか一〇億円で、投資ファンドのリップルウッド（アメリカ）に売却されてしまった（二〇〇〇年三月）。しかも瑕疵《かし》担保特約がついてである。新生銀行（旧長銀の後身）の瑕疵担保特約は、旧長銀から引き継いだ貸出債権のうち、二〇〇三年二月までに劣化した債権を、国に元の価値で買い取らせる契約で、差額は当然税金で穴埋めされる。〇三年一月末時点で、新生銀行が預金保険機構（3章一三九頁参照）に買い取らせた債権額（簿価）は、九二八二億円にのぼった。さらに、この特約は債務者や他の取引行を脅して要求をのませる武器にもなり、新生銀行は七・七兆円の貸出を三年で半減させる猛烈な「貸し剝がし」（貸出後の無理な回収）を行って、債務超過から一転して利益を計上した。外資系銀行に始まったこの貸し剝がしの動きは大手都市銀行にも伝染し、中小企業や多くの優良企業までが資金を回収されて、倒産を余儀なくされた。外資系投資ファンドの自己利益一点張りの禿鷹的振る舞いが、巨額の税金投入にもかかわらず、金融機能の不全とモラル・ハザード（倫理の欠如）を招く典型的なケースとなっている。

銀行だけでなく、損害保険、生命保険、証券などその他金融機関にも、外資支配と禿鷹的振る舞いは目立っている。東邦生命とGEキャピタル（ゼネラル・エレクトリック設立の金融機関、本社アメリカ）の提携（二〇〇〇年三月）でも、新会社を設立し、過去の契約は旧会社にそのまま残す方式をとるという、外資にとっての「いいとこ取り」の仕組みがとられたが、それでも儲けが出ないと見たGEは、その後買収したセゾン生命をも加えた新会社GEエジソン生命を同じ外資のAIG（アメリカン・インターナショナル・グループ）に売却して、生命保険事業からの撤退を決めた（〇三年）。生保の破綻がもはやなくなり、既存生保の企業価値が低金利で低くなり、魅力のある買収案件がなくなったからである。

外食産業におけるマクドナルド商法については多くを言う必要はないであろう。開発途上国生産者からの搾取、原材料調達先への過酷な価格要求、従業員の低賃金労働、食品の安全性への疑問、栄養レベルの低さ（ジャンクフード）、価格破壊、デフレの先導者、その他さまざまな点で、その商法は問題を引き起こし、いくつかの国では消費者からの絶えざる訴訟に直面している。

要するに、外資支配（とそれが推進する新自由主義グローバリゼーション）は、これまでの日本的システムとは明らかに異質な論理に立った「倫理なき資本主義」（本山［一九九六］）＝「儲け一点張り」の非人間的で非持続的な（非民主的で不平等で持続可能でない）経済社会をもたらす恐れが強い。筆者は、それによって旧来の日本的システムにもたらされた新たな変化のポジティヴな側面を積極的に評価することにやぶさかではないけれども（旧来の日本的システムにも大きな欠陥があったことはあまりにも明白である）、しかし、この地球上の人間の社会には、風土、環境、地理、歴史、文化、宗教、風俗、民族などを異にした多様な社会システムが存在しており、近代資本主義経済といえども、単一のシステムに収斂させることなど、全く不可能であると考えている。

われわれは、借り物ではない、自分自身の固有のシステムを、絶えず進化的に創造し、構築しなければならない。自由化（規制撤廃）や市場における競争効率向上（「構造改革」）の名の下で推進されている、多国籍企業であれ日本企業であれ大企業の利潤（や富裕層のいっそうの富裕化）を中心に据えたアングロサクソン・システムではなく、働く人々を基盤としたシステム、すなわち地域の人々の暮らしと自然を守り、発展させる新しい自らのシステムを創り出さなければならないのである。

おわりに

経済小説家の高杉良（高杉［二〇〇二］）は、今日の日本の不況は「アングロサクソン・リセッション（不況）」だと言う。その意味は、文字通り不況が「アメリカによってもたらされた」ということと「歴代為政者のアメリカ一辺倒」を皮肉っているものであるが、筆者の観点から見ても、それはきわめて本質をついている。また経済アナリストの森永卓郎（森永［二〇〇三］）は、「外資を従犯に、日本の勝ち組企業を主犯に」、日本に「一％の金持ちが牛耳る」新たな階級社会が生まれつつある

コラム

マージナル化

ラテン・アメリカでは一九六〇年代初頭、戦後の急速な人口爆発と猛烈なスピードの都市化（農村から都市への人口移動）によって、多くの都市郊外ではスプロール化（ドーナツ化）した貧困地区やスラムや不法占拠地といった劣悪な質の住宅が群生する地域が増え、上下水道・電気・学校・交通・住宅・医療などの社会的サービスの欠如が問題化した。これを指して、ラテン・アメリカの社会科学者たちは「周縁性」（マージナル性、マルヒナリダー）と呼びはじめた。その後この用語は、マージナルと規定された貧困地区居住者が経験している社会的状況全般（高い失業率、劣悪な労働条件、悲惨な生活水準や環境など）を指したり、また、社会的経済的統合の欠如（生産・消費の支配的資本主義システムへの参加からの排除）や政治的参加からの排除として定義されるようになる。さらに、構造学派とネオ・マルクス主義者によっては、輸入代替工業化が労働力をますます吸収できなくなる状況の中で、労働者を駆逐する傾向を表すものとして「周縁化」（マージナル化またはマルヒナリサシオン）という用語が使われるようになった。この戦後の資本集約的工業化過程は、所得と富のいっそうの集中と、技術進歩の果実からの一部の（あるいは多くの）

という。

本章で筆者は、「新自由主義複合体」とその中核である多国籍企業（財と金融とサービスのすべてを含む）の支配と、その利害によって推進されてきた新自由主義グローバリゼーションが、ラテン・アメリカ経済を困難に陥れてきたとした。すなわち、それによって、例外なき自由化が強制され、国内産業が崩壊し、経済運営と国民生活に対する国家の責任が放棄され、外資の貪欲が支配し、国民経済の発展が挫折し、失業、マージナル化（コラム参照）、貧困、分配の不平等が激化し、環境は破壊され、社会は「解体」の危機に直面しているからである。アルゼンチンの危機はその典型的な一例であるが、しかし危機的状況はアルゼンチンだけに限られない。新古典派が単純な外資の礼讃に終始する中で、ラテン・アメリカの新構造主義者や従属論者は、このような多国籍企業の現代経済における役割と外資支配に特に強い関心を寄せて、国民経済の解体の危機を語り、余剰の流出（搾取）や寡占的支配や従属的発展といった概念を紡ぎ出してきた。彼らは、新古典派新自由主義グローバリゼーションモデルに取って代わる新たなモデルの創出へ向けて苦闘を続けている。

他方、アジアにおいても、一九九七年危機以後、経済運営における国家主権は失われ、外資支配は強

人々の排除とをもたらしたが、ラテン・アメリカの工業化が先進国の多国籍企業にますます支配されるようになってくると、この概念は従属理論と結びついて、いっそう注目されるようになる。最近では、都市の貧困者だけでなく、類似の問題を抱えた農村集団や、さらにもっと広げて、先住民族をはじめとして、社会的ヒエラルキーの最底辺部に位置し、貧困とその結果としてのさまざまな問題に苦しんでいるあらゆる社会集団をも含む、より広い概念として用いられるようになっている。

新自由主義とリストラの進行によって激増する日本でのいわゆるホームレス（野宿者、野宿労働者）問題や、中高年や若者の失業問題、外国人労働者やマイノリティの問題、ジェンダーや非正規労働者の問題などを考える上で、マージナル化に関するラテン・アメリカの豊富な理論的遺産は、大いに参考となるものであろう。さらには、若者のひきこもり現象などの問題を考察するのにも援用できるかもしれない（以上の点については、カイ［二〇〇二］の第4章を参照されたい）。

まっている。すなわち、それまでの相対的に自立的な固有のシステム（「アジア型システム」）が崩壊して、全般的な外資支配と経済システムのアングロサクソン化が進行しているのである。それは、おそらく、経済の停滞、外生的撹乱要因による経済の不安定化、分配格差の拡大、不平等化の進展、失業の増加と雇用問題の深刻化、福祉や社会的サービスの低下、国家の役割の低下（多国籍企業の僕《しもべ》になってしまった国家）、国民経済の解体などをアジアにもたらすであろう。ラテン・アメリカにおけると同様に、アジアにおいても、多国籍企業を先頭にした「新自由主義複合体」が経済覇権を確立しつつあるのである。このように、アジアはこれまでの比較的に自立的な発展と経済的平等化の傾向から、間違いなく従属と不平等に特徴づけられたラテン・アメリカ化の方向へ進みつつある、あるいは進むであろう。これが、本章で筆者が論じ、また示唆していることである。

もちろん、ラテン・アメリカにおけると同様に、アジアにおいても、この道がスムーズに、無抵抗に、困難なく進行するわけではないことはすでに多くの事実が示している。われわれは今、新自由主義に対抗し、下からのグローバリゼーションを推進し、オルタナティヴを模索する多くの人々とともに、人々に「暮らしの安定と生の意味」（カール・ポラニー〔一八八六～一九六四〕）をもたらしうる、他国からの借り物ではない、自分自身の（アイデンティティの明らかな）固有のシステムを、絶えず進化的に創造し、構築しなければならないという課題に直面しているのである。

第Ⅱ部　新自由主義を乗り越える——真の構造改革と共生経済へ

Más allá de la década perdida

Além da década perdida

第6章

チリ経済の「奇跡」を再検証する

新自由主義改革の虚像と実像

岡本哲史

はじめに

公的部門にせよ、民間部門にせよ、民主体制のもとで何らかの制度を構築しようとする際には、同じような制度を導入して成功した他国の事例を引き合いに出し、追求される政策の正当性、合理性を根拠づけ、世論を納得させ誘導するのが常である。このようなことが行われるのは、一つには、世論の支持がなければ法改正という形での制度改革は議会での通過が難しいからであるし、一つには、法改正か否かを問わず、いかなる新制度の構築も、その制度に直面することになる個々の主体の抵抗が根強ければ、制度改革の実効性が担保されない可能性が高まってしまうからである。

しかし、制度や政策を立案する側ではなく、その受け入れを余儀なくされる国民の側からいえば、政府公報やマスコミなどを通じて喧伝される外国の成功例を、制度選択を考える際のレファレンスとして過度に信頼することには、慎重さが要求される。なぜなら、このような外国事情の紹介には、ただ単に「隣の芝が青くみえている」だけなのではないかと疑わせしめるような類の、不正確で皮相なものが存在するからである。

まず第一に、当該制度改革が本当に成功したのかどうかという点に関しては、より長期的な観察が必要であるにもかかわらず、この種の外国紹介には、たかだか数年のタイムスパンでその成否を判断しがちな性急さがみられる点である。成功例として紹介されたモデルが、数年後に深刻な危機に直面するようでは、事例紹介そのものの意義が問い直されることになろう。また、第二に、どのような制度も、各国に存在する多様な社会経済システムの歴史的な深層構造から自由なわけではなく、残余のシステムとその国独自の形式で複雑に融合しているという点である（いわゆる「制度の補完性」）。喧伝されているその当の外国の成功が、喧伝される制度の「単体」としての効果というよりも、むしろ、残余のシステムとの相乗効果によるものであるならば、当該国に導入された制度「単体」に着目してそれを部分移植しようと思っても、他制度との整合性次第では、期待されるような効果が得られない可能性が大きくなる。しかし、往々にしてマスコミを通じて流布するのは、当該国の社会経済的な文脈を無視し、制度単体のみに注目した、はじめから「結論ありき」の偏った情報発信であることが多いように思われる。

以上の点を、日本で、現在、広範に観察される新自由主義《ネオリベラリズム》的経済社会改革に重ね合わせてみよう。

新自由主義（ネオ・リベラリスモ）という言葉は、ラテン・アメリカに特有の表現であるが、これが意味するものは、市場の効率的な資源配分機能を強く信頼し、介入主義的な保護主義ではなく、自由主義的な競争促進策

コラム

かつては「先進」地域だった
ラテン・アメリカ？

開発途上国の経済問題を考える際、アカデミズムもジャーナリズムも、そこにある切実な現代的諸問題に目を奪われるので、対象を短期の時論的な観点から論じることが多くなりがちである。それ自体は決して悪いことではないが、短期の分析を補うような長期の視点があれば、分析の幅と深みが増すことはいうまでもない。その意味で、ラテン・アメリカの経済発展を考える際に面白い事実の一つは、アルゼンチンやチリなどのような域内中進国が、かつては日本以上の「先進国」だったという歴史的な事実である。たとえばアルゼンチンの場合、第一次世界大戦が始まる一九一四年の一人当たりGDPは三三〇二ドル（一九九五年ドル表示）であり、当時の最富裕国であるイギリス（五〇三八ドル）やアメリカ（四八〇五ドル）の水準にかなり肉薄していた。チリの数字（二四四〇ドル）も、かつての宗主国であるスペイン（二一五五ドル）の水準を凌駕しており、同時代の日本（一二七六ドル）を二倍近く上回る富裕国だった。ということは、これ以後の二〇世紀に、ラテン・アメリカは成長スピードを落とし、日本のような後発資本主義国に追い抜かれてしまったことになるが、問題は、そのような逆転現象がなにゆえに生じたのかということである。

こそが一国の経済厚生を高める最善の方法であると極端な形で信じ込む一連の経済的信念の体系、ないしはそのようなイデオロギーに基づいて立案される政策群のことである。日本では、新自由主義という言葉はあまり使われずに、むしろ「市場原理主義」とか「新保守主義」といった雑多な言葉で表現されることが多い。

しかし、表現の方法は違っても、このような経済思想が、一九九〇年代以降の日本において大きな力を得ていること、特に、二〇〇一年四月の小泉政権の発足を契機として、「構造改革」の名の下に現実の政策として具体化しつつあることは、周知の通りである。いまでは、与野党問わず、改革の方向性を当然視するような議論が広まっているが、このような状況の定着に与って力があったのは、構造改革を実行して成功したといわれる外国事例の紹介であったように思われる。政府やマスメディアを通じてこれら事例が繰り返し喧伝されることで、平成不況脱出の切り札は新自由主義改革であるとするようなイメージが、知らず知らずのうちに、国民の思考回路のなかに焼き付けられたのである。最も多く引き合いに出されたのは、構造改革に成功し「ニューエコノミー」によって牽引されたとされるアメリカのサクセスストーリーであり、それに次ぐのが、サッチャリズム以後のイギリス経済の回復と、同様の改革を成功させたといわれるニュージーランドの事例であろう。また、本章でこれから取り上げるラテン・アメリカの「優等生」チリの事例も、新自由主義改革成功の事例として紹介されることが何度かあった。

もちろん、マスコミを通じて流布したのは、新自由主義改革を後押しするようなものばかりではない。

新古典派系の経済学者は、第二次世界大戦後の保護主義的な輸入代替工業化政策が元凶だったと断罪するが、問題はそれほど単純ではない。なぜなら、これらの国々の経済発展過程を詳細に分析してみると、一九世紀に実施された自由放任政策が、これら地域にさまざまな発展の歪みを刻印し、そのような歪みが二〇世紀の衰退化現象と密接な関係を有しているからである。興味のある読者は、岡本［二〇〇〇］や佐野［一九九八］を参照されたい。

たとえば、二〇〇二年五月に行われた小泉首相によるニュージーランド訪問のように、新自由主義改革に疑問を呈するようなエピソード紹介もあった。このエピソードというのは、実に笑い話のようなもので、郵政民営化の持論をニュージーランドに学ぼうと意気込んで外遊に臨んだ小泉首相が、ウェリントンの首相公邸前に設置されている官民双方の郵便ポストの前で「民営化論」の持論をマスコミ相手に披露していると、横にいた労働党のクラーク首相が、「国営の方がしっかりしたサービスをしている」と応じ、一同、不思議な笑いに包まれたという「事件」である（『日本経済新聞』二〇〇二年五月三日朝刊）。これからやろうとしている郵政事業の民営化について、お手本としていたはずの国から「やめた方がいい」とアドバイスされたのだから、考えてみれば、これは大きなニュースのはずである。しかし、残念ながらマスコミでの紹介は小さく、政府が改革の方向性を再検討し始めた節はない。

これから本章で述べるのは、チリの事例である。ニュージーランドでは、新自由主義改革の行き過ぎが反省されている。チリについてはどうであろうか。もしかしたら、チリについても、不正確な事例紹介が行われたために、新自由主義改革の効用が誤解されているのではないか。本章では、チリ経済の「奇跡」の実像を再検証する

●ニューエコノミー：アメリカで，景気循環が消滅し「インフレなき経済成長」が続くとする楽観論。1990年代以降の規制緩和，情報通信技術の進歩，資本装備率増加による在庫の減少や柔軟な労働市場がこれをもたらしているといわれる。マイクロソフト，インテル，IBMなどに代表されるハイテク産業が収益力を飛躍的に高め，かつての重工業にとって代わりアメリカの「ニューエコノミー」を支えている現状から，転じて現在では，株式市場などで従来型の企業＝オールド・エコノミーに対し，インターネット関連企業をニューエコノミーと呼ぶ。

●ニュージーランドの事例：ニュージーランドでは1960～80年代にかけて経済低迷が続いていたが，84年総選挙で誕生した労働党政権の蔵相ロジャー・ダグラスが自由主義的経済改革（ロジャーノミクス）に先鞭をつけ，規制緩和，税制改革，民営化などが行われるようになった。その後，90年に誕生した国民党政権が同様の自由化政策をさらに加速させ，労働市場の柔軟化が大きく進展していった。しかし，99年に，労働党が再び政権に返り咲くと，今度は，行き過ぎた新自由主義改革への反省が行われるようになり，自由化政策の各種見直しが実施されるようになった。

ことで、新自由主義の素朴な礼賛論は間違いであり、危険であることを明らかにしてみたい。

1　チリ経済の「奇跡」

南米経済の「優等生」チリ

チリが南米経済の「優等生」と呼ばれるようになったのは、一九八〇年代の後半からである。この頃から、欧米のメディア、産業界を中心に、チリの安定的高成長と順調な対外債務返済が注目され始め、チリを途上国投資のための有望な新興《エマージング》市場の一つだと推奨するような議論が目立つようになった。特に、チリの優等生ぶりは、九〇年代の長期安定成長によって不動のものとなり、日本市場にも出回り始めたチリワイン（9章二八一頁参照）やチリ産魚介類などの登場をきっかけに、日本のメディアでも少しずつ紹介されるようになった。

もちろん、日本からの距離的遠さに加え、ブラジルなどとは違い、日系移民という点でのつながりも希薄であったチリの場合、決して、マスコミへの露出度は高かったとはいえない。しかし、チリ経済の事例が日本に紹介されるとき、そこでは決まって、新自由主義的構造改革の成果が強調され、アメリカやイギリス、ニュージーランドの事例紹介と同様、われわれ日本人に、改革へのポジティヴなイメージを補強する材料の一つとして取り扱われることが多かったように思う。マスコミだけでなく、アカデミズムの場でもしばしば言及されるようになったチリ経済「優等生」論は、要するに次のような議論だといってよい。すなわち、チリ経済の長年の低開発を一九七三年までの保護主義的な輸入代替工業化政策の誤りに関係づ

表6－1　チリの実質経済成長率（1986〜2002年）

政権	年	成長率（%）
ピノチェ	1986	5.6
ピノチェ	1987	6.6
ピノチェ	1988	7.3
ピノチェ	1989	10.6
エイルウィン	1990	3.7
エイルウィン	1991	8.0
エイルウィン	1992	12.3
エイルウィン	1993	7.0
フレイ	1994	5.7
フレイ	1995	10.6
フレイ	1996	7.4
フレイ	1997	6.6
フレイ	1998	3.2
フレイ	1999	–0.8
ラゴス	2000	4.2
ラゴス	2001	3.1
ラゴス	2002	2.1

注）年の左は政権を表す。2000年以降の数字は未確定数値。
出所）チリ中央銀行のサイト（http : //www.bcantral.cl/esp/infoeconomica/seriesindicadores/series01.htm）より作成。

ける一方で、チリ経済の「奇跡」を、ピノチェ（A. Pinochet 日本では「ピノチェト」とか「ピノチェット」と表記されることが多いが、末尾のtは発音しないので、「ピノチェ」と表記するのが正しい）軍政期の国営企業の民営化や貿易・資本取引の自由化、財政赤字削減などの新自由主義改革の成果として捉え、日本もチリのような構造改革を推し進めることで、平成不況からの脱却を図るべきである、とするような議論である。このような議論は、本当に正しいのであろうか。まず、事実の確認から始めてみよう。

表6―1で一九八〇年代後半以降の実質経済成長率を確認すると、確かにチリ経済はかなり高い成長を遂げていることが分かる。特に、八九年、九二年、九五年には、二桁成長を達成していることが目に付く。八五〜九八年期一三年間の平均成長率を計算してみると、年平均で七%ほどの高成長を維持したことになるので、チリの長期的な成長トレンドが三%程度であったことを考慮すると（**表6―3**参照）、東アジア諸国の驚異的な高成長と比べるとやや見劣りがするとはいえ（たとえば同時期の中国の実質GDP成長率は、年平均で九・六%）、それに準ずるほどの例外的な高成長であったことは否定できない。「チリの奇跡」とか「ラテン・アメリカのジャガー」などとマスコミでもてはやされたことも、ゆえなしとはしないのである。

表6—2　チリ経済の長期パフォーマンス（その1）

経済政策の特徴	歴代政権［大統領名と期間］	実質GDP成長率（%）	輸出成長率（%）	インフレ率（%）	失業率（%）	実質賃金（1970＝100）	粗固定資本投資（対GDP比）		一般政府財政余剰（対GDP比）
							1986年ペソ表示	1977年ペソ表示	
輸入代替工業化期	アレサンドリ（1959–64）	3.7	6.2	26.6	5.2	62.2	—	20.7	–4.7
	フレイ・M（1965–70）	4.0	2.3	26.3	5.9	84.2	—	19.3	–2.5
国家介入のピーク期	アジェンデ（1971–73）	1.2	–4.2	293.8	4.7	89.7	—	15.9	–11.5
新自由主義改革期	ピノチェ（1974–89）	2.9	10.6	79.9	18.1	81.9	18.0	15.6	0.3
コンセルタシオン政権*	エイルウィン（1990–93）	7.7	9.6	17.7	7.3	99.8	24.6	19.9	1.7
	フレイ・R-T（1994–99）	5.6	9.4	6.1	7.4	123.4	30.0	24.1	1.2
	ラゴス（2000–）	5.4	7.5	4.5	10.0	134.4	26.6	22.3	0.1

注）ラゴス政権期は2000年のみの数字。2000年の数字以外は，いずれも年平均の数字。
＊本章第3節参照。
出所）Ffrench-Davis［1999］p.23より作成。

しかし、問題は、このような高成長が果たして新自由主義的な経済改革の成果なのかどうかという点である。

まず確認すべきは、新自由主義改革がもっとも典型的な形で実施されたのは、民主政権に移行してからの一九九〇年代ではなく、七三年から九〇年三月まで一六年続いたA・ピノチェ軍政の時代だったという点である。周知のように、ピノチェ軍政は、七三年のクーデターでアジェンデ政権（S. Allende 七〇～七三年）を倒して成立した政権であり、政権掌握後は、シカゴ学派の影響を受けた経済閣僚・テクノクラート（技術官僚）を重用して、一連の新自由主義改革（価格自由化、関税の引き下げ、財政支出の削減、公企業の民営化、外資規制の緩和、金融・資本取引の自由化、労働市場の柔軟化、等々）を、文字通り「教科書的な」形で実施した政権として知られている。したがって、チリの高成長を新自由主義改革と結びつけるためには、軍政期一六年の経済パフォーマンスを掘り下げて検証する作業が不可欠となろう。

そこで、表6―2、表6―3などを手がかりに、軍政期の経済パフォーマンスを確認してみる。まずは、成長率であるが、表6―2は、一九五〇年代末からの歴代政権の経済パフォーマンスを整理・比較したものである。これをみれば一目瞭然の通り、ピノチェ時代一六年間の実質GDP（国内総生産）の平均成長率は年率二・九％であり、意外なことに、歴代政権の数字よりも低いことが分かる。それだけではない。表6―3でチリ経済の長期の成長トレンドをみると、軍政期の実績（七三～九〇年期＝三・七〇％）は、これまで保護主義的な政策をとっていたがゆえに低成長の時代と考えられていた輸入代替工業化期の実績（四〇～七〇年期＝三・八七％）よりも劣っているのである。

表6―3　チリ経済の長期パフォーマンス（その2）

年	実質 GDP 成長率(%)	輸出成長率(%)	人口増加率(%)
1880–1930	2.29	2.65	1.4
1940–1970	3.87	2.59	2.1
1970–1990	3.24	8.20	1.6
1940–1973	3.86	1.87	2.0
1973–1990	3.70	6.49	1.6

注）いずれも年平均成長率。ただし成長率は，単純な幾何平均ではなく回帰計算で算出した年平均成長率。
出所）Meller［1996］p.296 より作成。

しかし、軍政期には、先ほどみた一九八〇年代後半の高成長だけでなく、七〇年代後半（七六～八一年）にも年率六％ほどの景気拡大を経験しており、結局、一六年に及ぶ軍政時代のうち、実に延べ一一年は景気拡大年であった。とすれば、この二つの一見相反する事実はどのように整合するのであろうか。答えは簡単である。ピノチェ時代には、実は成長率がマイナスだった年が三回あり（七五、八二、八三年）、このうち、七五年と八二年の落ち込みが半端なものではなかったのである。つまり、これらの年が、それぞれマイナスで一二・九％、一四・一％という極めて深刻な景気後退を記録したために、軍政期の平均的な成長パフォーマンスが大きく押し下げられる結果となったのである。

さらに、表6—2にあるその他の指標を確認してみよう。ここでも、インフレ率や失業率、実質賃金などの点で、他の歴代政権に比べその成果がかなり見劣りしていたことが確認できる。たとえば、アジェンデ期の高率インフレに比べればましだとはいえ、軍政期のインフレ率は、平均しておよそ八〇％という高い水準にあった。実際、一九七〇年代前半期のような三桁水準のインフレ抑制には成功するものの、軍政末期の八九年に至っても依然として二〇％近いインフレ率を記録しており、ときどきみかける「軍政期の新自由主義改革でインフレ問題が解決された」とするような議論は、七〇年代前半のハイパーインフレとの比較に根拠を置いたものに過ぎない。とりわけ驚くべきは、極端に高い失業率（一八・一％）の存在と、実質賃金水準の低さである。実質賃金の水準は、軍政期一六年の平均値でみても結局七〇年の水準を超えることはなかったし、高成長を維持していた軍政最末期の八九年の水準でも二〇年前の水準を超えていないのである。このことは、軍政期に勤労者層の生活水準が著しく低下し、後述するような貧困問題の悪化と、いびつな所得分配の定着を招いたことを示唆している。

軍政期後半の政策

しかし、新自由主義を信奉する人は、こういうかもしれない。一九八〇年代後半の成長が、八二年危機による落ち込みの分だけ見かけの成長率を高くしていたとしても、八〇年代末には二桁以上もの高成長を遂げているのは事実ではないか、と。また、こうも主張するかもしれない。改革の成果が現れるには時間が必要なのであって、新自由主義的構造改革は、八二年危機という一時的な試練を乗り越えた後、八〇年代後半から九〇年代にかけて花開いたのだ、と。しかし、九〇年代のことは後述するとして、八〇年代後半の高成長を新自由主義改革の成果と考えられるかどうかという点は、それほど簡単な問題ではない。

　というのは、まず第一に、一九八二年の経済危機を契機として、チリの経済政策に変調が現れた点を考慮しなければならないからである。実際、八二年の経済危機は、一九二九年世界恐慌以来の未曾有の規模だったので、それまで新自由主義的な自由放任主義を旨としてきた軍政も、手をこまねいて事態を放置するわけにはいかなかった。危機からの脱出のために保護関税を復活し、不良債権を抱え経営危機に陥った銀行の国有化や公的資金の投入、利子率規制の導入や銀行規制の強化、優先ドル制（ドル債務者のための有利なレート、つまり複数為替制度の復活）の導入など、新自由主義政策の一時棚上げが実施されたのである。

　もっとも、景気が回復する一九八五年頃からは、このような介入路線は再び自由化の方向へと舵が切り直されはした。しかし、八〇年代後半の新自由主義改革は、一般的には「現実主義的《プラグマティック》な新自由主義」と呼ばれるような特徴を有するようになり、八一年までのような、「原理主義的な新自由主義」政策とは一線を画すようになったといってよい。この点は特に貿易政策において顕著であり、輸入品の一般税率そのものは再度低下していきはしたものの、加工貿易を推進するための輸入税の払い戻し制度や、中小輸出業者への輸出補助金制度、砂糖、小麦、植物油価格を安定化させるた

●シカゴ学派：ここでは新自由主義の発信源となった，1960年代以降のシカゴ大学経済学部を母体とした経済学派を指す。経済分析において厳密に新古典派価格理論に従い，政策研究においては自由市場依存型のアプローチを採る。マネタリズムや，最近では新制度学派などの運動の中心となった。60年代以降の研究活動を主導したのは，第二世代のジョージ・J. スティグラー（George J. Stigler）やミルトン・フリードマン（Milton Friedman）などであり，この時期以降，新古典派経済学への熱心な帰依，「市場の失敗」という考え方の排除，不完全競争やケインズ経済学への敵対が強まった。

●**実質賃金と名目賃金**　実質賃金＝名目賃金÷物価水準。見かけ上の貨幣単位・額（名目値）で実際に購入できる数量（実質値）を表す指数。

首都サンチャゴにある大統領官邸（通称モネダ宮）を裏側から撮影したもの。1973年のクーデター時には，ピノチェによる空爆を受けて炎上，損壊した。（筆者撮影）

めの価格帯制度（輸入関税を賦課することで国際価格の変動を調整）の導入など、明らかに新自由主義が標榜する中立性原則から乖離するような介入主義的要素が顔を出し始めたのである。

また、このような軍政期新自由主義改革のなかの「ヘテロ（非正統派的）」な要素は、すでにこれ以前にも、いわゆる国営企業の民営化という新自由主義の「根幹」にかかわる部分においても観察できる。たとえば、アジェンデ期の末期に存在した四〇〇社を上回る国営企業の行方をみてみよう。一九八〇年までに、この数字は、わずか四五企業までに減少したので、この数字だけをみると、確かに軍政期の民営化スタンスは確固たるものだったかのように思われる。しかし、実はこの分野においても、銅山業という二〇世紀チリの最も基軸的な産業に関しては民営化の例外とされ続けたのであって（チリ銅公社CODELCO）、今日においても、鉄道などの重要な公営企業は、民営化されずに残存しているのである。

さらに、看過できない景気浮揚要因として重要なのは、一九八八～八九年にかけて実施された一連の政治的事件である。八八年はピノチェ体制の信認を問う国民投票が実施された年であり、八九年は、反軍政を唱える政治勢力と、ピノチェ体制の継承をうたう軍部・右派政党との間で激しい大統領選挙が戦われた年であった。そのため軍政は、景気刺激的な金融政策の発動、減税、為替の高め誘導による輸入品の価格低下、それを契機とした消費ブームの演出など、ポピュリスト（大衆迎合）的な経済政策を選挙対策として発動せざるを得なかった。八〇年代後半の驚異的な二桁成長の背後には、こうした介入政策によって総需要が押し上げられ、設備稼働率が上がり、GDPが伸びたという特殊な事情が存在するのである。しかも、幸運なことに、八七～八九年期にかけては、銅の世界市場価格が大きく上昇し、チリの交易条件が大幅な改善をみせた。これも、この時期の成長率を押し上げる特殊要因になったことは見逃せない。

つまり、以上の点を勘案すると、一九八〇年代後半の高成長を新自由主義改革の成果だと認識するのは、チリ経済の理解としてはややミスリーディングだといわざるをえないのである。

2　チリにおける新自由主義改革の功罪

新自由主義の功績

チリにおける新自由主義の実像を正しく評価するためには、軍政期の新自由主義改革が残したプラスの側面とマイナスの側面について今一度冷静な観点から整理しておく必要があろう。

新自由主義改革が、経済発展にプラスの作用を及ぼす側面があったことは、確かに否定できない。たとえば、軍政が財政規律の優先度を高めたことは、一面で貧困問題の放置など問題を孕むものであったとはいえ、アジェンデ期のようなハイパーインフレの出現を過去のものとし、マクロ経済の安定には財政規律が不可欠であるとする「常識」を確立した点で功績があった。また、貿易の自由化は、アジェンデ期のようなモノ不足を過去のものとし、自動車や家電製品はもちろんのこと、ありとあらゆる先進国の魅力的な商品を店頭に並べ、大衆消費社会への移行を後押しした。そして何よりも、保護主義による国内工業の振興ではなく、自由化政策による輸出部門への刺激が新しい非伝統的な輸出企業の誕生を促進し、輸出の驚異的な伸びと輸出構造の多様化に結実した点も、軍政期新自由主義改革の業績と評価できる。大幅に自由化された外資規制が多国籍企業の直接投資を促進し（5章）、さまざまな分野（情報通信、金融、インフラ、各種サービス産業、等々）におけるチリ経済の近代化に一役買ったこと、軍政によって実施された社会保障改革（年金基金や医療保険の民営化）が医療の質を高め、貯蓄率の上昇による投資・貯蓄ギャップの改善に役立ったことなども、軍政期の業績としてよく指摘される事実である。

新自由主義の負の側面

しかし、軍政期の経済自由化政策には、マスメディアでは看過されがちな負の側面があるのも事実であって、その点を等しく認知しなければ、チリの事例をもって日本のお手本だとするような議論は、きわめて底の浅い俗論に堕してしまおう。

まず第一に、チリにおける新自由主義改革は、他国にはみられないような苛酷な人権抑圧状況のもとで実行されたということである。周知のように、一九七三年のクーデターは苛烈を極め、軍政期一六年を通じて、死者・行方不明者三一九六名（七三～九〇年までの被害者。九九年時点までの公的な調査結果による。実態はもっと多いと考えられる）という大惨事をもたらした。憲法は停止され、議会は解散、政党活動は禁止、むろん労働運動は厳しく弾圧され、国家情報局（ＤＩＮＡ）と呼ばれる秘密警察が反対勢力を厳しく取り締まる体制が誕生した。クーデターによる人命の損失やその後の人権抑圧を、新自由主義改革の社会的コストと考えるなら、経済自由化には途方もない無限大のコストが随伴していたことになるのである。

また第二に、軍政期の景気循環が極めて振幅の大きな不安定なものであったことが挙げられる。下方への振幅を大きくしたのは、先にみたように、直接的には一九七五年と八二年の二度にわたる深刻な経済危機が原因であった。なかでも八二年の景気後退は、二年続きのマイナス成長となり、一九二九年以来およそ半世紀ぶりの大危機として人々に意識された。

レトリカルな表現をすると、八二年の経済危機は、かつて輸入代替工業化期に一定程度封じ込めていた「外生的な変動に対する抵抗力」が新自由主義改革によって失われ、対外要因に対する景気の感応度が著しく強まったために生じた危機であったといえる。つまり、もともと、銅という基軸的な一次産品輸出に依存していたチリ経済の場合、銅の国際価格によって景気を左右される対外的脆弱性を有していたが、軍政期に進んだ金融・資本移動の自由化が大量の外資を流出入させるようになると、国内景気が実体経済以上に過熱したり、短期資本の流出によって瞬時に深刻な景気後退が現れるなど、外生的変動に過剰反応する新たな回路が形成されたのである。八二年危機は、短資の大量流出による固定相場制の崩壊を契機に出現したが（深刻な景気後退、累積債務・経常収支赤字の拡大、国内金融部門の不良債権問題の深刻化、等々）、危機後に出現した八七〜八九年の記録的な高成長の背後にも、同時期の世界市場における銅価格の高騰という外生的な要因があったことは、すでに上述したとおりである。新自由主義的な対外開放政策は、確かに輸出の拡大・多様化といったプラスの効果を随伴してはいたが、一九世紀以来の「対外変動への脆弱性」というチリ経済特有の問題を再び顕在化させたという側面においては、マイナスの効果も随伴していたのである。

また、第三に、軍政期の低い投資率も見逃せない。新自由主義改革が成長を刺激したとするような議論は、しばしばこの時期の低い投資率を見落としがちである。しかし、資本形成の長期動向をみてみると、軍政一六年間の対GDP粗固定資本投資比率は一五・六％にすぎず、一九六〇年代の平均値二〇・二％をも下回っていたことが確認できる（表6—2ほか）。低い投資率の原因に関しては種々の議論があるが、金利の自由化によって出現した異常な高金利が企業家の投資意欲を殺ぎ、生産的投資よりも金融市場や資産市場での財テクによって利益を得ようとする方向（いわゆる「手っ取り早く金儲けする hacer dinero fácil y rápido」こと）へと企業家の投資行動を歪めてしまったことが、その一つの原因として指摘されている。また、新自由主義改革によって出現した、高い生産性をもった新企業の出現にもかかわらず、貿易の自由化などで多くの企業が倒産し、生き残った企業も低い稼働率での生産を余儀なくされたために、資本の生産性（投資の平均収益率）自体が低下し、これが投資の抑制につながったのではないかという指摘もある。いずれにせよ、軍政期の成長パターンは、投資を成長の主因としていたとはいい難く、銅の生産・輸出によって稼ぎ出した国富を、高所得者を中心に輸入奢侈財やサービスなどへの支出で「蕩尽する」という、一九世紀以来の伝統的な成長パターンが強く現れていたのである。

また第四に、新自由主義改革がもたらした所得分配の不平等化と貧困問題が挙げられよう。先にみたように軍政期一六年のうち、延べ一一年はプラス成長の年であり、特に一九八〇年代後半は世界的にも注目された高成長の時代であった。表6—3で確認したように、軍政期の実質GDP成長率は他の時代に比べて格段に高かったとはいえないものの、七三～九〇年の平均成長率が三・七％、人口増加率が一・六％であったので、一人当たりGDPはこの時期に二・一％増加していたことになる。仮に、二・一％成長が一六年間続いたとするならば、初期値はこの間に約四割の増加をみせるはずであるから、一人当たりGDPを国民の所得の指標と考え、成長の成果が国民全体に平等に均霑《きんてん》していると仮定した場合、国民は軍政期に四割方豊かになったはずである。

しかし、驚くことに、軍政期の平均実質賃金は、一九七〇年から二〇年近くたった時点でも、おおむね一三%程度低かった（一九七〇年＝一〇〇→八五〜八九年＝八六・七）。豊かになるどころか、逆に人口に占める貧困層の比率は、繁栄期の八七年には四五%という極めて異常な数字を示したのである。これらの数字が示していることは明白であろう。軍政期には、成長の成果が一部の高所得層にだけ集中し、国民の多くが繁栄から取り残されたのである。実際、首都サンチャゴの家計調査から算出されたジニ係数（序章四八頁参照）の長期推移をみると、アジェンデ期の三年間（七〇〜七三年）には平均して〇・四六七であったが、軍政期には平均して〇・五五という非常に高い水準にまで跳ね上がったことが確認できる。また、最下層二〇%と最上層二〇%との所得格差も、アジェンデ期には一二倍であったのが軍政末期になると二〇倍近い格差へと広がっていた。

軍政期のこのような所得分配の不平等化を説明する因子としては、高い失業率や実質最低賃金の低下、拡大する賃金格差、民営化を契機とした少数の企業グループへの資産集中、女子労働力の労働参加率の上昇、逆進的な税制改革（付加価値税の導入と、財産税や資本課税などの引き下げ）など、いくつもの要素が複雑に作用した結果だと考えられている。しかし軍政期の新自由主義が、貧困者の扶助など所得再分配的な政策を嫌い、貧困は個人の自助努力で解決すべきであって、成長の果実は自動的に貧困層へと均霑していくという態度を崩さなかったことが、このような事態を惹起した主因であったことは、疑う余地がない。

また、失業率の高さや実質賃金の低下には、この時期の、新自由主義的な労働政策（4章）も重要な役割を演じている。クーデター直後から一九七九年頃までは、労使関係を律する法規が事実上存在せず、労働組合や労働運動の弾圧という状況下で、労働争議が発生する余地すらなかったが、七九年からはいわゆる「プラン・ラボラール（労働計画）」という名称の新自由主義的な労働法改革が行われ、雇用の柔軟化路線に沿ったさまざまな労働法規が制度化された。これにより、労働組合は一応合法化されたものの、クローズド・ショップ制（全従業員が単一組合へ加入する制度）の組合は禁止され、団体交渉は企業レベルにしか認められず、ストライキが六〇日以上続けば、スト参加者は自動的に解雇されるなど、その内容は経営側に著しく有利な内容であった。また、理由を明示しない一方的な解雇も可能とされ、解雇の際の退職手当も低額に設定されたため、労働市場の柔軟化が進み、有期雇用の増加、雇用サイクルの短縮という事態が一般的となった。先にみた実質賃金の低迷という事態は、一つには、このような労働市場の自由化に与るところが大きかったのである。

紙幅の都合上、断片的な形でしか述べられないが、以上のような点を総合的に判断するならば、軍政期新自由主義経済モデルの安易な礼賛論には注意が必要だということが理解できるのではないだろうか。

3　一九九〇年代の高成長とコンセルタシオン政権

コンセルタシオン政権期の成長

それでは、一九九〇年代の高成長はどう捉えればよいのであろうか。

この時代は、民主化を要求するさまざまな政党が大同団結して結成した政党連合、いわゆるコンセルタシオン（Concertación de Partidos por la Democracia「民主主義のための政党合意」）と呼ばれる中道・左派連合が、一九八九年の大統領選挙に勝利し、軍政を一六年ぶりに兵舎へと退け、政権を掌握した時代である。現在まで、エイルウィン（P. Aylwin 九〇～九三年）、フレイ（E. Frei 九四～九九年）、ラゴス（R. Lagos 二〇〇〇年～）の三政権が政権運営を続けているが、前掲表6―1、表6―2からみて取れるように、実質経済成長率（九〇～九八年＝年平均七・八％）、輸出成長率（同時期＝九・五％）、インフレ率、いずれの指標も良好なパフォーマンスを示していることが分かる。また、投資率（九八年＝二六％）の上昇と実質賃金の大幅な改善（七〇年＝一〇〇→二〇〇〇年＝一三四・四）も、これまでとは違う九〇年代の特徴として注目に値しよう。

表には掲げていないが、この時期には、所得分配や貧困面での改善もみられた。たとえば、最下層二〇％と最上層二〇％の所得格差は、一九八七年には二三倍もの開きがあったが、九〇～九五年期には平均して一五倍程度の水準にまで下がり、ジニ係数も同じような結果が観察された（九一～九八年＝〇・五二五）。貧困問題の解決も顕著であり、八七年には四五％を数えた貧困線以下の人口（必要最少限の栄養すら摂取できないほど貧しい人々）比率は、九八年になると二二％へと大幅な減少を記録した。軍政の終焉後も、輸出の増大や多様化は引き続き進行し、民営化された年金基金（ＡＦＰ）や競争力を獲得した民族系企業などによって、積極的に近隣地域への対外投資を行うまでに成長し、二〇〇〇年には四五億ドルの対外投資を記録している。

しかし、このようなさまざまな経済社会指標の改善は、しばしばマスコミを通じて流布されているように、本当に新自由主義改革の成果なのだろうか。

確かに、一九九〇年代以後の経済政策が、関税引き下げへの意欲（自由貿易協定への積極姿勢）や、民営化の促進、外資直接投資の歓迎、財政規律の重視など、いくつかの側面において軍政期の政策を継承しているのは事実である。マスコミで喧伝されるチリ紹介が着目するのはその点であり、ここから、チリの成功はあくまでもこのような新自由主義的構造改革によるものだとする見解が人口に膾炙することになったのである。

しかし、コンセルタシオン歴代三政権の経済政策を、軍政期新自由主義改革の単純な延長だと考えるのは早計に過ぎよう。むしろ一九九〇年代以降の政策の力点は、軍政期新自由主義の継承ではなく、その負の側面を修正すること、すなわち、市場による調整能力を万能視せず、適切な政策介入を復活させることで、成長をより安定的なものにし、その成果を広く国民の間に均霑させていく、いわゆる「公正を伴った成長戦略」などと呼称される、より平等主義的な観点に立った経済社会政策の拡充であった点を見落としてはならない。

コンセルタシオン政権の政策

ピノチェ軍政期の政策が、一九九〇年代以降どのように修正されていったのかを簡単に整理してみよう。まず第一に、軍政期に大幅な落ち込みをみせていた社会支出を大幅に増額し、貧困問題の解決に真剣に取り組み始めたことが挙げられる。コンセルタシオン政権の経済政策の一つの大きな特徴は、成長と公正さを二律背反的なものとするのではなく、両立可能なものとして追求する姿勢である。成長さえすれば自動的に貧困問題の解決を促す、といった類の新自由主義的な市場万能論に依拠するのではなく、国家が成長を担保しつつも、適切な介入主義的政策をとることで、所得分配の改善や貧困問題の解決を図り、そのことが逆に総需要そのものの底上げと生産設備稼働率の上昇、ひいては国内投資への刺激を生みだすというビジョンに立って、社会支出の増額へと舵を切り直した。この結果、一九九〇～九五年の間に、社会支出（教育、保健、住宅、社会保障、年金、等）は、実質タームで五〇％もの伸びをみせている。

コンセルタシオン政権が特に力を入れた教育分野においては、初等教育の質的向上を目指す重点プログラムや、学生一人当たりの教育助成金の引き上げ、貧困世帯児童への学校給食制度の充実、農村での劣悪な教育環境の改善などが実施され、軍政期の財政支出削減のあおりで疲弊していた公立の初等中等教育は、量的にも質的にも大きく改善傾向を示すようになった。また、これ以外の分野でも、低所得者向けの住宅建設支援・家族手当の増額、高齢者向けの福祉年金の充実、若年者向けの職業訓練プログラムなど、多くの再分配志向の政策が実施に移されている。

また第二に、軍政期になされた高所得者に有利な税制改革をあらため、直接税の引き上げによって税収の確保を図ったことが指摘できる。軍政期の一九七五年に行われた税制改革は、付加価値税（ＩＶＡ）を導入する一方で、財産税やキャピタル・ゲイン（1章八七頁参照）への課税を廃止し、所得税や法人税も大幅減税するなど、極端に企業・高所得者寄りの改革であった。しかし、コンセルタシオン期になると、所得税や法人税が引き上げられ、配当やキャピタル・ゲインなどへの累進税（包括補完税）が導入されるなど、課税構造の累進性（1章七七頁参照）を高める措置がとられ、脱税の徹底取り締まりと相まって、政府の税収が大幅に増加する結果がもたらされた。このような徴税機能の強化によって、チリは、社会支出の増加にもかかわらず、ほぼコンスタントにＧＤＰの一・八％程度の黒字（一九九〇～九五年の平均）を確保するような財政構造の構築に成功し、黒字の一部は、軍政期に激減した公共事業投資を再度増額する形で、道路、港湾、空港施設など、さまざまなインフラ整備に積極的に支出されるようになった。

第三に、労働法の見直しを行い、労働保護体制を強化したことである。コンセルタシオン政権は、成長と公正さと社会的統合を達成するためには、企業だけでなく、労働側の協力も不可欠だと考え、極端に経営寄りであった軍政期労働法の改正を行っている。労働法の改革は、ピノチェ期に任命された軍政派の終身議員や右派政党の抵抗にあって、思うようには進んでいないとはいえ、正当な事由のない解雇の無効化、解雇に伴う退職金支給額の引き上げ、労働組合の結成を妨げていた種々の条件の緩和、ストライキ期間の上限規定の廃止、労働紛争を処理するための迅速な調整制度の導入、週標準労働時間の短縮（四八時間から四五時間へ。二〇〇五年より実施）などの規定が法制化されることになった。また、貧困状態の克服には最低賃金の底上げが必要であるとされ、軍政期には無視され続けてきた実質最低賃金の引き上げと、将来的なインフレ予想に基づく名目賃金額の調整制度が、政労使の間で合意された。さらに直近の動向としては、失業保険制度がようやく実現の運びになったことも指摘しておく。

また第四に、軍政期における資本収支取引や金融市場に関する極端な自由放任政策をあらためたことである。コンセルタシオン政権は、八二年危機の主因が、自由化に起因する不安定な短資の流出入と、国内金融機関のモラル・ハザードであったことに鑑み、適切な政策的介入によってこのような問題の発生を回避しようと努めた。資本移動規制の手段として有名なのは、一九九一年六月に導入されたエンカーへ（encaje）と呼ばれる強制預託制度である。これにより、チリに資本移動を行う経済主体は、直接投資・間接投資を問わず、その一定割合を中央銀行に預託するよう義務づけられるようになった。投資期間が長くなればなるほど実質的な預託コストが低減するため、この制度は、短資の流入による為替の割高化を防ぎ、外資をより長期の直接投資へと誘導することに効果があり、世界的な注目を浴びる政策となった[1]。また、不胎化的な為替市場への介入によってペソの割高化を阻止する政策や、外貨貸付への課税制度の導入なども、エンカーへと並行して実施されるようになった。他方、八〇年代にみられたような金融機関による過剰融資や国内経済のバブル化、不良債権問題などが発生しないよう、銀行資産の継続的なモニタリング、系列融資に対する厳しい規制、業務差し止め命令権の設定、自己資本比率（3章一二九頁参照）に対する監督強化、資本不足の場合の対応策の策定なども実施された。一連の金融政策が、軍政期のような自由放任型行政から、より介入度の高いプルデンシャル（慎重な）規制へと移行した点は、コンセルタシオン期の大きな特徴の一つなのである。

以上の点を考慮するならば、チリの高成長を、新自由主義改革の成功例として捉えることの問題性は明らかであろう。一九九〇年代の高成長は、むしろ、平等主義的《イガリテリアン》な政策志向が、軍政期以来の自由主義的な経済改革と相乗効果を発揮してもたらされたものと考える方が、よりバランスのとれた見方であるといえる。つまり、所得分配の平準化、貧困層の減少、実質賃金の増加、といった指標の改善は、安定的な高成長によって自動的にもたらされたというよりも、コンセルタシオン政権による新自由主義改革の自覚的修正によるところが大きく、さらにこのような平等主義志向の政策自体が、市場原理を極端に歪めない改革志向の政策とマッチすることで、設備稼働率や投資率の上昇を促し成長率を高めたという因果関係にこそ注目する必要があるのである。

二つの構造改革

しかし、それでも、新自由主義の信奉者はいうかもしれない。軍政期以来の新自由主義的な

●不胎化的な為替市場への介入：中央銀行が公開市場操作を行って貨幣供給を一定に保つ為替介入政策。通常は為替介入の後，公開市場操作により貨幣供給に対する影響を中立化させることを指す。

構造改革路線、すなわち、非効率な国営企業を民営化し、自由主義的な社会保障改革や各種規制緩和といった構造改革があったからこそ、コンセルタシオン政権の下でも持続的な高成長が可能であったのではないか、と。

この問いへの答えは、半ばはイエスであり、半ばはノーである。というのは、一九八〇年代後半からの高成長を軍政期の新自由主義構造改革の成果と捉えるのならば、同様の視点で、七三年のクーデター以前の時期に実施された、いわゆる「左派的な構造改革」の存在を無視するわけにはいかないからである。

左派的な構造改革として見逃せないのは、農地改革と外資系産銅企業の国有化という二つの政策であろう。まず農地改革について述べると、一九六〇年代から七三年までに実施・加速していった農地改革は、何世紀にもわたってチリ社会の前近代性を刻印し続けてきたアシエンダ制（大地主による非近代的な大農場経営）を消滅させた。軍政期に入ってその成果の一部は白紙撤回されたとはいえ、農地改革をめぐる長年の軋轢は、大土地所有層に対し「粗放的な農地利用は社会的制裁を受けうる」という危険性を学習させたので、これ以後、極端に粗放的な巨大農場は姿を消し、農地規模のより小さな近代的な資本主義農業が勃興するに至った。つまり、自由化によってチリ農業部門が活性化し、農業輸出の顕著な伸びへとつながっていったという議論は、確かに誤りではないにしても、その背後にある歴史的な視点、つまり土地所有をめぐる長い「制度的な葛藤」についての視点を欠落させるならば、議論は一面的なものになってしまおう。

外資系産銅企業の国有化についても同様である。国営企業であるチリ銅公社（ＣＯＤＥＬＣＯ）が、新自由主義一色の軍政期においてすら民営化の対象にならなかったのはなぜであろうか。その理由は簡単である。ＣＯＤＥＬＣＯは現在でも銅輸出の大半を担う独占企業であり、その輸出額はチリの総輸出の四割を維持しているからである。つまり、CODELCOは、外貨獲得と巨額の税収源という点において、軍政にとっても、今日のコンセルタシオン政権にとっても、まさに打ち出の小槌のような存在なのである。この点に注目すれば、アジェンデ期（国家介入のピーク時）に、途方もないエネルギーと犠牲を払ってアメリカ系産銅企業の国有化を断行した点は、いくら評価してもしすぎることのない重要な施策であったといえる。もしアジェンデが、百年にわたって続いてきた基軸産業の外資支配に終止符を打っていなければ、今日のCODELCOは誕生していなかったであろうし、それによってもたらされているであろう財政の健全性やマクロ経済の安定も、とうてい実現できていたとは思えないからである。

おわりに――日本がチリから学ぶべきこと

チリの事例から日本が学ぶべきことは多い。軍政期の経験から引き出される教訓の一つは、軍政期のような教条的《ドグマティック》で原理主義的な自由化政策は民主体制の下では不可能であろうし、また真似すべきでもないという点である。急激で極端な自由化には途方もない社会的コストが随伴するので、そもそも民主体制には馴染まないし、仮に実施されたとしても景気の振幅自体を激しくしてしまい、一時的な高成長の後に続く景気後退の深刻さが成長の成果を台無しにしてしまう可能性が高い。景気循環の振幅の大きさは、ある程度までは、一次産品輸出に特化したチリ固有の問題のようにも思われるが、極端な自由放任政策によって経済社会システムの安定化装置が失われれば、いかなる国においても、一九世紀のイギリスにみられたような振幅の大きい周期的な景気循環（好況→恐慌→停滞→好況）が再来する可能性を否定できない。

また、コンセルタシオン期の経験も多くの教訓をわれわれに投げかけている。日本では、チリ経済の対外開放策や外資規制自由化などの側面しか注目されないので、あたかもチリの成功は新自由主義改革によるものだとする俗説が流布し、日本もチリ同様の構造改革を進めるべきだとする議論へとつながっていくことが多かった。しかし、これまで何度も述べたように、このような事例紹介は明らかに一面的なものであって、われわれ日本人がもっと注目してしかるべきなのは、コンセルタシオン政権が奮闘努力している中道左派的な政策志向であるように思われる。ここまでみてきたように、コンセルタシオン政権が一九九〇年代以降に成し遂げようと努力してきたことは、対外開放策のような自由化路線は継承しつつも、軍政期に生じた極端な所得分配構造は修正するというものであった。成長が自動的に貧困問題を解決するといったトリクル・ダウン（均霑）仮説ではなく、極端な不平等社会は社会としての活力と安定を損ない、成長の障害にもなりうるという中道左派的なビジョンに基づき、社会支出の増額や直接税の引き上げ、各種労働保護政策等が実施に移されていったのである。

これに対し、軍政寄りの野党やネオリベラル派の経済学者は、「労働需要は実質賃金の減少関数なので、労働者保護や名目賃金の上昇を容認するような政策は、企業の雇用意欲を減退させ、失業率を高める」という批判を繰り返し表明してきた。しかし、右派政党のこのような批判は杞憂に終わったといってよい。一九九〇年代には、実質賃金の上昇と同時に、著しい失業率の低下がもたらされたからである。[2] 日本でも、リストラや賃下げがあたかも景気回復の特効薬であるかのようなネオリベラル派の議論が横行しがちであるが、リストラや賃下げが雇用の増加につながるというような議論は、ミクロの供給サイドしか視野にない、ある意味「部分均衡的な」議論なのであって、マクロレベルでの需要不足を考慮する限り、チリのような再分配志向の労働保護的な政策の方が、設備稼働水準や投資率を引き上げ、成長率を高めうる可能性が高い点に注目すべきであろう。[3]

また、日本で少しずつ進められてきた、高所得層をターゲットとした所得税率や相続税率の引き下げは、税の累進性と徴税機能の強化を目指しているコンセルタシオン政権の方向性とは逆向きのものであり、むしろ、軍政期の政策に類似したものといえる。しかし、このような減税は、軍政期のチリですら財政黒字という状況下での選択であったのに、日本の場合、巨額の財政赤字を建て直すめども立たないまま、構造改革の御旗の下に、着々と、高所得者の税負担を中・低所得者層へと転嫁する政策が実施され続けている（1章）。われわれは、このような所得「逆」分配的な政策の行き着く先がどのようなものであるのか、あるいは、このような政策が本当に景気浮揚効果を持つものなのかどうか、今一度、チリの事例をもとに、冷静に考え直す必要があるだろう。繰り返し述べるが、チリの事例を観察する限り、不平等な社会が経済を活性化させ成長を高めるという主張は、有意な命題とはいえない。むしろ、経験的にはその逆なのである。

注

1 もっともこのエンカーへ制度は、一九九八年の景気後退以後、預託率を段階的に引き下げ、現在では制度そのものが廃止されている。しかし、今後ふたたび、急激な短資移動によってマクロ経済の安定が損なわれる局面が現れれば、再度復活する可能性もあろう。

2 チリの場合、一九七〇年から三〇年間にわたる失業率と実質賃金の長期動向をみても、むしろ、実質賃金の低下局面には失業の増大が随伴し、上昇局面には失業率の低下が対応していることに注目する必要がある。

3 もっとも、コンセルタシオン政権の経済運営がすべてうまくいっているというわけではない。前途洋々にみえたチリ経済も、一九九八年のアジア通貨危機以後減速傾向を見せ始め、九九年にはおよそ一六年ぶりにマイナス成長を記録している（表6―1参照）。チリ経済のパフォーマンスが、依然として他のラテン・アメリカ諸国に比べて良好であることは否定できないが、先進国に比較すれば、まだまだ多くの脆弱な体質を抱えていることも事実である。たとえば、輸出が多様化されたとはいっても、経済の根幹が銅輸出の動向によって左右される構造は変わっていないし、製造業部門の脆弱性も依然として克服されていない。また、電力事業の民営化にもかかわらず、九九年には日照りのために電力供給が長期にわたって制限される異常事態が続くなど、経済インフラにはまだまだ弱点が多く存在する。さらに、低い技術開発能力や、減少したとはいえいまだ完全には解決されていない貧困問題など、コンセルタシオン政権が直面している問題は多い。だが、一ついえるのは、こうした一連の問題群が、市場の調整能力だけで自動的に解決するとはとうてい思えないということである。ラゴス現政権の真価、またチリ経済の発展モデルの真価が問われるのは、まさにこれからであろう。

Más allá de la década perdida

Além da década perdida

第7章

「社会自由主義」の成果と限界

ブラジル・カルドーゾ政権の経験から検証する

子安昭子

はじめに

ブラジルでは一九九五年以降、カルドーゾ政権（〜二〇〇二年）のもとで、社会的公正を重視した市場指向型の改革が試みられた。この一見常識に反した改革の思想的背景には、同政権における改革推進の中心メンバー、ブレッセル・ペレイラが唱えた「社会自由主義国家（Estado social-liberal）」がある。八〇年代以降、多くのラテン・アメリカ諸国が、いわゆる「失われた一〇年」を脱却するために新自由主義《ネオリベラリズム》的な改革を行ったのに対して、社会改革を重視したブラジルのケースはやや異質であった。では、その内容や成果、そして限界はいかなるものだったのだろうか。本章では、カルドーゾ政権の八年間を検証し、それが日本に対してどのような示唆を与えるのかを考えていきたい。

1 「社会自由主義国家」を目指したカルドーゾ政権

ブラジルでは一九九五年一月、文民政権四代目となるカルドーゾ政権が誕生した。それ以前の一〇年間は、J・サルネイ（八五年三月〜九〇年三月）、F・C・コロル（九〇年三月〜九二年一二月）、I・フランコ（九二年一二月〜九四年一二月）による三政権のもとで、ブラジルは政治的にも経済的にも混迷を深めていた。八五年の大統領選時、そもそも副大統領候補として出馬していたサルネイは、軍事政権時代

（六四〜八五年）の与党・民主社会党の党首であった。これに加え、大統領に選出されたT・ネーベスが就任直前に死去したことをうけて繰り上がりで大統領職についたため、就任当初からその正統性を問われていた。続くコロル大統領は、新自由主義的な改革に着手したものの、汚職事件への関与が発覚して任期半ばで辞任を余儀なくされ、そのコロル政権の副大統領であったフランコが大統領職を引き継いだ。これらのことからもわかるように、当時のブラジルは政治的安定からは程遠い状態であった。

F.H.カルドーゾ（1931–）

コラム

社会自由主義国家
(Estado social-liberal)

ブレッセル・ペレイラ（一九三四〜）はブラジルの経済学者であり、国際的にも広く知られている。カルドーゾ政権下では初代の行政改革省大臣を務めた。その彼によれば、ラテン・アメリカで「失われた一〇年」と呼ばれた一九八〇年代の深刻な経済危機は、すぐれて国家の危機、すなわち国家が経済・社会へといかに介入すべきかをめぐる危機であり、さらには行政を司る官僚制の危機であった。他方では今日、経済の新自由主義的なグローバリゼーションによって、不完備情報や情報の非対称性などにもとづく従来型の「市場の失敗」とは次元を異にする、新たな「失敗」が、広汎に顕在化している。

このような状況においてラテン・アメリカに求められる新たな国家の姿とはいかなるものか。ブレッセル・ペレイラによれば、それはまず、新自由主義思想において理想化されている、一九世紀の自由放任型の夜警国家ではありえない。これは時代錯誤にすぎず、サッチャー政権時代のイギリスのように単に規制を緩和し、社会的役割を放棄しようとする国家は、現代においては立ち行かなくなる。しかしまた同時に、新たな国家は、経済発展や福祉を一手に担うような二〇世紀型の福祉国家（その開発途上国版が開発主義国家）でもありえない。危機にまた経済的にも巨額の対外債務や慢性的なインフレ状態を克服できず、八一～九二年のGDP（国内総生産）の年平均成長率は一・四%、一人当たりGDPのそれはマイナス〇・五%と、まさに「失われた一〇年」であった（Presidência da República Federativa do Brasil［2002］）。

こうしたなか、国民の大きな期待を担って政権の座についたカルドーゾ大統領は、「ブラジルの危機は国家の危機」であるとして、就任以来、後述するようにさまざまな国家改革に着手した。カルドーゾが思い描く「ブラジルの歩むべき道」とは、経済成長とともに社会的公正を実現する国家、すなわち「社会自由主義国家」の建設であった。その具体的内容を提示したのは、カルドーゾの盟友であり、ブラジルの初代行政改革省大臣となったブレッセル・ペレイラである。

ブレッセル・ペレイラによれば、「社会自由主義国家」とは、効率性の観点から市場機能を積極的に評価し、経済を市場に委ねる一方で、社会的な役割をも積極的に果たす国家である。市場原理を採用したのは、経済活動の効率化、財・サービスの質的向上、厚生の拡充を図り、

陥ったのは、まさにそうした巨大国家だからである。そうではなく、社会的（Social）でありかつ自由主義的（Liberal）でもある社会自由主義国家（Estado social-liberal）、これこそ新たに目指すべき国家像となる。

なぜ社会的なのか。それは、社会自由主義国家が教育・保健衛生・福祉など国民の社会的権利を保護する責任を引き続き負うからである。なぜ自由主義的なのか。それは、新たな国家が福祉や教育の意思決定を国家官僚に独占させず、民間への委託などをも活用して公共サービスをより競争的・効率的に提供するからである。社会自由主義国家は生産ではなく資金供給、そして市場の規制に従事する。また対外的には、国内市場の保護よりもむしろ国際競争力を強化しようとする。社会自由主義国家は、以上の意味において市場と補完しあう関係に立つ。

ラテン・アメリカにおいてこの社会自由主義国家を構築していくには多くの困難がある。一方では、社会に根強く残る縁故主義やポピュリズム的な政治文化などが障害になっている。他方、ラテン・アメリカには不平等な所得分配という大問題が厳存するため、国家再生の二つの柱、すなわち統治能力と統治とが恒常的に危機にさらされている。

ブレッセル・ペレイラの以上の議論は、ブラジルを超えて広くラテン・アメリカ全域に妥当する面がある。ただし、国家主義的傾向が近隣諸国よりも比較的長く続いたブラジルの風土を反映してか、一九八〇年代の「失われた一

同時に産業の競争力をつけることによって雇用を増大させるためであった。これによって経済分野での国家の役割は、軍政期における財・サービスの生産から、市場の規制に変わった。先行政権の新自由主義経済改革も大筋では継承する方針をとったが、必要とあれば再規制も辞さないという構えで臨んだ。他方、教育・保健・福祉などの分野では、社会的公正の観点に基づき、国家は引き続き積極的な役割を果たすことが期待された。しかしその際、財源は国家であるが、実際に社会的サービスを提供するのは非政府組織（NGO）や非営利組織（NPO）とされた。

このように、社会自由主義国家が目指すのは、効率性と公正をともに重視した社会の実現であった。ブラジルのように不公正な社会にあっては、これまで社会から排除されてきた人々の「包摂（social inclusion）」（8章二六一頁参照）が決定的な重要性をもっており、その意味でカルドーゾ政権の国家像は画期的であった。

社会自由主義国家は、新自由主義のように「市場」対「国家」という二項対立的な考えをとらない。かつてのイギリスのサッチャー政権のように、市場万能主義を志向し「小さな政府」を目指すものではない。国家も市場もともに重要であり、国家は市場を規制・補完し、「市場の失敗」（その捉え方は巻頭の「基本キーワードの解説」の一五頁と本章コラムを参照）を修正する役割を担うものとされる。他方で、社会自由主義国家では、かつてのケインズ的福祉国家とは異なり、需要面とともに供給面をも重視し、そこでの国家のより積極的な役割を認めている。すなわち、イノベーション（生産要素の新結合）を通じて競争力を強化することの重要性をも強調する。またグローバル化に対応するため、雇用の一定の柔軟化の必要性も認める。イノベーションと雇用の柔軟化が、成長と雇用拡大を同時に実現しうるとの考えからである。教

〇年」を「国家の危機」論によって一元的に解釈しているなど、他の国々でもたしかにみられた新自由主義の問題性を過小評価しているきらいがある。　［佐野　誠］

育・科学技術政策において、軍政期と同じく政府に積極的な役割を与えているのはそのためである。こうした意味において、社会自由主義国家は「シュンペーター的勤労国家」（序章六九頁参照）と概念的に近い。

さらに社会自由主義国家は、イギリスの社会学者アンソニー・ギデンズ（一九三八〜）が著書『第三の道』のなかで述べた「社会投資国家」に通じる概念でもある。カルドーゾ政権は、社会政策のなかでも教育を重視し、ギデンズのいう「ポジティヴ・ウェルフェア社会において機能する社会投資国家」を追求したのである。教育（とくに初等教育）や保健（とりわけ予防的医療）など人的資本や関連するインフラに重点的に投資し、貧困に対しては、資金援助など直接的な支援よりもむしろ教育を通じて機会の平等を図り、貧困層の社会的包摂を目指した。要するに、カルドーゾ政権期のブラジルでは、かつての国家介入主義とも、一九七〇年代以降ラテン・アメリカの多くの国々が採用していった新自由主義とも一線を画する国家像が目指されたのである。

2　カルドーゾ政権を振り返る

すでに述べたように、ブレッセル・ペレイラは新自由主義の論じる「市場」対「国家」の枠組を排し、市場における国家の役割の再定義に着手した。具体的には、市場を規制・補完し、市場のもつ欠陥を修正できるように「国家を再構築する」必要性を主張し、そのための政策として①財政危機の克服、②経済と社会に対する国家のあり方の再考、③行政改革、の三つを提案した（Bresser Pereira［1996］）。以下にその改革を詳しくみてみよう。

三一件の憲法改正：社会的公正と経済的効率性の追求

ブラジルの現行憲法である一九八八年憲法は、本文二四五条、経過規定七〇条という膨大な内容をもつ。それは民政移管後に定められたという意味では、民主的な要素を備えた憲法ではあった。しかしながら、そこにはカルドーゾ政権の目指す国家改革にとって障害となる条項が多々あった。したがって、改革にはまずは憲法改正が不可欠な状況であった。

次頁の表7―1はカルドーゾ政権の下で行われた憲法改正を一覧表にまとめたものである。その数は三一件に上った（以下番号は表左端の1～31の数字）。首長の再選制導入（12）や行政改革（11、15、21、23、25、31）、経済諸規定の改正（たとえば、外資系企業等への門戸開放〔2、3〕、石油・ガス・通信などの国家独占の廃止・緩和〔1、4、5、9〕）など、行政の合理化を図り、経済活動における国家の直接的な役割を縮小し、国営企業の民営化によって外資系企業の参入に道を開こうとした点が、主な特徴の一つであった。なかでも民営化は積極的に行われ、その数は一九九五年から二〇〇〇年にかけて六二件にものぼった。これはカルドーゾ政権以前の九一～九四年における民営化件数のちょうど二倍になる。業種では石油化学、鉄道、電力、通信などの分野が対象となった（鈴木〔二〇〇二〕）。

表からもみてとれるように、憲法改正の多くは政治経済分野に関連するものであるが、その一方で緊急社会基金の期間延長と修正（6、13）、「基礎教育の管理、発展お

●ポジティヴ・ウェルフェア（Positive Welfare　積極的福祉）：ギデンズは著書『第三の道』の中で，今後の福祉のあり方として，直接的な財政支援ではなく，可能な限り人的資本への投資を行うべきと主張した。これをポジティヴ・ウェルフェアという。そこでは教育や医療などの給付は国家が非政府・非営利組織との協力を通して実施する。このポジティヴ・ウェルフェア社会の中で機能する，社会投資国家（Social Investment State）を目指すことが重要である，とギデンズは述べている。

表7－1　ブラジル：憲法改正事項一覧（1995～2001年）

	改正通番	改正年	改　正　内　容
1	第 5 号	1995	都市ガス輸送サービスの国家独占の廃止
2	第 6 号	1995	外資系企業に対する規制撤廃
3	第 7 号	1995	沿岸航海への外国籍船の参入許可
4	第 8 号	1995	通信サービスにおける国家独占の廃止
5	第 9 号	1995	石油産業における国家独占の柔軟化
6	第 10 号	1996	緊急社会基金の期間延長と修正
7	第 11 号	1996	大学における外国人教員，技術者，科学者の採用を許可
8	第 12 号	1996	小切手税（CPMF）の制定（2 年間の時限立法）
9	第 13 号	1996	再保険の営業に関する国家独占の廃止
10	第 14 号	1996	FUNDEF の創設（州および市町村の財政によるもの）
11	第 15 号	1996	新しい市町村の創設規制
12	第 16 号	1997	首長（大統領，州知事，市長）の 1 期のみの再選制導入
13	第 17 号	1997	緊急社会基金の期間延長と修正
14	第 18 号	1998	憲法における軍人の規定
15	第 19 号	1998	行政改革
16	第 20 号	1998	社会保障制度改革
17	第 21 号	1999	CPMF の期間延長
18	第 22 号	1999	特別法廷の設置
19	第 23 号	1999	国防省の創設
20	第 24 号	1999	労使それぞれを代表する裁判官によって構成される労働裁判所の機能を廃止
21	第 25 号	2000	市町村議会の支出総額に占める議員への補助金上限の設置
22	第 26 号	2000	憲法第 6 条の社会権に居住の権利を含めること
23	第 27 号	2000	連邦政府の税収 20% を，州および市町村向けの移転支出として確保
24	第 28 号	2000	訴訟期間を農村・都市労働者間で統一
25	第 29 号	2000	連邦，州，市町村の収入から，医療保健関連サービスのための財政を確保
26	第 30 号	2000	裁判所の執行令状の支払いに関する規則
27	第 31 号	2000	貧困撲滅基金の創設
28	第 32 号	2001	行政府による暫定措置発令に関する規則を修正
29	第 33 号	2001	石油および石油精製品，天然ガスおよびガス精製品，可燃アルコール燃料の輸入に対する賦税
30	第 34 号	2001	保健医療専門家（医師，看護師等）が 2 つの公職につくことを許可
31	第 35 号	2001	連邦議員の免責特権に民法・刑法上の制限を設ける

出所）Presidência da República Federativa do Brasil［2002］, pp. 478–479.

よび教員の地位安定化のための基金（FUNDEF）」の設立(10)、そして貧困撲滅基金の創設(27)などは、カルドーゾ政権の目指す社会的公正（あるいは社会的包摂）の実現に深く関連するものである。同政権は、とりわけ教育が貧困問題の解決に不可欠であるとの認識をもち、とくに基礎教育の拡大を最重要課題とした。基礎教育関連予算の管理運営を司るFUNDEF創設に加え、学校給食の無料配布プログラムや、貧困家庭の子どもたちが就学を継続できるように家計を支援するプログラムなどが実施された。

行政改革

カルドーゾ政権は、行政の効率化も目指したが、その目的は、国家を市民に開かれたものとすることにあった。まず一九九五年に、ブレッセル・ペレイラによって「行政改革プラン」が発表された。ここでは、市民に対する政府の役割の第一はサービスの提供にあるとし、その実現のために、効率的な行政執行、分権化、情報公開とその透明性、説明責任、行政への市民参加などが強調された。行政の効率化と市民サービスの向上に政府が責任を負っているという観点から、九九年には財政責任法が制定された。この法律は、連邦・州・市町村各レベルの政府に対し財政の均衡を義務づけ、人件費支出の上限を設定したものである。

行政改革の柱は大きく二つに分けられる。公務員制度の見直し（官僚制度の合理化）と地方分権化である。行政改革の動きは軍事政権時代からあったが、一九八八年憲法によって後退させられていたという経緯があった。「失われた一〇年」を経て、カルドーゾ政権が行政改革を政治課題として再び設定した形となった。

かつてアメリカのクリントン政権（一九九三～二〇〇一年）が不要な連邦政府ポストを廃止したとき、ブラジルでは公務員が驚愕したという逸話がある。それまでブラジルでも、公務員はしばしば政治的に情実任用されていた。連邦・州・市町村レベルすべてにおいて、過剰雇用された公務員に支払う給与や年金が財政を圧迫している状況下では、行政改革は必須であった。

カルドーゾ政権は一九九八年の憲法改正を経て、公務員制度改革（より正確には終身雇用制度の見直し）を実行した。具体的には、①公務員が終身雇用の権利を得るためには最低三年間の勤続年数を必要とすること、②終身雇用の資格についての査定を行うこと、③定期的な勤務評定を行い、評価の著しく低い公務員は解雇されること、④停職期間の給与の減額、などが定められた。さらには公費の支出を抑制し財政を均衡させるため、①連邦・州・市町村政府は委員会など特別に任命された役職に対する支出を最低二〇％削減すること、②終身雇用権のない公務員を解雇すること、③終身雇用権のある公務員の勤務評定に応じた解雇を許可すること、④すでに消滅したポストを再度復活しないこと、などが盛り込まれた（Cysne［2002］）。

これらの改革はまだ不十分ではあるものの、一定の成果をあげている。公務員数は大幅に削減され、なかでも行政府職員は一五％（八万八〇〇〇人）減少した。官僚制度の合理化が少なからず進展したと見ることができる。また北東部セアラ州のように、ほとんど勤務についていない者を解雇した結果、州政府財政の九割近くを占めていた公務員給与を四割近くに削減させた例もある。

次に地方分権化は、主として教育や保健医療分野において実施された。まず教育制度改革の柱となった、一九九六年の「教育の方針と基礎に関する法律」では、「教育分野における行政上の責任に関して、基礎教育はムニシピオ（市町村）へ、中等教育は州へ、高等教育は連邦政府へとそれぞれの重点が規定された」（田村［二〇〇三］）。また、基礎教育の充実のために作られた基金ＦＵＮＤＥＦでは、各地方自治体の予算は入学児童数に比例して分配されるとともに、児童一人当たりの年間支出額を割り当て、そのための財源を確保できない貧困州に対しては補助金を交付することとされた。かくして地方自治体がより基礎教育に関心をもつよう動機づけ、それを通して教育関連指標の改善を図ろうとしたのである。

保健医療の地方分権化については、カルドーゾ政権発足前の一九九〇年にスタートした統一保健医療システム（ＳＵＳ）が先がけとなった。このＳＵＳは保健省の管轄下に置かれてはいるが、地方分権と住民参加の精神のもとに、予算管理から医療サービスの提供にいたるまでを地方自治体レベルに（正確には市政レベルに）移転するというものである。具体的には「基礎的整備段階」と「制度的完備段階」という二つの段階を経て、地方分権化プロセスが完了することになっている。ちなみに前者は、治療活動、インフラ整備（水道など）のほかに、住民代表による保健医療審議会の組織化を含む。また後者は、保健医療審議会が制度的機能を高め、市の保健事業や予算執行を監査できるようになる段階を指す（ブラジルの地方自治については1章九一頁以下を参照）。

社会保障制度改革

カルドーゾ政権が社会保障制度改革を推進した一つの理由は財政危機の克服にあった。しかし、より根本的な改革動機は同制度の「不公正さ」にあった。ブラジルの社会保障制度は大きく二本立てになっている。ひとつは民間・国営企業の雇用者・被雇用者、中小企業の従業員など、ほとんどの正規雇用者を対象とした制度であり、もうひとつは公務員を対象とするものである。二つの制度の間には、受給資格および金額などの面で大きな格差があり、それが大きな問題となっていた。また、民間・国営企業の社会保障制度については、高齢化や雇用のインフォーマル（非正規）化に伴い、年金受給者と共に保険料滞納者数も増加するといった問題が存在していた。公務員の社会保障制度は、より問題視されていた。原則として保険料納入が不要で、退職時の給与と同水準の年金を終身保障するというものだったからである。

カルドーゾ政権は、以上の諸問題を解決するために次のような制度改革を行った。まず前者、民間・国営企業については、年金受給資格を勤続年数にかわって保険料納入年数とし、年金額の上限を定めた。一方、公務員の年金制度については、まずは保険料をすべての公務員から徴収すること、前者の制度同様に保険料納入年数を受給資格とすること、年金保障の条件は退職時の時点で最低五年間の勤務実績があること、などを改革案として盛り込んだ。

しかしながら、これらの改革は、国会での憲法改正論議が進まなかったため必ずしも十分な成果をあげられなかった。現行制度のもとで手厚い保護を受けている国会議員によって、国会での審議が後退させられたのである。

緩やかな改革

このようにカルドーゾ政権は社会自由主義国家の構築に向けてさまざまな改革に着手したが、その進展は緩やかなものであった。民営化や投資の自由化といった経済改革、公務員制度の見直し、地方分権化などの行政改革の面では一定の成果があったものの、社会保障制度についてはきわめて部分的な改革に終わった。それは一つには、先に述べたように、改革が憲法に抵触し、長期にわたる改正手続きを必要としたからである。国会に提出される憲法改正案は、上下両院それぞれで二回ずつ審議され、可決には五分の三以上の賛成票を必要とする。憲法改正論議は多大な時間を要するだけでなく、審議中に改正案が何度も修正されるために、原案の内容から大きく乖離したケースも少なくなかった。

ところでラテン・アメリカ諸国の「構造改革」については、一九九〇年代後半以降、米州開発銀行（I

DB）や世界銀行、国連ラテン・アメリカ・カリブ経済委員会（ECLAC）などが、その内容や進展具合を評価してきた。IDBの九七年の報告書では、八五～八六年と九五年時点における一七カ国の改革を比較した結果として、「早期改革国」、「改革の遅い国」、「短期集中改革国」、「漸進的改革国」の四つのグループを析出した。比較対象となった改革分野は貿易、金融、労働、民営化、財政の五つで、ブラジルは「改革の遅い国」とされた（細野［二〇〇三］）。

一方ECLACも、改革の速度と範囲を計測し、ラテン・アメリカ九カ国を「積極的な改革国」と「慎重な改革国」の二つに分類した。その違いを分けたのは、経済成長率など改革時の初期条件であるという。「積極的な改革国」では初期条件が悪く、そのことが、政府に急激な制度改革を実行させた。これに対して「慎重な改革国」では初期条件はさほど悪くはなく、そのことが急激な改革への道を遠ざけた。ここでは、ブラジルは「慎重な改革国」とされた（細野［二〇〇三］）。

もっともより細かくみれば、貿易や金融の自由化などコロル政権が着手した新自由主義的な改革は、比較的急速なものであった。しかし前述のように同政権は汚職事件を引き起こしたため、この改革は長くは続かなかった。一方、これもすでに触れたように、カルドーゾ政権の下でも民営化をやや例外とすれば改革は緩やかであった。その理由は、制度的手続き（憲法改正）の必要性からだけでなく、急進的な改革に慎重であったからでもある。同政権が目指した社会自由主義国家の下では、市場は万能ではなく、それを規制する制度を必要とした（たとえば輸入関税率の一定の引き上げや、資本移動に対する課徴金の機動的な適用）。同時に、人々が市場経済に平等に参加するには、それを可能とする条件を政府が整える必要があった。これらの制度や条件の整備には時間がかかる。そのため改革は緩やかであらねばならなかったのである。

3 カルドーゾ政権の評価

経済の安定化と社会問題の緩和

以上のような改革を推進したカルドーゾ政権の実績は、全体としてどのように評価されるべきだろうか。本節では、これまで必ずしも詳しく触れていない経済政策面の実績をも織り込んで、この点をみていきたい。まず同政権最後となった大統領の一般教書演説(二〇〇二年)は、次のような成果を指摘している。

●インフレの収束　インフレは一九九四年七月には月率四七%であったが、二〇〇一年一二月には〇・六五%に低下した。

●最低賃金の上昇　一九九〇～九四年の実質最低賃金は八〇年代の平均水準よりも低かったが、九四年以降は二七%上昇した。

●貧困層の減少　貧困線以下で生活している国民(必要最少限の栄養すら摂取できないほど貧しい人々)の比率は、一九九二年時点では全人口の四〇%以上だったが、九九年には三〇%に減少した。

●基礎教育の普及　一九九二年には最貧困家庭の子どもの就学率は七五%であったが、九九年には九三%に上昇し、ほぼすべての学齢期児童(七～一四歳)が小学校に就学するようになった。

●人間開発指数(HDI)の改善　一九八〇年には〇・六七六、九〇年には〇・七一〇であったが、九九年には〇・七五〇に改善している。

以上のうち最大の成果はインフレの収束であった。カルドーゾが大蔵大臣を務めていた一九九四年に実施された経済安定化政策「レアル・プラン」（事実上の固定相場制、高金利政策、貿易・金融の自由化を軸とする）によって、八〇年代末には月率九〇％近かったインフレ率は二〇〇一年末には〇・六五％にまで下がった。インフレが収まったことで実質賃金（6章二〇七頁参照）が上昇した。また最低賃金も九〇年代半ば以降引き上げられ、同制度が導入された五〇年代以降の期間で最も高い水準となった。これにより、インフレへの防衛手段をもたない低所得者層は、生活水準を向上させることができた。また経済安定化はそれ自体、九〇年代半ば以降、海外からの直接投資を拡大させ、ブラジル経済の活性化につながった。

貧困層の減少もカルドーゾ政権の大きな成果とされる。一九八〇年代には、経済停滞とインフレが貧困層の拡大をもたらしたが、同政権の下では、「貧困状態の軽減は一日限りでなく、一貫した経済・社会政策によって持続する傾向を示した」（Presidência da República Federativa do Brasil［2002］）のである。

教育改革の最重要課題として取り組んだ基礎教育の充実についても、一定の成果をあげた。政権最後の二〇〇二年には、基礎教育の学齢期児童（七～一四歳）の九七％が教育を受けることができた。これは政権発足時点の六五％と比べて飛躍的な改善であった。そのひとつの要因としては、学齢期の子どもを持つ貧困家庭に対して支給される就学奨励奨学金プログラム「ボルサ・エスコーラ」の開始があげられ

●**人間開発指数**（HDI）：平均余命，教育機会，1人当たりGDPを総合した指数。0から1までの数値をとり，1に近いほど望ましいとされる。国連開発計画（UNDP）の『人間開発報告』（1990年初刊）で発表されて以来，現在に至るまで毎年更新されている。HDIが導入された背景には，従来の経済成長優先の開発が貧困や所得格差を拡大させたとする反省から，「開発とは人間として尊厳のある生活を送ることができること」，すなわち人間開発（さらには社会開発）（8章参照）の重要性が認識されたことがある。

る（田村［二〇〇三］）。その他の教育政策の効果もあり、児童労働の減少や非識字率の低下がもたらされた。
この他、保健医療分野についても、乳児および母親の死亡率や平均余命に改善がみられた。またエイズウイルスおよびエイズ感染者の死亡率も、治療薬の無料配布プログラムを通して低下する傾向をみせた。

経済失政

しかし以上の成果にもかかわらず、カルドーゾ政権の進めた政策がいくつかの限界に直面したこともまた事実である。とりわけ顕著だったのは、経済失政ともいえる事態である。

フランコ政権から前述のレアル・プランを引き継いだカルドーゾ政権は、インフレの抑制には成功した。同政権はまた、コロル政権が開始した経済自由化を大枠で継承しながらも臨機応変に再規制も行い（輸入関税率の一定の引き上げや資本移動に対する課徴金の上げ下げなど）、自由化一辺倒の新自由主義とは一味違う経済運営をみせた。

とはいえ、その結果は必ずしも満足のいくものではなかった。当事者の一人であったブレッセル・ペレイラがのちに述懐したように、カルドーゾ政権の経済運営はインフレの抑制を最優先とするものであった。レアル・プラン自体は先行政権から引き継いだものであるが、貿易・金融の自由化を前提とした事実上の固定相場制（そしてその下での割高な為替レート）ならびに高金利政策というその支柱に、カルドーゾ政権の経済政策当局はその後四年もの間まったく手をつけなかった。ブラジルのインフレの慣性がすでにコントロールされており、もはや「為替アンカー」は不要となっていたにもかかわらず、である（Bresser Pereira［2002］）。

この結果、通貨の過大評価と高金利とがあいまって、大量の資本流入、対外債務の急増、輸入の増加による経常収支の悪化、金利負担増による財政収支の悪化、同じく高金利による投資の抑制といった一連の事態が進行した（小池［二〇〇三］、佐野［二〇〇三］）。一九九九年初めの通貨危機も、こうした累積的な不均衡から帰結したものであった。かくしてカルドーゾ政権期の経済成長の実績は月並みなものとなり、雇用の柔軟化などその他の要因もあって、一九九四年に五・一％であった失業率も九八年以降は七％を上回るようになっていったのである（Presidência da República Federativa do Brasil［2002］）。

インフレの抑制はたしかにマクロ経済安定化の重要な柱ではある。だが、それはあくまでひとつの要素にすぎない。経済成長、国内外収支（財政収支、国際収支）のコントロール、為替や金融の安定、雇用状況の改善などもまた、同じく優先すべき政策目標であろう。カルドーゾ政権はいわば政策課題の設定を誤り、しかもアメリカ政府やＩＭＦなどが当時推進していた、資本自由化と外国貯蓄（対外債務）にもとづく経済成長戦略（ブレッセル・ペレイラはこれを「第二のワシントン・コンセンサス」と呼ぶ）に安易に乗ってしまうことで、経済失政に陥る結果となったのである（Bresser Pereira［2002］）。

より抜本的な改革の必要性

以上のように、カルドーゾ政権の経済・社会政策には功罪相半ばする面があった。また前節で論じたように、社会自由主義国家を目指した一連の改革（憲法改正、行政改革、社会保障制度改革など）も、そのすべてが実現したわけではなかった。これらの結果、従来からの構造問題が一定の是正策（本章では取り上げなかった、政府による貧農層への農地分配や税制改革の試み）にもかかわらず温存されたこととあいまって、所得分配は必ずしも有意な改善をみせなかった（所得分配が改善したか否かについては、測定方法や対象時期にもよるが、賛否両論がある。製造業の機能的所得分配はAmadeo［1999］によれば改善している。つまり利潤圧縮がみられた。階層別所得分配はNeri & Camargo［1999］によれば改善しているが、Baumann y Mussi［1999］は逆にその悪化を示唆している）。より抜本的な改革が構想・実行されねばならなかったのである。

おわりに——日本への示唆

近年の日本とブラジルには、抱える問題に共通点が多いように思われる。たとえば社会保障制度改革である。両国とも年金給付金がGDP比において大きな割合を占め、財政を圧迫しているため、公正かつ持続可能な制度改革を早急に実施することが不可欠といわれてきた。また社会保障制度改革とも大いに関係するが、公的債務（政府債務）は日本の場合、先進国内で最大ともいわれ、GDPの約一六〇％（約七兆一七〇〇億ドル：二〇〇四年末現在）を占め、ブラジルも同じく約五八％（三三四〇億ドル：二〇〇三年現在）と、両国ともに財政構造が危機に瀕している点も共通している。

このように日本とブラジルには、まずは社会保障制度改革や財政の健全化という共通課題があり、さらには経済成長の回復や雇用の創出という課題も共有していると思われるが、問題はいかにこれらを達成するかである。これまでみてきたように、カルドーゾ政権はこれらの課題の重要性を十分に認識し、さまざまな改革を試みてきた。しかし、結果的に達成できたことはわずかであった。ブレッセル・ペレイラが提案した、国家の再構築に重要な三つの柱、すなわち財政危機の克服、経済・社会に対する政府のあり方の再考、行政改革のうち、まずまずの成果をあげたのは後者二つであり、財政危機については結局解消することはできなかった。

しかし、こうした改革の成果いかん自体よりも、その取り組みが「どのような国家をつくるか」「いかなる開発戦略をもつべきか」という視野の中に明確に位置づけられたことは重要であり、改めて高く評価すべきである。それは一九八〇年代までの介入主義的な国家ではなく、また多くを市場メカニズムに委ねる新自由主義的な国家でもなく、より民主的で、社会の要求に開かれ、市場の行動を規制する、そうした国家像に向けた改革を行うというものであった。これは日本の「構造改革」には欠けている要素であり、学ぶべきところが多いと思われる。

他方、カルドーゾ政権下のブラジルは、社会指標の一定の改善を実現しながらも、対外不均衡、雇用状況の悪化、低成長という問題を抱えることにもなった。それまでの国家介入主義や新自由主義と同様、社会自由主義もまた、ブラジル経済の再建には万能ではなかったといわざるを得ない。カルドーゾ政権がこれまでとは異なる進歩的な国家を構築しようとしたことは評価されるべきだが、市場指向型改革にある程度の社会的公正重視の方針を組み合わせただけでは、大きな限界を伴うことは明らかである。所得・資産の抜本的な再分配（そのことが「人間開発」を促進する）を実現する、真の民主的な「構造改革」が必要であると思われる。

Más allá de la década perdida

Além da década perdida

第8章

人間中心主義社会への転換

篠田武司

はじめに――まだ新自由主義なのか？

「構造改革なくして成長なし」と叫びつつ、小泉政権が発足してからすでに三年が過ぎた。「思想的には、一周遅れのネオリベラリズム（新自由主義）」（内橋［二〇〇二］五頁）ともいわれるその改革は、結局金融不安やデフレを解決できず、地域産業の衰退や、戦後最悪ともいわれる高い失業率（二〇〇四年一二月現在で四・五％）を招いているのが現状である。一九九〇年代前半のバブル崩壊以降、日本経済の停滞はいまだ克服されることなく、人々の不安は高まりつつある。しかし、なによりも問題なのは、「構造改革」なるものが一体どのような社会像を描きながら進められてきたのか、その理念が見えないことである。また、そうした理念をめぐっての公論が意識的に避けられていることである。人々の不安はむしろそこにあるのだが、そのことがいまの政権には理解されていない。八〇年代に始まり、その半ばから進んだ経済のグローバル化の中で、新自由主義は世界的に大きな潮流となった。しかし現在、それが社会に何をもたらしてきたのかが明らかになりつつあり、それに代わる新たな発展モデルが多くの国で模索されている。こうした時機に、どのような社会像のもとに「構造改革」なるものを進めるのか、これまで明らかにしていないその理念を政府は提示すべきなのである。

1 「構造改革」から人間中心主義へ

ひるがえって開発途上国をながめてみると、そこには開発をめぐるさまざまな理念が国際協力機関を中心に提示され、議論に付されている。そして、そのことを顕著に受け止めているのがラテン・アメリカである。一九八〇年代のラテン・アメリカは、新自由主義の影響を真っ先に受けた。それは「構造調整」という名で呼ばれる一連の政策により、それまでの国家保護主義的な輸入代替工業化政策に代わり、市場調整の重視、規制緩和、民営化、財政均衡、金融引き締め、自由貿易の推進、あるいは選別主義的福祉改革を、「小さな政府」のもとで行うという、いわばいま日本で問題となっている「構造改革」と同種の路線変更を意味した。

それは、思想的には、経済優先主義、成長主義の上に立ち、開発とは経済開発と受け止められ、経済成長がすべてに優先されて、そのトリクル・ダウン（均霑＝浸透）効果によって貧困は自動的に解決されるものと考えられていた。また、健全な市場の発展は競争を促し、「合理的個人主義」をはぐくむと同時に、民主主義を発展させるという、市場神話の上に立っていた。しかし、ラテン・アメリカの「構造調整」は、成功しなかった。その理由の第一は、各国各地域がもつ固有の歴史的・社会的背景を無視し、市場主義を導入しようとしたからである。市場主義の導入は、新自由主義が内在的に帰結する「市場の失敗」と、ラテン・アメリカに広く見られるパトロネージ（庇護）的な垂直的ネットワークの存在（恒川［一九九八］一五頁）によって、社会的な格差を一層広げる結果となり、貧困の解決を遠ざけた。第二に、「小さな政府」の志向により、もともと低かった専門官僚の能力をさらに弱め、国家の効率性や管理・調整能力を低めて、競争の公正さを担保できずに本来是正すべき格差への対処を困難にしたからである。これでは政府への不信が生まれてくるのは当然であって、その結果、第4節で後述するような「社会統合の危機」がもたらされたのである。

こうした新自由主義による「構造調整」がもたらした一九八〇年代の「失われた一〇年」を経て、これに代わる新たな開発モデルの議論がラテン・アメリカで本格化するのが九〇年代である。そこでは国際資本市場を牛耳る「通貨マフィア」による暴力的脅威に常に晒されながらも、改革の議論が真剣に行われていく。それを反映して政権の交代も起きた。ブラジルでは、九五年に左派中道のカルドーゾ政権が発足し（7章）、二〇〇三年には、より左派の立場にあるルーラ労働者党政権が誕生した。アルゼンチンでは、「第三の道」を目指すデ・ラ・ルーア政権が九九年に発足し（ただし、その後経済危機のなかで〇二年初頭に右派ペロン党政権が復活〔2章一一三頁参照〕）、新自由主義の申し子であったチリでも、九〇年以降左派中道が政権を担当している（6章二一四頁以降参照）。明らかに、ここでは公論が社会を動かしている。

では、こうした新たなうねりは、どのような理念を背景にして生まれてきたのか。それを本章では、開発の目的の変化と、新たな目的の実現のためにはどんな社会的枠組みが必要なのかという二つの面から見ていきたいと思う。ここでは特に、人間開発とガバナンス（統治。ただし本章では後述するように「協治」と訳す場合がある）、あるいは市民社会という一九九〇年代以降の開発論の文脈における新たな概念をとりあげ、その意味を考え

●通貨マフィア：先進国主要通貨各国の大きな権限をもつ金融当局者やその集まりを俗にいう語。1985年のプラザ合意の頃から使われるようになったが，与える影響が大きく，当時は会合が開かれることそのものが非公開・非公式だったためマフィアに譬えられた。

たい。そしてこの議論は、「構造改革」一辺倒の今の日本で実際に必要な議論をあらためて照射することになるだろう。

問題は、今日世界中を席捲する新自由主義が、国家による経済干渉を忌避して「小さな政府」を掲げながら逆に国家の庇護を求め、「構造改革」の名の下で産業・金融と国家との新たな同盟を築きつつあること（5章）、また、この同盟のイデオロギーが当然のごとく経済優先主義、市場原理主義、競争主義と結びついて経済空間ばかりか社会空間全体にも広がっていることである。これは、社会を、あるいは人を幸福にする道ではない。あらためて「人間中心主義」の立場に立つ経済・社会システムが唱えられるべきではないか（神野［二〇〇二］）。そして、それに向けて重要な示唆を与えるのが、開発論で論じられている人間開発（発達）論であり、それと深く関連しているのがガバナンス論あるいは市民社会論なのである。

「人間中心主義」とは、ここではひとまず、「良き生（well-being）」の実現を自由と社会的公正の拡大のもとで最優先するという立場、そして自由と社会的公正は個々人同士の能動的な協同関係なくしては実現しえないとする立場をとるものとして捉えておきたい。そしてそのために必要なシステムが、経済と社会との調整を図る「市民社会」の参加であり、それは、国家と市場と市民社会との間に新たな「ガバナンス」の関係をつくることでもある。こうしたいわゆる「協治（ガバナンス）」関係の形成において初めて、「人間中心主義」は実を結ぶものと考えられる。しかも、こうした「市民社会」が参加する「協治」は、まずは、そこで現実に生きている各個人がよく見える小さな単位（地域共同体など）の中でこそ有効に働くであろう。

日本でいま必要なのは、社会のあり方を示す議論であり、そのためには開発にかかわる議論によって多くを学びとることができるであろう。

2 開発の目的としての人間

経済開発優先主義からの転換

開発途上国では、すでに一九八〇年代後半より、「開発の目的は経済成長にある」とする経済開発優先主義が、結局は貧困を解決できないばかりか、社会の中の格差拡大を生み、階層間の相互不信の中で社会的統合の危機を招いたことが明らかになりつつあった。こうしたなかで、国連開発計画（UNDP）は、それまでの開発モデルを大きく転換していくことになる。それは、九〇年に最初に発刊され、その後毎年刊行される報告書のタイトル『人間開発報告（*Human development report*）』に顕著に表現されている。そして九五年、デンマークのコペンハーゲンで開催された国連世界社会開発サミットでは、その後の開発の指針ともなる「人間開発『宣言』」が一一七の参加国によって出されることになる。

この「人間開発『宣言』」では、「人間こそが持続的な開発についての関心の中心であり、人間は環境と調和して健康で生産的な生活を営む権利を有している」と謳われ、開発の目的は「すべての人々に対して、発達の権利を含むあらゆる人権や基本的自由を普遍的に尊重し、遵守・保護することを促進するもの」とされた。またこうした人間開発にとって決定的に重要なのは「エンパワーメント」であって、「社会の機能や満足すべき生活状態とはどのようなものであるかを定める決定過程やその実施・評価に、人々が参加することが不可欠」と宣言された。参加なき人間開発などはありえないことがここでは認識されている。さらに、人間開発にとっては、人間を取り巻く社会環境（たとえば教育、保健など）の開発が不可避的に必要であって、人間開発はこうした社会開発とともに進められるべきことが宣言された。では、経済発展についてはどうか。「宣言」では、市場についても触れられ、「公明正大な競争と倫理的行動を保障するよう〔政府が〕介入することによって、経済発展と社会発展との調和」が目指された。そしてここでも、「経済政策の計画・策定への〔人々の〕参加」が調和の前提であり、「参加」の能力は、「社会・経済政策の分権化」〔UN〔1995〕〕によって高まるものであることが確認された。

このように、ここでは明らかに開発のパラダイムの転換が見られ、多くのことが語られている。すなわち、人間としての発展・発達は人権の問題であること、多様な可能性をもっている個々の人々の能力は社会的資源へのアクセス・参加が保障された時はじめて発揮され開花すること、「参加」は自己の選択によるべきこと、それを可能にするには個人の自由が絶対的な条件となること、そしてこうした「参加」は地域においてこそ十分な効果を発揮すること、等である。ここでは発達教育学の成果を取り入れつつ、人間開発を中心にしながら社会開発、経済開発との調和も目指されているのである。

周知のように、こうした「人間中心の開発」はインドの経済学者アマルティア・セン〔一九三三〜〕の「ケイパビリティ論」の影響を大きく受けたものである。そこで、センの議論では何が問題とされていたのかを、ここで少し振り返っておこう。

センのケイパビリティ論

センにとって、貧困とは「諸個人の基本的なケイパビリティ〔潜在能力〕」が欠如し

●エンパワーメント：人間の潜在的な力を掘り起こし，育むこと。「力づけ」。能力を引き出す側面に焦点を合わせる場合は「能力開化」，権限を与える側面に焦点を合わせる場合は「権限付与」と言い換えることができる。エンパワーメント理論は1980年代以降，住民や患者，女性や障害をもつ人など社会的に排除された人々を対象として，国際開発，福祉，看護などの領域で特に重視されるようになっている。

ている状態を指し、したがって、開発とはこのケイパビリティの拡大を意味する。では彼の議論の中心的概念となるケイパビリティとは何か。それは、人間が権利として原初的に社会の成員として所有しているさまざまな財やサービスの組み合わせのもとで、いいかえれば「適切な栄養」、「適切な住居」、さらには「自尊心の獲得」や「社会生活への参加」にいたる幅広い財やサービスの組み合わせ（センはそれを「機能」と捉える）のもとで、人々がさまざまな「活動（すること、なしうること）」や「状態（であること）」を実現できる可能性・能力を意味する。

こうした財やサービスの組み合わせを指す「機能」を、センは「エンタイトルメント（権原）」と呼び、人間の「良き生（well-being）」の権利を保障するものとして捉えようとする。この際、人々が良く生きるためには、さまざまな「機能の束」、すなわち「人間の基本的活動」を自由に選択できることが必要となる。逆に、ある人々の権利の行使によって他の人々の可能性や自由が侵されているとき、貧困や飢餓が起こることになる。いわゆる「権原剥奪」の状態である。したがって、ケイパビリティとは、人々が人間としての基本的活動を自由に選択することを通して、人々自身が価値あると考える真の生を生きる可能性を選択し、実現していく能力だと考えられている。センにとって開発とは、単なる物資的・金銭的な豊かさの拡大を意味するのではない。それは、「良き生（well-being）」に向けて、人々が自由に選択できる生き方の幅を拡大していくことなのである。

センは、このように開発の目的を物質的、経済的成長に求めるのではなく、人間のもつ潜在能力の拡大を中心に考えるのだが、ここにいう「人間」とは、「効用主義」が措定する意味での人間ではないことに留意しておく必要がある。効用主義では、人は限りなき欲望をもち、最大限それを実現するよう行動したとき、「人の効用」、いいかえれば厚生＝福祉が極大化すると考える。これは、人間の福祉＝幸福を主観的価値に求めるものであり、自己の欲望に忠実な経済人を前提とし、このような経済人が自己の欲望を追求するとき経済的な厚生が実現されるという経済像を特徴とする。センの経済学は、こうした効用主義的経済像や人間観をむしろ批判しながら形成されてきたものである。センにとって重要なのは、「人間の幸福を主観的効用に求めるのではなく、〔…〕人間の基本的活動（functionings）の組み合わせを選択し、実現していく能力の拡大」（西川［二〇〇〇］三〇八頁）に求め、個人の「良き生」をむしろ積極的に生み出していく「能動的」（セン［二〇〇〇］一〇頁）自由人としての個人像を強く打ち出すことであった。

しかし、ここでいう自由人とは、利己主義的、効用主義的自由人でないことは今一度確認しておいてよい。なぜなら、新自由主義者はアダム・スミスに自由人の祖型をみたのであるが、センはスミスを新自由主義者のように単純に自己利益の追求のみを行う自由人と捉えていたのではないからである。すなわちセンの理解によれば、スミスは、「社会的存在である人間は自己利益について心を砕くだけでなく、家族の成員、隣人、仲間の市民、世界の他の人々についても考えることができ〔…〕人は心の中に、正義や公正の思想のための特別な空間」（セン［二〇〇〇］三〇〇頁）をすでにもっていると考えていたのである。これは、セン自身の人間理解でもある。これに対し、効用主義は、新古典派経済学の流れの中にあり、個人を自己利益のみに関心をもつ合理的経済人とみなす新自由主義に繋がるものである。したがって、センの人間開発論は、新自由主義的開発論への、また、彼らの人間像や社

●ケイパビリティ：諸個人に与えられている潜在的な選択能力。いいかえれば，人間が選択できるさまざまな機能の組み合わせである。センの経済倫理学の骨子概念。センは「貧困」を，所得の低さである以前にこうした選択の自由や潜在能力の欠如として捉え直し，その思想は開発概念の転回を促した。
●エンタイトルメント（権原）：センの思想の重要な概念で，「私的所有制度を前提に，社会の中で諸個人に開かれた合法的ルートを経て取得しうる交換可能な財の組み合わせ」と定義される。

会像への批判でもある。

さて、開発の目的が、自由の拡大や、公正の実現と不可分な「諸個人の基本的なケイパビリティ（潜在能力）」の拡大であって、単なる経済発展ではないとするセンの考え方は、一九九〇年代に入るとUNDPの開発戦略の中に本格的に生かされていく。UNDPは、「人間開発とは、人間の役割と能力を拡大することにより、人々の選択の幅を拡大する過程である。よって、人間開発とはこうした役割や能力の、人間に及ぼす結果を反映することにもなる。人間開発は過程であり目的でもある」と宣言するとともに、「人間の能力（ケイパビリティ）は、人が達成できるいくつもの機能の異なった組み合わせ（エンタイトルメント）を意味する。よって、能力は、さまざまな機能を達成する自由を反映したものである。その意味で、人間開発は自由と同義である」と定義する（UNDP［2000］p.23）。

3 人間開発とガバナンス

ガバナンス論の登場とセンの人間開発論

このように開発の分野では、一九九〇年代、新たな開発の目的をめぐってパラダイムの転換が起きつつあった。そこでは貧困克服があらためて大きな課題となり、その達成のために人間開発、社会開発という新たな概念が登場してくることになった。そしてこうした概念がさらに別の新たな概念を呼び起こしていった。ガバナンス、あるいは市民社会という概念がそれである。UNDPは九三年の『人間開発報告』で、初めて本格的にガバナンスを論じた。

そこでは、国家の透明性とアカウンタビリティ（説明責任）が強調されるとともに、これまでのように国家による一元的な、いわば上からの経済的・社会的統治（ガバメント＝ガバナンス）ではなく、かといって新自由主義のように国家に代わって市場にすべての調整を任せるのでもない、市民社会の参加に基づく多元的主体による新たな統治のありかた、すなわちガバナンス＝協治のありかたが提起されていた。いいかえれば、国家の役割の変化を伴う、国家（政府）—市民社会（市民諸組織）—市場（民間セクター）の新たな関係が提起されたのである。したがって、ガバナンスとは、市民社会の参加によるいわば公共圏の新たな再編を意味し、それをUNDPは「デモクラティック・ガバナンス（民主的統治）」と命名し、そうしたガバナンスのあり方を「グッド・ガバナンス（良き統治）」と呼んだ。これまでのガバナンスの概念とは異なった統治のあり方が提起されることになったのである（UNDP［1993］）。

諸個人が「能動的」自由人として活動し、選択の幅を拡大すること、これがセンの人間開発論における諸個人の「良き生」であるが、そこには「政治的・社会的参加」の自由が、したがって民主主義が「諸個人の基本的なケイパビリティ（潜在能力）」にとって不可欠だという認識があった（セン［二〇〇〇］一六七頁）。UNDPは、こうした諸個人の政治的・社会的参加が市民社会による開発過程への参加であり、またそれが諸個人の潜在能力の拡大にとって不可避の過程だと確認しつつ、それをガバナンス論として展開したのである。

セン自身について言えば、彼の関心は効用経済学批判としての経済倫理学の確立に焦点があり、それを「諸個人のケイパビリティ（潜在能力）」の拡大＝人間開発という視点から展開するのに意が注がれている。したがって、必ずしも市民社会の参加やガバナンスという概念によって、国家—市民社会—市場の関係の新たな展開を直接に説いたわけではない。しかし彼は、「個人的な自由を社会全体として大切にすることは、必ずしも国家を通じてのみ実現されるのではもちろんない、国家以外の組織も関与しなければならないのである」とし、「政治的・社会的組織」、「地域を基盤とした制度」、「様々な種類の非政府組織（NGO）」、「メディア」、「市場や契約関係の機能を可能にする制度」（セン〔二〇〇〇〕三二八頁）など、人間開発におけるさまざまな領域の諸制度、諸組織の役割を強調した。それら諸制度、諸組織が全体として公論形成に参加し、人間開発の基礎たる「政治的自由と人権」を育むと捉えていたのである。センは国家の役割が変化すべきことを、人間開発の目から説いたわけである。またセンは、市場メカニズムについて、問題は一部の論者が主張するようにそれを否定することではなく、「むしろ市場がよりよく公正に、そして適切に補完されて機能するようにすることである」と述べ、それは「社会的平等と正義のための基本的社会的機会を創出」し、「国民の大多数に経済拡大のプロセスへの直接的参加」（セン〔二〇〇〇〕一六一～一六二頁）を可能とさせることによって実現されると考えていた。

このように、センにとって重要なのは、広範な社会諸組織・諸制度が諸個人の自由に貢献できるという前提に立ち、その役割を評価することであった。それはいいかえれば、これまでの国家—市民社会—市場の関係のあり方を、諸個人のケイパビリティ（潜在能力）と自由の拡大といった人間開発の目から問い直すことと同義であった。そこでは、ガバナンス論が事実上展開されていたのである。

多様なガバナンス論

しかし、ガバナンスを論じる際には留意すべきことがある。現在のガバナンス論は多様であり、新自由主義の文脈の中でも論じられているからである。

その典型は、新自由主義の登場による国家批判の流れの中で一九八〇年代に現れた「ニュー・パブリック・マネジメント（NPM）」論である。公共管理の非効率性を指摘し、市場原理の下でその再編を提起したNPMの主張は、管理の専門化、管理の明確な基準設定、結果・業績の評価（いわゆる成果主義の導入）、そして顧客志向などであり、全体としては、公共部門にインセンティブ（勤労意欲を刺激する諸制度）や能力主義といった市場原理を持ち込み、政府の効率性を高めようとする管理主義的なものである。そして、こうした効率的公共サービスの新しい管理、方法、手段が「ガバナンス」と呼ばれたのである。ここでは、ガバナンス概念が新自由主義の戦略と結びついて論じられている。

また、このような新自由主義の流れの下で展開されたガバナンス論の影響は、開発分野でも現れた。代表的なものは、世界銀行による新たな開発論にみられるガバナンス論である。世銀は一九九二年に出版した『ガバナンスと開発』という冊子の中で、「グッド・ガバナンスは、健全な経済政策を実現するための補完物である」と述べ、次の四つの要素によってガバナンスのあり方を具体的に提起する。すなわち①公共セクターの管理、②アカウンタビリティ、③開発のための法的枠組みの整備、④情報と透明性、である。

一九八〇年代まで、世銀は市場原理主義を主張し、開発途上国にも事実上「小さな政府」論を押しつけてきた。しかし、途上国における市場の調整機能の不全に直面し、あらためて国家による調整機能の役割を見直すことになる。しかし、途上国の政府はえてして腐敗し、管理能力に欠けていることから、上記のようなガバナンス論が提起されたわけである。世銀は後にそれを年次報告の中で「国家再考」という項目を立てて生かしている（World Bank［1997］）。そこではガバナンスという概念を直接には使っていないが、市場に親和的で、市場の機能を高めるためにはいかに公共セクターを改革すべきか、また、いかに市場の管理能力の効率性、責任、透明性を実現すべきかといった観点から、事実上ガバナンス論が展開され、市民社会への注目もこの観点（政府補完型市民社会）から初めて取り上げられた。さらに、福祉や教育など市民サービス分野での分権化や、そうした分野へのNGOや民間セクターの参加も主張された。しかし、世銀の理解するガバナンスは、あくまで公共セクターの改革の手段として捉えたものであるから、その理解はきわめて狭いものとなっている。したがってそれは、市民社会の参加を国家—市民社会—市場という関係の新たな展開にまで結びつけて捉えたものでもなければ、「人間開発」への独自の視点を十分に盛り込んだものでもなかった。

これと比較すると、経済協力開発機構・開発援助委員会（OECD／DAC）やUNDPは、より深くガバナンスを捉えようとしている。DACは、一九九三年に『参加型開発とグッド・ガバナンスに関するDACの指針』を発表したが、そこではガバナンスを、世銀の定義と同じく「政府能力の改革」といった意味を含むとしながら、それに加えて「関係性の観点から定義されるべきもの」、「たんなる公共管理、制度、統治の手段・方法ではなく、政府と市民社会との一連の関係」として定義した。ここでは、世銀の政府補完型市民社会論・ガバナンス論から一歩踏み出し、社会的資源の管理への市民社会の参加が強調され、多元的主体によって構成される新たな関係性のもとでの開発という視点からガバナンスが理解されている。しかも、市民社会の参加は人々の政治的自由や選択の幅の拡大にとって不可避なものと理解されていたことから、ここでは自ら問題を解決していく諸個人の能力の開発が、グッド・ガバナンスの一要素として捉えられている。このようにDACのガバナンス論はあくまで人間開発を重視し、グッド・ガバナンスが人間開発を促すという視点に立っている。またUNDPのガバナンス論については、すでに見たように、市民社会の参加促進による民主主義の深化・拡充がその中心をなしてきた。ここでは、ガバナンスが民主主義・参加という文脈においてより明確に捉えられ、グッド・ガバナンスについては「国家、市場、市民社会の構造的相互作用を促進するもの」としてより広く理解されるようになっている（Kazancigil［1998］）。

一方、一九九〇年代以降は、国際的市民運動の大きなうねりの中で、世界的に経済開発優先主義への反省が進み、経済的・社会的調整への市民社会の参加が重要なものとして認識されていく時代でもあった。また、こうした参加が人間開発や貧困克服にとって不可欠であることも国際的な共通認識となってきた。しかし、市民社会を国家と市場との関係枠組みの中にどう組み込んでいくのかについては、国際協力機関やNGOによって微妙に戦略が異なっている。それは端的にいえば、各市民社会の参加の程度やあり方にかかわる違いでもある。そしてこうした議論に最も影響を受け、自国の歴史的経緯の中でその関係枠組みの実現に向けて努力を続けてきたのがラテン・アメリカであり、また、そうした政府を選んできたのがラテン・アメリカの市民社会である。

では、これらの議論から、いまわれわれは何をあらためて学ぶべきなのだろうか。

4 「排除」から「包摂」へ——市民社会の参加に向けて

なによりもまず、人間開発の理念は開発途上国に固有なものではないことを自覚すべきである。『人間開発報告』(UNDP [1997]) では、センのケイパビリティ論を受け、「貧困とは、人がなしうる、またはなりうる価値あるものを剝奪された状態」だとしている。いいかえれば、貧困とは、「人が長生きをし、健康で、創造的な人生を送り、〔…〕人間らしい生活水準を維持し、尊厳、自尊心を持ち、他者からの尊敬を享受する」という「諸個人の基本的なケイパビリティ(潜在能力)」の向上から疎外されている状態と、選択の幅の拡大すなわち「自らの運命を選択する機会」(同上) の拡大から疎外されている状態を意味する。

「貧困」は、たしかに途上国において顕著である。しかし先進諸国には無関係かといえば、それは違うだろう。右のように定義される貧困は、先進諸国にとっても深刻な問題となりつつあるからである。A・ギデンズ（7章二三〇頁参照）は、いま先進諸国に、新自由主義の結果として「所得の格差」、「社会的不平等」が拡大し、社会的な「排除」が生まれているという。すなわちそこでは、排除された人々の「潜在的可能性」が疎外され、そのことが人々の自尊心をくじき、ひいては社会的な結束、いいかえれば人々の協同性を揺るがし、社会的不安定を生み出しているという。端的にいえば、「格差」や「不平等」の結果、自己の「潜在的可能性」を拡大しうる社会的資源へのアクセスから「排除」される層が構造的に確実に増えているという認識である。そしてギデンズは「所得格差」や「社会的不平等」は「排除」を意味するとし、こうした「排除」の状態を「貧困」と捉えたのである（ギデンズ［一九九九］）。

もっとも、こうしたギデンズの議論は、ヨーロッパ連

コラム

貧困と長労働時間

国連開発計画（UNDP）が『人間開発報告』を最初に発行したのは一九九〇年だった。そこでは、新自由主義的な構造調整モデルに代わって、「人間開発」モデルが提起された。このモデルで興味を引くのは、本文で述べるように、アマルティア・センの議論に基づきながら「貧困」を新たに定義し直したことである。セン、あるいは『人間開発報告』によれば、「貧困」とは、単なる所得貧困や生活貧困を意味するのではない。それは、「健康で、創造的な人生を送り、人間らしい生活水準を維持し、尊厳、自尊心を持ち、他者からの尊敬を享受する」（UNDP［1997］p.19）といった、人々の「（潜在）能力」が発揮されるために必要な選択肢と機会が欠如している状態を意味する。したがって、貧困の克服は、なによりも選択の自由の拡大に求められ、開発の目的も上記のような人間のすべての能力が開花するように選択の幅を広げることにあるとされる。

さて、ではこうした「貧困」の定義は、ひとり開発途上国だけに適用されるべきものだろうか。決してそうではない。ひとたびこうした定義に立つなら、先進諸国にも「貧困」は蔓延しはじめていることに気づく。それは

合（EU）内では「第三の道」としてすでに広く知られていることであり、EU内でも、いまこのような「排除」が構造化されつつある。したがってそこでは、すべての人々の「潜在的可能性」をいかに開いていくのかが重要な課題となっている。ギデンズはこれを「包摂」という概念で語ろうとする。「包摂」とは、日常生活において保有する市民としての権利・義務が尊重されているとともに、生活水準を高め、自尊心を得るための機会が平等に与えられている状態、いいかえれば、社会的資源に平等にアクセスできる権利が与えられている状態を指す。しかもそれは受動的ではなく能動的な権利であり、同時に義務でもあると彼は捉えている。なるほど、人は自己のことは自己で選択し決定するという能動的な存在であることによってのみ、初めて自己のアイデンティティや自尊心を獲得し、また、人がともに支えあって生きていることを確認しうる協同性も育まれていく。ギデンズはこうした能動性を「公共空間への参加」と呼び、そうした参加の権利がすべての人々に行き渡る状態を「包摂」という概念で表したのである。つまり、「包摂とは平等」を意味するものである（ギデンズ［一九九九］一七三〜一七四頁）。さらに、ギデンズは人々の「公共空間への参加」が実現されていくことを「アクティブな市民社会の形成」と呼び、今日、自由と社会的公正を実現するためには、市民社会によるガバナンスへの参加が不可欠だと主張している。

各国においてさまざまな形態をとるが、日本の場合の特徴は、それが長労働時間という形で現れていることである。長労働時間は、たとえば確実に人々から家族の団欒や地域での協同活動といった機会を奪っており、本来そうしたことから得られる自尊心や他者からの尊敬を享受する「能力」が開花する契機を奪っている。「失われた一〇年」といわれる一九九〇年代以降、日本の労働時間はほとんど変化なく、年間二〇〇〇時間を超え、先進諸国では最も長い。これは、人々が多様な「能力」を開花させていくための選択の幅を狭め、よく指摘される所得格差の拡大以上に深刻な問題を投げかけている。われわれは、開発途上国でなされてきた「貧困」に関する議論を、もっと自国の問題に引き寄せて受け止めるべきなのである。

このようにみてくると、開発論で議論されてきたことが、実はヨーロッパのような先進諸国でも同様の文脈で議論され、新たな事態や理念のもとで、実践に向けて努力されていることがわかるだろう。それはグローバリゼーションというものが、実は新自由主義のグローバル化として進んできた以上、それがもたらした、あるいはもたらすだろう「失敗」は、開発途上国でも先進諸国でも同様の問題を引き起こしているということである。にもかかわらず、なぜ日本ではこれらの議論から学ぼうとせず、今日「一周遅れのネオリベラリズム」といわれる状況のただ中にあるのか、理解に苦しむところである。

おわりに――人間中心主義への転換を

いま日本で何を議論し、目指すべきなのかをあらためて考えてみよう。まず、社会発展に対する理念の問題であるが、ここで筆者は、いま日本に求められているのは経済優先主義から「人間中心主義」への転換であると捉えたい。

第一に、人間中心主義は、すでに見たように人々の潜在的・可能的能力の拡大こそ社会発展の基礎であることを確認するための主張である。このことは、単に経済発展を否定するものではなく、何のための経済発展なのかを問い直すことである。「良き生」を選択しうる可能性が閉ざされている人々を放置する経済発展は、社会的公正を損ない、社会に不安をもたらす結果となるだろう。

第二に、しかし人間中心主義は、いま日本で進められている能力主義の主張と同じではないことを、念のため確認しておくべきだろう。現在、企業を中心として社会にまで深く浸透してきた能力主義は、結局のところ「排除」を伴う競争主義であり、一種の選別主義だからである。

第三に、人間中心主義は、経済優先主義が不可避的に生み出す利己主義への批判でもあることを確認しておこう。センがスミスの中に見たように、人は自己利益だけにとらわれて生きるのではなく、他者との協同性にも心砕く存在である。また、人々が支えあい、理解しあう協同性の中においてこそ、各人の「良き生」における選択の幅と選択の自由は拡大しうるものである。

第四に、人間中心主義は、この選択の幅と選択の自由を、各人が自己の生を自己決定するために必要な「公共空間への能動的な参加」に結びつくものとして捉え、そのことがさらに社会的公正を生み出すと考える。

では、こうした社会発展の理念を実現するために、われわれはこれまで見てきた議論から何を学ぶことができるのだろうか。

第一に、市民社会諸組織のガバナンスへの参加を進めることである。各自の「公共空間への参加」は、具体的には市民社会諸組織を媒介とした参加となるだろう。しかし、こうした諸組織の活動を強めるための枠組みは日本ではまだ脆弱である。したがって、いわゆる非営利組織（NPO）活動への強化と支援が必要である。国家は、市民社会諸組織が力をつけていくことに依然として警戒的にみえる。ラテン・アメリカでも事態は同様である。しかしEUでは、市民社会諸組織は政府の正式なパートナーとして認められ、EU政府の透明性や責任性、そして政策形成の効率がかえって担保されたといわれている。国家と市民社会との新たな関係が始まっているのである。

第二に、市民社会諸組織の強化は、市場のあり方を変えていく力ともなる。市場に社会的公正を組み込むこと、特に日本では、まず経営者が企業の社会的責任に自覚的であるよう、市民社会諸組織による働きかけが重要である。他方で、市場の内部においては社会経済の領域（協同組合など）を拡大していくことが重要となる。全体として、国家―市民社会―市場の相互作用を強め、ガバナンス構造を変えていくこと、すなわち国家だけでも市場だけでもない、社会と経済の新たな調整枠組みを作り上げていくことが、人間中心主義の理念を生かす基盤となるだろう。

第三に、市民社会の参加は、地域においてこそその力が十全に発揮できるということを確認し、分権化を推し進めていくことである。政府―自治体の新たな関係構築、そして地域における市民社会の参加という二重のガバナンス構造の変化は、国家の役割を変えていくことになるだろう。国家の役割は各政策領域における大きな目標設定にとどめ、その詳細あるいは政策の優先順位の決定は地域に委ねるべきである。いわゆる「ゴールに基づく管理」である。したがってこの点では、政府が主張する規制緩和を否定するものではない。しかし、地域における新しいガバナンス構造があって初めて、規制緩和は地域を発展させ、人々の「良き生」の実現に役立つものとなる。他方で国家には、分権化によって生まれるであろう地域間格差を調整する役割もこれまで以上に求められることになる。

第四に、分権化を進めるためには財政的裏づけが必要である。所得税の地方移管による自主財源の確保、政府補助金の柔軟な運用が不可欠である。

第五に、市民社会は、人々の社会生活に関連する分野だけでなく、経済の調整にも参加すべきである。いいかえれば、地域における「地域産業公共空間」を作り上げること

●ゴールに基づく管理：分権化を進めるにあたっての中央政府と地方自治体との新しい関係を指す。中央政府は自治体にその権限をできるだけ委ね，また全国的な統一が必要な政策分野でも，実現されるべきゴール（目標）だけを示し，それをどのように実現していくかは自治体に大きく委ねられる。分権化の先進地域北欧でみられる関係モデルである。

である。地域の経済的発展を人間中心主義と調和させるために、地域レベルで地方自治体、市民社会諸組織、地域産業団体・企業が対等な立場で協議機関を設置し、「産業」を公共空間に変えていくことである。それは、地域における政府（自治体）―市民社会―市場の相互作用関係の中で、市場（地域産業団体・企業）に社会的責任を自覚させていくことになるだろう。また、こうした形で地域が発展する中でこそ、地域を基盤とした新しいアイデンティティが育まれ、地域の協同性も強められていくだろう。

もちろん、まだまだ課題は残されているが、いずれにしても、本章で見てきたように、国際協力機関やNGOがいま提起していることは開発途上国だけに向けられた問題ではない。たとえば分権化一つを取ってみても、市民社会諸組織の現状からみれば、日本もラテン・アメリカと同様にその実現には多くの困難が伴うだろう。しかし、理念が公論に付され真剣な検討がなされていくならば、日本においては十分に実現可能な取り組みだと思われる。いまだ道暗しといった日本でこそ、そうした公論が必要となっている。

Más allá de la década perdida

Além da década perdida

第9章

競争するために協力する

地域社会再生のための産業戦略

小池洋一

はじめに

世界中で経済のグローバリゼーションが進行し、先進国、開発途上国を限らずグローバルな競争の渦中にある。現代のグローバリゼーションの特徴は、単にモノが国境を越えて取引されるだけではなく、経済活動が国境を越えて機能的に分割され、それらが輸送・通信手段によって統合されていることである。グローバルな経済活動に多数の国、企業が参加し、それぞれに特定の機能が割り当てられている。先進国企業は製品企画、デザイン、マーケティング、販売など中核機能を本国に残し、生産機能の多くを途上国に移し、あるいはアウト・ソーシング（外部委託）することによって、競争力を実現しようとしている。このように世界経済ではグローバリゼーションが進行しているが、注意深くみると、産業によっては多くの生産機能が先進国内にとどまったり、あるいは生産機能が散在することなく特定の途上国に集中する傾向も見られる。つまり、グローバリゼーションとローカリゼーションが平行して進行している。国境を越えた機能的分業はグローバル・コモディティ・チェーンズ論やグローバル・バリュー・チェーンズ（global value chains）論が描いたものであるが（Gereffi & Korzeniewics［1994］；IDS［2001］）、それらの議論はまた、生産国がグローバリゼーションから利益を得るには、ローカルなもの、産業集積（industrial cluster）をいかに強化するかが重要であることを論じている。競争はグローバル化しているが、競争優位はローカリゼーション、産業集積に依存している（Enright［2000］）。マイケル・ポーターもまた、企業の競争優位が技能、知識、関連産業、顧客、制度、文化などローカルな要素に大きく関わっていると指摘している

(Porter［1998］)。産業集積が外部経済、集団的効率などの利益をもたらすからである。

ラテン・アメリカでは、債務危機を契機に一九八〇年代以降、国際通貨基金（ＩＭＦ）、世界銀行などの指導のもとに、新自由主義《ネオリベラリズム》の開発思想が強まり、経済を市場原理に委ねる改革が進展し、その経済と社会はグローバリゼーションに巻き込まれることとなった。その結果、グローバリゼーションは政治学、経済学、社会学の最大の研究課題となったが、他方でラテン・アメリカにおいても、ローカルなもの、すなわち産業集積とそれを支えるローカル・イノベーション・システム（sistema local de inovação）(Cassiolato e Lastre［1999］)への関心が高まった。経済自由化以後のラテン・アメリカでは、一部の産業の成長や新たな産業の誕生はあったが、多くの産業が衰退あるいは困難に直面した。全体に雇用が減少し地域社会が衰退した。グローバリゼーションのなかで産業集積をいかに強化しアップグレードするかが政策課題となった。

本章の目的は、こうした経済自由化・グローバリゼーションのなかで、産業集積とそれを支える制度を強化し、地域経済と社会を維持、発展させるにはどのような政策が必要かをラテン・アメリカの事例を通じて論じることである。第１節ではラテン・アメリカがグ

●グローバル・コモディティ・チェーンズ，グローバル・バリュー・チェーンズ：ともに一つの製品の生産・流通の過程が国境を越えてチェーン（鎖）のように連なって行われていることを指す。はじめ前者が使われていたが，コモディティ（産物）が一次産品（農林鉱物）を連想させるという理由から，また国境を越える企業の活動が価値（バリュー）の最大化を目的としていること，生産された価値がチェーンに参加する企業あるいは国にどのように配分されるかを明らかにできるという理由から，グローバル・バリュー・チェーンズが使われるようになった。

●外部経済：個別企業の生産規模の増大にともない平均費用が低下することを内部経済と言うのに対し，一産業の全般的な拡大や他産業の拡大が個別企業の平均費用を低下させる現象を外部経済という。特定地域への産業集積がそこに立地する個別企業の生産単価を低下させるのがその一例である。

●集団的効率：特定地域に集積する企業の協力，競争が，外部経済や組織学習によって生産効率を高めたり，新製品・新技術を創造することなどを言う。

ローバリゼーションにどのように参加したのか、グローバリゼーションからどのような利益、不利益を受けたのかを論じる。第2節ではラテン・アメリカがグローバリゼーションの利益を増大させ、あるいはそれに対抗するため、産業のアップグレードに向けてどのような試みをしているかを論じる。続く第3節では、途上国をグローバル・バリュー・チェーンズに組み込むことによって、日本の経済と社会はどのように変化したかを論じる。そして最後にむすびとして、ラテン・アメリカおよび日本で地域の経済と社会が発展するには何が必要かを論じる。

1　グローバル化に参加するラテン・アメリカ

貿易構造の変容

ラテン・アメリカは、一九八〇年代以降とりわけ九〇年代に、経済自由化政策によってグローバルな市場競争の世界に巻き込まれることになった。貿易が増加し経済は開放的なものとなった。輸入の対GDP（国内総生産）比は八九～九〇年の一〇・五％から九七～九九年の二〇・九％に、輸出の対GDP比は八九～九〇年の一二・五％から九七～九九年の一八・九％に上昇した。輸出の構造をみると、ラテン・アメリカ全域では、九〇年の輸出構成は一次産品四二・八％、伝統的工業製品一九・三％、規模経済工業製品（自動車など）二五・八％、技術集約工業製品一二・一％であったが、九九年にはそれぞれ二四・八％、二二・一％、一七・〇％、三六・一％となり、一次産品の減少と技術集約工業製品の増加が生じた。こうした変化には、マキラドーラ（輸出加工工業）、北米自由貿易協定（NAFTA）の枠組みによって技術集約工業製品を中心に対米輸出を増やしたメキシコの影響が反映している。メキシコでは同期間に電器など技術集約工業製品の輸出比率が一三・八％から三八・九％に、繊維・アパレル、食品などの伝統的工業製品のそれが八・六％から一九・三％へと増加した。メキシコを除くとラテン・アメリカ諸国の輸出構成に大きな変化は見られない。すなわちメキシコ以外の域内の輸出構成は、九〇年が一次産品四一・七％、伝統的工業製品二二・二％、規模経済工業製品二八・一％、技術集約工業製品八・一％で、九九年がそれぞれ三七・九％、二三・七％、二四・六％、一三・九％であった。ただし、ホンジュラス、エルサルバドルなどの中米諸国やエクアドル、ボリビアでは繊維・アパレル、食品の輸出が目立って増加し、コスタリカではインテル（本社アメリカ）の進出にともない電子機器が主要な輸出品となった（CEPAL［2001］）。

このようにラテン・アメリカの輸出構造は一部を除けば大きな変化がなく、依然として一次産品、伝統的工業製品が重要な輸出品となっているが、詳細にみるとその内容には大きな変化があった。ラテン・アメリカ全域で、コーヒー、砂糖といった伝統的な一次産品に代わって、野菜、果実、花卉《かき》、大豆、果汁など非伝統的な一次産品の輸出が増加した。工業製品でも、メキシコ、中米、カリブ、アンデス諸国では食品、アパレル、電器などの労働集約輸出が増加した。これらの工業は原材料、部品のほとんどを輸入する加工組立工業である。非伝統的一次産品でも種子、肥料、農薬などの投入財はほとんどが輸入されている。これら一次産品、工業製品の生産、流通など一連の過程を編成するのは、多くの場合アメリカその他先進国のメーカー、小売業である。ラテン・アメリカ諸国は、外国のメーカー、小売業者が組織するバリュー・チェーンズに、土地・水などの自然と安価な労働力を提供することによって参加しているのである。

ラテン・アメリカの工業の加工組立という性格は、国民経済に占める製造業の割合が大きく減少したことに反映している。製造業の対GDP比は一九八〇年に二九％であったが、九〇年には二四％、九九年には二一%となった。工業製品輸出が急速に伸びたメキシコでもその比率は八〇年に二二%、九〇年には二一%、九九年二一%とまったく変化していない(World Bank［1997］［2001］)。工業製品輸出の増加とGDPに占める製造業の停滞は、経済自由化以後に発展した工業が、国内原料を加工・輸出するもの、中間財を輸入し加工・輸出するものなど、付加価値の低い製品によって占められているからである。

グローバル・バリュー・チェーンズの形成

ラテン・アメリカにおけるグローバル・バリュー・チェーンズの形成は、経済の自由化を重要な契機、理由としているが、他方ではグローバル・バリュー・チェーンズが経済の自由化を形成する契機、理由となっているという逆の因果関係もある。ラテン・アメリカの開発の鍵はいかにグローバル化に参加し、いかにグローバル・バリュー・チェーンズの組織者である多国籍企業を誘致するかにかかっているという認識があるからである。そうした期待からラテン・アメリカ各国は貿易、資本取引、労働規制、土地所有などを自由化、緩和してきた。あるいは奨励措置を提供してきた。

経済自由化以後のこうした産業発展とそれを促した政策(経済自由化政策)は、新自由主義の視点からすれば、当然ながら積極的に評価されうるものである。輸入代替工業化期の非効率な産業が一掃され、比較優位にしたがい新たな産業が成長したからである。経済を市場に委ねることが効率的な資源配分を実現したのである。先進国企業によるバリュー・チェーンズの編成が途上国の開発に与える影響については、冒頭にふれたようにグローバル・コモディティ・チェーンズ論、グローバル・バリュー・チェーンズ論などで議論されている(Gereffi & Korzeniewics［1994］；IDS［2001］)。ジェレフィなどの論者は、チェーンを組織する先進国の「メーカー」あるいは自らは生産しない小売業者などの「バイヤー」の見える手が途上国の産業発展を促進する可能性を論じている。すなわちメーカーあるいはバイヤーは、部品や製品の購買を通じて途上国企業に容易には手に入れ難い市場を提供し、また品質管理を通じて間接的に、あるいは指導を通じて直接に、途上国企業に技術を提供する。継続的な取引は途上国の生産企業が新しい設備、技術に対して投資することを可能にさせる。またホブディの研究は、東アジア諸国が電子工業など多様な産業で先進国企業からの購買やOEMを通じて市場の拡大と技術蓄積を実現し、やがては自ら製品をデザインしたり独自のブランドと市場をもつに至った例を挙げている（Hobday［1995］）。

メキシコの事例

メキシコ、ホンジュラス、エルサルバドル、グアテマラ、コスタリカ、ジャマイカなどのアパレル、メキシコ、ブラジルの靴などは、先進国企業によるグローバル・バリュー・チェーンズのなかで成長した産業である。メキシコ中北部の都市トレオンのブルージーンズ産地はその一つである。トレオンはもともとメキシコ国内を市場とする伝統的な繊維とアパレルの産地であったが、経済自由化政策への転換、一九八六年の「関税と貿易に関する一般協定（GATT）」加盟、為替の下落を契機に輸出が開始された。やがてマキラドーラ制度を利用して原料を輸入し、縫製後に輸出するアメリカ資本のアパレルメーカーが現れた。さらに九四年のNAFTAの発足と為替の大幅な下落にともない、アパレルメーカー同様、アメリカの小売業

●OEM（Original Equipment Manufacturing/Manufacture）：相手先ブランド生産。あるメーカーが開発もしくは製造した製品を，別ブランドで販売すること。また後出（p.282）のODM（Original Design Manufacturing/Manufacturer, Own Design and Manufacture）とは，他社ブランド製品を設計から製造まで請け負う製造形態の総称。パソコンや携帯電話等の分野で広範にみられる業態で，台湾や中国に多い。相手先のブランドで製品や部品を製造・供給するOEMに対し，ODMはデザインの段階から引き受ける業態（最終消費者への販売はしない）である。

者が自社工場あるいは生産委託によって、ブルージーンズを中心に大量に生産、アメリカ市場への輸出を開始した。ＮＡＦＴＡのスキームによってアメリカ産の原料を使った製品に対して優遇措置が与えられ、為替の下落によって労働コストが大幅に低下したからである。ＮＡＦＴＡ以前は縫製のみがなされたが、その後生地生産、トリミング、洗濯と最終仕上げ工程が加えられ、製品企画、デザイン、マーケティング、販売以外はメキシコ国内で行われるようになった。幅広い工程で展開することによってトレオンの産業集積は発展、深化した（Bair & Gereffi［2001］）。グローバリゼーションがローカリゼーションを促したのである。

メキシコ中西部グアダラハラの電子工業はもう一つの例である。グアダラハラには輸入代替工業化期にすでにＩＢＭ、モトローラなどアメリカの大手電子工業資本が存在したが、マキラドーラ、ＮＡＦＴＡの発足、為替の減価などの要因によって、アメリカへの輸出を目的に、多数の先進国企業が新規参入した。そしてコンピューターなどの電子機器を生産し、グアダラハラは「メキシコのシリコンバレー」と呼ばれるまでになった。ＩＢＭなどのブランド・メーカーはデザインの提供のみを行い、生産はソレクトロン、ＳＩＣシステム（いずれもアメリカ）など外国の電子製造サービス（ＥＭＳ）メーカーに委ねる方法をとっている（Hisamatsu［2001］）。

メキシコの二つの例は、経済自由化に加えてＮＡＦＴＡのスキームのなかで発展した産業集積の例である。しかし、ブルージーンズ生産全体を統治しているのはアメリカのメーカーと小売業者であり、製品企画、デザイン、マーケティング、販売という最も付加価値の高い部分は依然としてアメリカの側にある。グアダラハラでは、ＥＭＳが調達する部品の大半は輸入であり、ＥＭＳメーカーはもちろん、部品メーカーも外資系企業で占められローカルのメーカーは少ない。最近では、メキシコにおける賃金の上昇、世界貿易機関（WTO）の情報技術協定（ITA）によってアメリカにおけるIT製品の関税がゼロ水準となっていること、NAFTA加盟国向け輸出におけるマキラドーラの特権的地位の喪失などの理由から、メキシコでの生産は優位性が失われ、ソレクトロンがIBMパソコン生産の一部をマレーシアに移すなどの、グアダラハラの生産再編が進行している（日本貿易振興会［二〇〇二］）。

多国籍企業にとって、ラテン・アメリカでの生産は多数の立地候補の一つに過ぎない。賃金、為替の上昇、現地原料の枯渇、政治不安などの条件悪化は取引中止につながる。バリュー・チェーンズへの参加は不確実で不安定なものである。一次産品の場合、新たに導入された作物は、収益性が高い一方で、農機、種子など大規模な投資を必要とし、天候変動、病虫害への耐性が低いという問題をもつ。また価格は先進国の市場動向によって大きく左右される。農産物が契約によって生産される場合、これらのリスクのすべて、あるいは一部は生産者の負担となる（谷［一九九九］）。もちろん継続的な発注は、取引に特殊な知識を増大させ、取引中止のコストを高め、**ロックイン効果**によって海外のバイヤーの機会主義的行動を抑制する。もっとも、取引中止のコストは経済力の弱い生産者、生産国の方が大きい。

不均等に配分される付加価値

グローバル・バリュー・チェーンズのもう一つの問題は付加価値の著しく不均等な配分である。付加価値の大半は製品企画、デザイン、マーケティング、販売部門などが享受し、生産部門に配分される付加価値は極めて小さい（Kaplinsky［2000］；清水［一九九九］）。もちろん付加価

●ロックイン効果：取引先に対し，優先的に発注してもらうための報奨を与えることによって，独占的位置を獲得すること。

値のこうした配分がすべて不当とは言えない。途上国で生産される製品は多様で需要の不確実性が高い製品が少なくなく、標準化された大量生産製品だけとは限らない。つまり、それらの製品企画、デザイン、マーケティング、販売などは高いノウハウを必要とし、リスクが大きいのである。しかし、付加価値の不均等な配分は経済力の非対称性にも起因している。経済力のあるバイヤーは生産者に対して強い交渉力をもっている。取引中止のコストは生産者がより大きい。バイヤーは非対称の経済力を利用して生産者に対して価格などの取引条件を引き下げることができる。

生産国への配分の低さは、配分の中に社会的コストが反映されていないことにも起因する。その典型は環境コストである。中米では森林が年約二％の速度で減少している。アメリカ向け野菜、果実、牛肉生産がその要因の一つである。大量の農薬、化学肥料の使用は土地の劣化、水質汚染などの環境悪化、さらに人体への被害をもたらしている。中米での野菜、果実、コロンビアやエクアドルでの花卉栽培は大量の殺虫剤、殺菌剤などによって自然と人間にダメージを与えている。水の枯渇という問題も一部で発生している。こうした社会的コストは購入される野菜、果実、牛肉などの価格に含まれていない。森林などのフロンティアがある限り、バイヤーは環境破壊のコストを払おうなどと思わない。農地がなくなれば購入先を他国に移せばいいからである。社会的コストの不払いは労働力に対しても同じである。バイヤーは社会保障などの負担を担おうとはしない。

2 競争するために協力する

グローバリゼーション、グローバル・バリュー・チェーンズへの参加は、これまで述べたような不利益をもっている。そうした不利益を減らしグローバリゼーションの利益を高めるためには、産業のアップグレーディングが必要となる。アップグレーディングとは競争優位を実現することであり、その手段としては生産プロセスのアップグレーディング（生産プロセスの再編、新しい機械の導入など）、製品のアップグレーディング（品質の向上、新製品の導入など）、機能のアップグレーディング（デザイン、マーケティングなど新たな機能の追加）がある（Humphrey & Schmitz［2000］）。

産業のアップグレーディングは何よりも個々の企業の努力にかかっているが、次項で述べるように、同時に一定の地域に集積する企業、関連産業、つまり産業集積の厚さにかかっている。アップグレーディングのなかでも機能のアップグレーディングは、個々の企業の垂直統合（5章一七五頁参照）によっても達成しうるが、新たな機能を担う企業が産業集積に参加することによっても達成しうる。また、産業集積を支える制度的厚みも重要となる。産業集積の競争力は、個々の企業の能力、企業間のネットワークとともに、リージョナル・ローカルなイノベーション（革新）・システムおよびナショナルなイノベーション・システムによって支援される（図9―1）。

ラテン・アメリカの産業集積

産業集積については、マーシャルが外部経済の概念によってその意義を論じ、小規模企業が集積した地域を「産業地区」（industrial district）と定義した（Marshall［1920］）。その後ピオーレとセーブルが『第二の産業分水嶺』のなかで大量生産から柔軟な分業（flexible specialization）への産業発展のパラダイム転換を論じ、その例として第三イタリアの中小企業集積、日本の下請生産などを挙げた（Piore & Sabel［1984］）。

図9－1　産業集積と関連システム

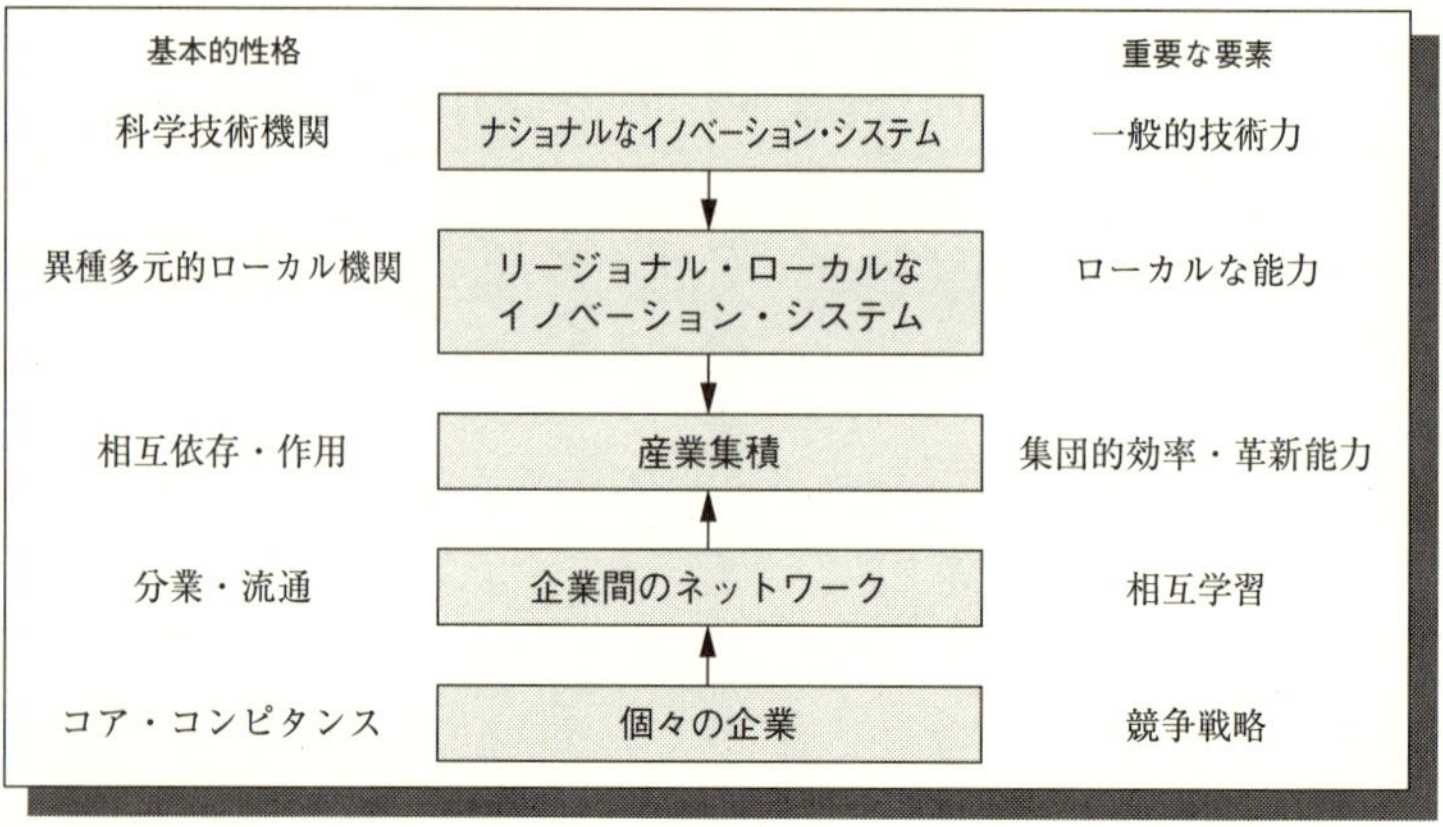

出所）Britto［2000］.

開発論からは第三イタリアをモデルに途上国の産業集積の実態、政策課題の研究が多くなされた（IDS［1992］；UNCTAD［1994］）。第三イタリアを理念型とする「産業地区」は三つの特徴をもっているとされる。専門化した企業による「柔軟な分業」、「経済の社会への埋め込み（social embeddesness）」、「制度的厚み（institutional thickness）」の三つである。「柔軟な分業」とは、画一的な製品を企業内の固定的な分業で大量に生産するのではなく、多様でライフ・サイクルの短い製品を分業に参加する企業を柔軟に変えながら生産することである。「経済の社会への埋め込み」とは、経済活動が地域の歴史的、文化的同質性が生み出す相互理解、信頼によって支えられていること、そして経済活動よりも地域社会の発展が優先されることを意味する。「制度的厚み」とは、「産業地区」での企業の活動が、企業団体、労働組合、政党、地方政府など多様な組織によって支援され、活

●コア・コンピタンス：自社事業の核となるノウハウや強み。他社が真似できないその企業独自の力を指す。

力あるものとなり革新が促されていることを意味する（コラム参照）。

こうしたモデルとしての産業集積とラテン・アメリカの産業集積には多くのギャップがある。ラテン・アメリカの産業集積は多くが輸入代替工業化時代の微温的な環境のもとで生き延びてきたという側面が強い。加えて輸送、通信網の不備もまた、局地的な地域を市場とする薄い産業集積の存続を許した。輸出向けの産地は靴、アパレル、食品加工など一部に限られている。それらは低賃金、国内原料の存在を競争力の源泉としている。生産性、品質、デザインなどは重要ではない。分業の深さも乏しい。企業間の協力も行われない。競争はもっぱら価格をめぐるもの、あるいは競争相手のデザインをコピーするといった類のもので、ハイ・ロードの競争（コラム参照）はあまり見られない。産業集積の薄さ、企業・関連業種の少なさが分業の利益を実現させないからである。技術など企業の能力のばらつきもまた地域企業間による協力の機会費用を高めてしまう。同一地域の企業間で協力するよりも他地域の企業との取引の方が利益が大きい

コラム

イタリア・モデル

地域経済と社会の発展、それを支える中小企業の振興をはかるとき、モデルとされる地域がある。イタリア、なかでも伝統的な工業地域である北部と農業地域である南部に挟まれ「第三イタリア」と呼ばれる中部イタリア（ボローニャ、フィレンツェ、ベネチアなどからなる地域、とりわけエミリオ・ロマーニャ県）はその代表例である。第三イタリアからは、高いブランド力をもち世界市場で流通する「メイド・イン・イタリア」が多数生み出されている。アパレルのベネトンはその代表例である。この地域はもともとは農村地帯であったが、副業として手工業が誕生し、それを支える職人層が形成され、現在ではアパレル、靴、家具、機械など多数の産業集積が存在する。それを支えるのは中小企業であり、中小企業間の分業である。

第三イタリアには特定の工程に特化した夥しい数の企業が存在し、製品によって多様な企業が分業に参加している。こうした「柔軟な分業」によって、小規模で多種多様な製品の短期での生産が可能になる。企業間の日常的な協力と競争は、外部経済や組織学習を通じて、生産効率、品質を高めるだけではなく、新しい製品、デザイン、技術の創造を促進する。こうしたいわばイノベー

からである。こうした薄い産業集積においては、企業間ネットワークによる相互学習とそれを通じた地域産業の水準向上が実現されない。産業集積の発展には地方政府、業界団体などの制度的厚みが重要となるが、これらの活動は概して不活発である（アルバラデホ［一九九九］）。

　このようにラテン・アメリカの産業集積は多くの問題をかかえているが、経済の自由化、グローバリゼーションはそれを表面化させ、さらに深刻化させた。輸入品の国内市場への浸透は多くの産業集積を溶解の危機に追いやった。完成品以上に競争力に乏しい部品は、輸入品にとって代わられ、組立工業との関係、リンケージ（連携）は分断された。

チリ、ブラジルの成長事例

　ペルー北部トルヒーヨの製靴産地では、アジアからの製品輸入の増加によって企業数が大幅に減少した（佐野［二〇〇二］）。メキシコの自動車産業は部品工業が未発達で輸入部品への依存度が高かったが、経済自由化、NAFTAの発効によって輸入比率がさらに高まり、それ

ション（革新）は産業の競争力を高め、地域の雇用と生活を支える。

　第三イタリアでは経済よりも社会の発展が重視される（「経済の社会への埋め込み」）。賃金・労働条件引き下げによって競争に勝利しようとするロー・ロードは、企業と地域社会の持続的な発展を危うくする。反対にイノベーションによって競争に勝利しようとするハイ・ロードは企業と地域社会の持続的な発展を可能にする。経済よりも社会の発展が重視されることが企業にハイ・ロードの選択を促しているのである。また、第三イタリアで不断にイノベーションが行われ産業の競争力が高まっている背景には、企業の自主組織、地方政府によるデザイン・センター、職業訓練所、信用組合、見本市、輸出組合など多様な制度の存在がある（「制度的厚み」）。この地域は政治的には共産党、社会党の影響力が強く、これらの政党によって中小企業の自立・発展のため数多くの制度が導入された。

　第三イタリアの成功は先進国だけではなく開発途上国の関心をもひいた。日本からも、アジア諸国との競争に晒され、他方でデザイン、技術、ブランド力の向上、新製品の創造に悩む多数の地方自治体、業界団体がミラノやプラート（毛織物工業産地）などに駐在員事務所を設置している。途上国でも、経済自由化、グローバル化のなかで困難に直面している地域の経済振興策、中小企業政策として産業集積が注目され、第三イタリアがモデル

とともに組立と部品工業のリンケージが一層弱まった（谷浦［二〇〇〇］）。ブラジルの自動車産業はほぼ一〇〇%の国産化率を達成していたが、自由化以後輸入品との競合が進んだ。加えてアセンブラー（外資系）による部品メーカーの選別が進み、民族系の部品メーカーが脱落していった（Humphrey, Lecler & Salermo［2000］）。アセンブラーによる民族系部品メーカーに対する技術支援、情報提供、それらを通じての関係強化は、グローバル・バリュー・チェーンズ論が言うようにはなされておらず、短期の市場取引が中心である（Quadros［2002］）。

しかし、経済の自由化、グローバリゼーションのなかで、生産組織を再編して、成長をとげた産地もある。チリのワイン産業は一九七〇年代までは質が低く国内を市場としていたが、経済自由化のなかで、外国技術の導入、外国企業との提携などによって、輸出産業として急成長した。チリのワイン産業の成長は大企業のリーダーシップによるところが大きいが、同時に外務省輸出振興局（ＰｒｏＣｈｉｌｅ）による見本市開催その他の輸出振興策、振興公社（ＣＯＲＦＯ）の産業振興プログラム（ＰＲＯＦＯ）による中小ワイナリー（ワイン醸造所）の組織化、農務省農牧畜局（ＳＡＧ）によるワインの産地表示、品質保証書発行など政府の政策・行動がチリワインの品質向上、市場拡大につながった。中小ワイナリーは資金、技術の不足、

とされている。途上国は経済活動の中心が農業で、企業のほとんどが中小企業であるなど、第三イタリアと類似の条件を備えており、産業集積の育成は可能だとされている。近年、国際労働機関（ＩＬＯ）、国連貿易と開発会議（ＵＮＣＴＡＤ）、イギリスの開発研究所（ＩＤＳ）なども第三イタリアを含む産業集積の研究を進め、政策提言を行っている。途上国に現在存在する産業集積は、製品の多様性と品質、企業間の分業と協力の程度などの点で第三イタリアからは程遠いものである。しかし、第三イタリアの発展が多様な制度によって促進されたものであり、途上国でもそうした制度が整備されれば、産業集積の育成・強化、それを通じた地域社会の持続的な発展が可能となる。

現在、第三イタリアでは、経済グローバル化のなかで労働集約過程その他の機能を地域外に移転するなどの変化が生じているが、集積の中核的な部分は維持されており、第三イタリアはなお地域経済・社会発展のモデルとして存続している。

市場へのアクセスその他の困難をかかえているが、政府の一連の政策はそれらの困難を緩和した。PROFOを利用し共通ブランドを創造する中小ワイナリーも現われた（村瀬［二〇〇一］）。市場での評価、評判はたった一社の不実によっても崩壊しうる。チリワインは中小を含め企業と政府の協力によって世界市場において高い評価、評判を勝ち得た事例である。

ブラジル南部のシノバレイはブラジルの伝統的な革靴産地である。零細小企業を中心に多数の靴製造、関連産業が集積し、一九五〇年代には輸出産業へと成長していった。シノバレイの発展においても企業の共同組織は重要な役割を果たした。靴見本市開催組織（FENAC、六三年設立）、国立職業訓練所（SENAI）皮なめし校（六五年）、SENAI革靴校（六八年）、皮革・靴・関連産業技術センター（CTCCA、七二年）などの組織設立は生産者のリーダーシップによるものであった。このうちFENACは外国のバイヤーのシノバレイでの買いつけや、生産者の海外見本市への参加において重要な役割を果たした（Schmitz［1993］）。シノバレイは九〇年代以降中国などアジア諸国の台頭によって輸出市場で困難に直面した。これに対してシノバレイでは大企業を中心に、アメリカなど外国のバイヤーとのOEM、ODM（二七三頁参照）によって、デザイン、技術力を強化してきた。その結果、FENACの役割は相対的に後退したが、産業の集積と企業間の分業、協力がシノバレイ全体の競争優位を実現したことには変わりない。事実、外国のバイヤーからは、価格では中国やインドの製品には劣るものの、品質では中国、イタリアと同等、納期では中国、インドを上回りイタリア並み、納期では中国に次いで評価が高く、大ロットの注文への対応では中国とともに優れ、小ロットへの対応やデザインではイタリアに次いで高いとの評価を受けるまでになった（Schmitz & Knorringa［2000］）。大企業は、シノバレイで域内の企業間分業を利用して多品種少量生産をする一方で、北東部で低廉な労働力を使い垂直統合によって大量生産を行うという戦略を展開してきた（小池［二〇〇二］）。

ブラジルのもう一つの成長事例：ローカルなイノベーション・システムの形成

ブラジル・サンパウロ州のサンジョゼドカンポスを拠点とする飛行機会社エンブラエル（EMBRAER）は別の優れた例である。国営企業として出発したエンブラエルは一九九五年の民営化以降、技術力、経営力を高め、現在では小型機で世界第二位の企業に成長した。成長の要因の一つはGE（ゼネラル・エレクトリック、本社アメリカ）、川崎重工など外国企業との取引、技術関係にあるが、同時にその成長はサンジョゼドカンポスの産業集積によって支えられてきた。サンジョゼドカンポスには電子工業など数多くのハイテク産業が立地し、また航空技術センター（CTA）、航空技術大学（ITA）などの教育・研究機関が多数存在している。エンブラエルのサプライヤー（納入業者）の中には民族系企業が少なくない。原料・部品の九五%は輸入されるが（Bernardes e Pinho［2002］）、九九年から二〇〇一年の三年間の輸入額の売上に対する比は三八%であり（Goldstein［2002］）、ブラジル国内での加工による付加価値が一定程度あり、単なる組立業でないことがわかる。ブラジルにおけるハイテク産業の集積地としてはほかに同じくサンパウロ州のカンピナス（情報、電子、通信、光学、ファインケミカル〔精密化学〕など）や、サンタカタリーナ州のフロリアノポリス（通信、ソフトウェアなど高度技術産業集積地域）その他がある。

これらの産業集積に共通するのは公共研究機関や大学が産業のラボラトリー（実験室）、インキュベーター（孵卵器）その他の機能を果たしていることである。ナショナルなレベルとは別に、ローカルなレベルでイノベーション・システムが見られる場所である。ブラジルの経験は、産業が地域に深くとどまるには、企業だけではなく、それらの自助組織、政府、大学などから構成されるローカルなレベルでのイノベーション・システムを創出、強化する必要があることを示している。

3 日本の産業と地域社会を考える

ラテン・アメリカが直面する、産業集積とそれを支える制度の強化は、日本の課題でもある。日本企業はグローバル・バリュー・チェーンズの編成によって競争力を高めた。日本企業は、研究開発、製品企画、デザイン、マーケティング、販売などを担当することによって、付加価値の多くを取得した。グローバル・バリュー・チェーンズの発展は、消費者が低価格で製品を手に入れることも可能にした。しかし、グローバル・バリュー・チェーンズの編成による企業の競争力の獲得、消費者の利益の獲得は、必ずしも持続的なものではない。グローバリゼーションは日本の企業、人、地域に一様に利益をもたらしたわけではない。

日本企業による東アジアなど途上国への生産展開、グローバル・バリュー・チェーンズ編成は、ロー・ロードによる競争という側面を強くもっている。日本の製造業はこれまで次々と新製品、新モデルを創造し、旧製品、旧モデルの生産と技術を直接投資、生産委託などを通じて東アジアなどに移転してきたが、現在では製品技術における画期的な革新は、情報・通信など一部の産業を除いて出現せず、もっぱら機能の追加、変更を中心とするものとなった。生産性にかかわる製造技術の革新についてもすでに限界に達した。そこで多くの日本企業は国内での労働コスト削減、生産の海外移転によって競争力の維持を図ろうとしている。こうした行動は国内での雇用と所得を奪う。

グローバル・バリュー・チェーンズの編成は、研究開発、製品企画、デザイン、マーケティング、販売などを担当する日本企業が付加価値の多くを獲得することを可能にしたが、利益を受けたのは企画その他を担当する企業、部門、人員であって、生産のなかでも単純な製品、部品、工程を担当する企業、部門、人員は、途上国からの輸入や海外生産によって雇用が失われるなどの不利益をこうむった。労働市場はバリュー・チェーンズの中枢に働く人々と周辺に働く人々に分断された。中枢では、労働強化の見返りに賃金が上昇するが、周辺では過剰な労働力を背景に賃金が抑制される。こうしたグローバリゼーションの有りようと先進国に起こる労働市場の分断は、ウッド（Wood［1994］）あるいはサッセン［二〇〇三］が描いたものである。

失業、所得の減少、雇用の不安定化は、国内のマス市場の需要の縮小、質の低下（degradation）を引き起こしている。ニューリッチと呼ばれる新たな富裕層が出現し、大都市中心部における高層マンション群、ショッピングセンター、ブランドショップが次々と誕生している一方で、多くの人々が失業や、パート、派遣、フリーターなど不安定な雇用に晒され、ホームレスやシャッター商店街の増加、外食産業での価格破壊、一〇〇円ショップの繁盛などを生み出している。国内でのこうした需要の質低下は製造業の基盤を侵食する。人々は消費の量を減らすだけではなく価格の低いものへ消費をシフトする。そうした消費行動は商品単価を引き下げ、企業売上を抑制する。これに対して企業は、労働コスト削減のため雇用の抑制、短期化を図り、他方で海外調達、海外生産を増加させた。要するにデフレ・スパイラルの発生である。

グローバリゼーションにともなう産業発展の格差、労働市場の分断、需要の質低下は地域性をもっている。情報、通信といった一部の成長産業は大都市をおもな基盤とする。研究開発、企画、デザイン、マーケティング、販売、金融などの機能や高度な技術も大都市に集中している。これに対して伝統的な工業はその多くが地方を基盤としている。生産のなかでも組立、加工、とりわけ大量生産品の組立、加工は、立地、労働条件その他の理由から、地方に多くが存在している。その結果、地方は途上国との競合に晒される。地方は、企業のグローバル・バリュー・チェーンズの編成、海外生産、輸入の増加の影響を直接受け、生産と雇用が縮小している。それは需要の質を低下させ、地域の商業を衰退させる。

日本企業の生産移転によって、東アジアの産業は成長するが、それは一時的なものである。日本は東アジアにとって新製品、新技術の重要な源泉であり、日本産業の衰退は新製品、新技術の獲得機会を縮小させるからである。需要の質低下、低価格製品への需要増は東アジアでの生産を増大させるが、これもまた一時的なものである。日本での雇用の悪化と需要の収縮が、東アジア製品への需要を縮小させることになるからである。日本における技術革新の停滞、需要の質低下は、東アジアにおいても価格あるいは労働コストを引き下げるロー・ロードの競争を促進する。隣人窮乏化の性格をもったこうした競争は、消極的な競合関係、破滅的な競争を生む危険をもっている。

おわりに——創造的な地域社会を目指して

グローバリゼーションはラテン・アメリカに発展の機会を与えた。ラテン・アメリカによるグローバル・バリュー・チェーンズへの参加は市場、技術へのアクセスを可能にした。しかし、グローバル・バリュー・チェーンズを組織する多国籍企業にとってラテン・アメリカは代替的な生産地の一つに過ぎず、取引は常に不確実性をもっている。経済力の非対称性からラテン・アメリカは不利な取引条件を強いられ、ラテン・アメリカに配分される付加価値は小さい。独自の製品企画、デザイン、マーケティング、販売機能の獲得は容易ではない。バイヤーはラテン・アメリカの生産者がそれらの機能をもつことを容認しない。グローバル・バリュー・チェーンズへの参加はまた、環境破壊など社会的負担をともなった。

ラテン・アメリカがグローバリゼーションに参加しそれから利益を得るには、生産プロセス、製品、機能のアップグレーディングを通じて競争力を高める必要がある。それは個々の企業の努力だけではなく、一定の地域に集積する企業間の協力によって達成しうる。個々の企業の能力が一般に低く能力のばらつきが協力関係を阻害していることを考えれば、協同組合などの企業組織、地方政府によるリーダーシップ、研究開発、デザインセンター、品質検査、規格の設定、職業訓練、見本市開催その他のサービスの提供が不可欠となる。つまりローカル・イノベーション・システムの強化が求められる。地方の企業、産業集積が直面する最大の困難は市場の獲得である。新たなバイヤーを探し買い手を多様化するのは容易ではない。したがって輸出組合の組織、政府の支援が必要となる。フェア・トレード（10章コラム参照）など先進国の消費者との連携も販売ルートを多様化する手段となる。販売ルートの多様化はバイヤーに対する交渉力を高める。競争するために協力すること、すなわち、地域経済、社会を活性化するために域内企業間で協力し合うことが、グローバリゼーションのなかで、地域の雇用と社会を維持、発展させることになる。

豊かな地域経済、社会の創造は日本の課題でもある。日本の企業はロー・ロードを選択し、地方の経済と社会を疲弊させている。日本企業はハイ・ロード、すなわち革新＝イノベーションによって競争力の向上を図る必要がある。とりわけ新製品開発へのいっそうの努力が必要となる。確かにデフレ・スパイラルによって消費意欲は減退しているが、消費者が潜在的に高品質で個性的な製品を求めていることもまた事実である。経済的に成熟した日本の製造業で今後重要となるのは文化、安全、福祉、環境などのコンセプトである。産業がこうしたコンセプトを自らの事業に結びつけることによって新たな製品と、それに付帯するサービスの創造が可能となる。それらの製品、サービスは、市場にスティッキー（粘着的）で基本的には地域に立地する企業によって効率的に提供されうる。またそれらの製品とサービスは個別的で多様性をもち、中小企業によって効率的に提供されうるという特徴をもつ。新たな産業を担う企業が多数現れれば、その産業は地域に深くとどまる。

日本の地方が新しい産業の担い手になるには、企業の努力とともに、ローカルなレベルでのイノベーション・システムの強化が必要となる。そのためには、地方交付税と補助金によって地域経済、社会を縛りミスリードし疲弊させてきた税制その他の制度と中央集権的な官僚組織を根底から改める必要がある。地方への権限と財源の委譲によって地方政府と住民の自主性を強める必要がある。「腐った銀行」を整理し地域金融を再興させる必要がある。地域経済、社会が豊かであることが、途上国との共生、積極的な分業関係を築き、途上国の産業発展をも促すことになる。

Más allá de la década perdida

Além da década perdida

第10章

連帯経済の構築と共同体の構造転換

メキシコ最貧困州チアパスの経験から

山本純一

はじめに

メキシコ最南部チアパス州の先住民共同体の一部では、一九八〇年代以降、地元の非政府組織（ＮＧＯ）と協働した、自律的な社会経済発展が模索されている。「連帯経済」と名づけられたその活動は、開発主義や利益至上主義とは異なる原理に依拠し、共同体内外での討議による合意形成と、開かれた共同性にもとづく他者との連帯によって、新たな経済セクターを創出しつつある（DESMI［2001］）。アソシエーションを核とするこの試みは、克服すべき課題は大きいものの、新自由主義《ネオリベラリズム》の名の下に福祉国家が後退し、人々が「個化」する時代にあって、日本を含む多くの国が目指すべき「住民―地域社会―国家―市場」の望ましい関係についての豊かな示唆・教訓を含むものである。

いま世界的な潮流となっている新自由主義およびその経済的実践である「構造調整」（日本で言う「構造改革」）は、国家の財政面からみれば、過剰な財政負担に耐えきれなくなった福祉国家が、市場の調整に多くを任せてスリム化するための原理・政策と理解できる。世界のさまざまな国・地域では、こうした国家の機能低下の間隙を埋め、暮らしを守るために、そしてより積極的な意味では、国家との関係を再考し、自らの手で新たな価値観にもとづく豊かな人間関係と地域社会を築くために、ＮＧＯや非営利組織（ＮＰＯ）、協同組合など、いわゆる社会経済セクターが拡大している。

メキシコでは一九八二年の金融危機を契機に、政府は世界銀行・国際通貨基金（ＩＭＦ）の勧告（ワシントン・コンセンサス）を受け入れ、インフレ抑制を目的とする財政・金融引き締め政策と為替アンカー政策（為替変動幅の人為的抑制）、これらの政策による競争力の衰退と経常赤字の肥大化を回避するための貿易・資本の自由化政策、非効率といわれた国営企業の民営化政策、外資誘致を目的とする高金利政策等を柱とする新自由主義「改革」が断行された。この結果、たしかに九〇年代には財政赤字が縮小、インフレが収束し、マクロ経済指標は一部を除き大幅に改善された（次頁表10―1）。だが、引き締め政策下において輸出主導の経済成長を指向するという矛盾を外資の誘致で繕う「ポリシー・ミックス」の欠陥は、九四年末の通貨危機（テキーラ・ショック）で露呈すると同時に、自由競争による貧富の格差を拡大させ（たとえば九七年の実質最低賃金は八〇年代半ばの半分以下となり、ジニ係数〔序章四八頁参照〕は八四年の〇・四八四から九六年の〇・六三五へと大きく悪化）（Aguilar Gutiérrez［2000］）、「改革」は「大きな痛み」をもたらすことになった。

とくにトウモロコシとコーヒーを主な商品作物とする南部では、政府による買上保証価格の大幅な引き下げや撤廃、生産補助金・技術支援の見直しや打ち切り、さらには安価なアメリカ産トウモロコシの輸入増大とコーヒーの国際価格の下落によって、小規模農業生産者は大打撃を受けている（湯川［二〇〇二］）。このような状況にあって、チアパス州の先住民地域ではここ二〇数年来、地元のＮＧＯと協働した「連帯経済」の試みが続けられている。

本章では、以上の事実認識にもとづき、まず「連帯経済」誕生の国際的背景を整理し、メキシコでも最も貧困に苦しんでいるとされる地域、チアパス州の「連

●アソシエーション：地縁的結合のコミュニティ（共同体）の対極にある概念で，各人が自由意思にもとづいて共同の目的のために財や力を結合する組織形態，そしてそのようにして創造された社会を意味する。本章で取り上げる先住民協同組合は，共同体を基盤としながらもこのアソシエーションを理念として組織されていることから，その共同体の閉鎖的な構造が自由で民主的なものに転換しつつあると考えられる（第3節参照）。

●ポリシー・ミックス：経済の成長・安定や国際収支改善など複数の課題を同時に達成するために，財政・金融政策などを組み合わせて用いること。

表10－1　メキシコのマクロ経済指標（1981～97年）

年	1981	1982	1983	1984	1985	1986	1987	1988	1989	1990	1991	1992	1993	1994	1995	1996	1997
ＧＤＰ成長率（%）	8.8	-0.6	-4.2	3.6	2.6	-3.8	1.7	1.3	3.3	4.5	4.2	3.6	2.0	4.4	-6.2	5.2	6.7
対ドル交換率（ペソ，年末時）	26.2289	148.50	161.35	209.97	447.50	915.00	2227.50	2297.50	2680.75	2943.15	3071.00	3115.40	3.1059*	5.3250	7.6425	7.8509	8.0833
インフレ率（%，年末時）	28.7	98.8	80.8	59.2	63.7	105.7	159.2	1.7	19.7	29.9	18.8	11.9	8.0	7.1	52.0	27.7	15.7
経常収支（10億ドル）	-16.1	-6.2	5.4	4.2	1.2	-1.7	4.0	-2.4	-5.8	-7.5	-14.6	-24.4	-23.4	-29.7	-1.6	-2.3	-7.4
資本収支（10億ドル）	–	–	–	–	–	–	–	–	3.2	8.3	24.5	26.4	32.5	14.6	15.4	4.1	15.8
財政収支（対ＧＤＰ比，%）	-13.0	-15.6	-8.1	-7.1	-8.0	-14.9	-15.0	-10.9	-5.0	-2.6	-0.5	1.5	0.7	-0.1	0.0	0.0	-0.7
実質最低賃金（1985年＝100）	–	–	–	–	100.0	92.6	86.1	75.2	70.3	63.8	61.0	58.2	57.3	57.3	50.2	46.0	45.8

＊注）1993年に1000ペソ＝1新ペソのデノミ（通貨単位切り下げ）を実施。
出所）Lustig［1992］; Banco de México, *The Mexican Economy 1996, 1997, 1998, 1999*（http : //www.banxico.org.mx/siteBanxicoINGLES/kIndiceAlfabetico/FsIndiceAlfabetico.html）

帯経済」の原理と実践を概観する（第1、2節）。つづいて、その学習と経験を通じて共同体の構造と住民の意識がどのように変容したのか／しなかったのかを検証する（第3節）。さらに第4節では「連帯経済」の可能性と課題を分析した上で、むすびとして日本の地域社会と住民に対する示唆・教訓を読み取ることとする。

1　連帯経済とは何か

「共的セクター」の国際的背景

公的セクターでも私的セクターでもない「連帯経済」の活動は、定義や実態は多少異なるものの欧米では以前からみられるものである。たとえばフランスでは社会経済セクター（NGOやNPOのほか、自助・互助グループや経済的事業体である協同組合を含む）、スペインではバスク地方のモンドラゴン協同組合企業体（MCC）に代表される協同組合セクター（自己資本と自己労働によって、直接民主主義的に仲間と協同して事業を行う労働者協同組合《ワーカーズコープ》が中心）、アメリカでは非営利セクター（NGO、NPOのみで、協同組合を含まない）などの活動がそれに当たる。最近ではこれらの組織を包括的に捉え、公的セクター、私的セクターに続く「第三セクター」とする場合が多くなっている（田畑ほか［二〇〇三］）。もちろんこの語法は、自治体と民間が共同出資する株式会社を指す日本の「第三セクター」とは異なる。日本では内橋克人が、公的セクターでも私的セクターでもない経済諸活動の実践現場を詳細にレポートし、「共生セクター」と命名している（内橋［一九九五］）。他方、金子郁容・下川辺淳らが提起した「ボランタリー

表10―2　経済セクターの三類型

	公的セクター	私的セクター	共的セクター
組織形態	国家官僚制	企業官僚制	アソシエーション
組織化原理	統制・集権	利害・競争	参加・分権
制御媒体	法権力	貨幣	対話（言語）
社会関係	贈与	交換	互酬
基本的価値	社会的平等	個人的自由	連帯，隣人愛
利益形態	公益	私益	共益
支援形態	公助	自助	互助
経済・経営主体	公企業	私企業	民間非営利協同組織
経済メカニズム	計画メカニズム	市場メカニズム	協議メカニズム
経済形態	公共経済	市場経済	社会経済
経済動機	福利・厚正	利潤の追求	共益・福利
生産システムの性格	官僚統制による標準化・規格化	競争原理による極大化・効率化	構成員の協議による適量・適正化
目指される合理性	目的合理性	目的合理性	対話的合理性
問題点	政府の失敗	市場の失敗	ボランタリーの失敗*

＊注）ボランタリズム（自発的行動主義）に伴う御都合主義や目標・責任の曖昧性，個別主義に伴うパターナリズム（家父長主義），活動資金の不足，援助に伴う自律（自立）性の喪失と依存性の助長，さらには組織の拡大に伴う官僚制化の問題である（佐藤［2002］p.157）。

出所）佐藤［2002］p.9 図表 2 と広沢［1991］をもとに一部加筆・変更。

経済」も内橋とほぼ同様の認識にもとづいており（金子・松岡・下川辺［一九九八］）、基本的に、営利目的を第一義とせず、社会的な目的を実現するために経済活動を行う開放的・自律（自立）的・民主的な協同経済組織と位置づけられる。その特徴は、①資本よりも人間（関係）を優先する、②（相互）教育と技術指導・訓練による人間の潜在能力の発展を重視する、③自由意思による結合を基本とする、④一人一票制による民主的な合意形成と組織運営を行う、⑤自律（自立）と自治を大前提とする、という点にあり、これをアソシエーションと呼んでいる（富沢・川口［一九九七］）。本章では、日本の語法と区別して誤解を防ぐとともに、公的セクター、私的セクターと対照させるため、これらの経済活動を「共的セクター」と名づける。三つのセクターを図式的に整理すると上記表10―2のようになろう。

共的セクターの源流は、一八四四年、世界最初の成文化された原則をもつイギリスの「ロッチデール公正開拓者組合」や、それ以前からある世界各地のさまざまな協同組合に求められ、資本主義の発生と同じくらい古いといわれている(フォーケ［一九九一］)。その後、協同組合運動は、社会主義国の誕生や先進諸国における労働運動の興隆、一九二九年の世界恐慌に始まる資本主義の停滞とその変質(公的セクターの肥大化)によって、それがもつセクター性が強調されるようになる。そして、先進諸国およびラテン・アメリカでは、この流れを受け継ぐ共的セクターが七〇～八〇年代以降急速に発展している。その要因としては、①福祉国家から新自由主義国家への転換に伴う公的セクターの後退、②環境問題や社会問題の増大と深刻化、③国家社会主義の崩壊＝資本主義のオルタナティヴの喪失と、新たなオルタナティヴの模索＝下からの社会化、④社会の基盤をなす家族と地域社会の崩壊現象をうけてのコミュニティ機能の見直し、⑤「物質的豊かさ」から「心の豊かさ」、「人間関係の豊かさ」「労働よりも余暇の充実を」、といった価値観の転換等が挙げられよう(富沢・川口［一九九七］)。

これらの経済的・社会的・政治的・文化的要因は一過性のものではなく、今後強まることはあっても弱まることはないと考えられる。そしてそれに伴い、呼称はどうあれ、アソシエーションを基軸とする消費者協同組合、生産者協同組合、労働者協同組合、共済組合、NGO、NPOなどの部門の役割がますます重要になり、その経済規模も拡大し、社会的にもより大きな影響力をもっていくものと予想される。

●ボランタリー経済：個人の自発的な（voluntary）参加と人間関係をベースに成立している経済システム。市場においても流通可能な財やサービスが，無料あるいは低価格で提供される。具体的には，地域通貨（11章参照）や，インターネット上のコミュニティにおけるシェアウエア（料金を支払う前にそのソフトを一定期間試用でき，気に入った場合に後から料金を支払うしくみ）配給や情報の交換など，多様なものがある。

チアパス州の連帯経済：ＤＥＳＭＩの理念と活動

メキシコ・チアパス州の連帯経済は、同州中部のサンクリストバル・デ・ラス・カサス市の開発ＮＧＯである「メキシコ先住民社会経済発展市民連合（ＤＥＳＭＩ）」が仲介役となり、主として国外からの資金援助をもとにして地域の先住民農村共同体を「協働（協同労働 trabajo colectivo）」と自律（自立）・自治の理念によって再編・再生する試みである。その目的は、新自由主義に代わる独自の地域発展モデルを模索し、グローバル化する世界に対応する別の道を提示することにある。この試みは、ＤＥＳＭＩ設立一〇年後の一九七九年から続けられている。地域的にはチアパス州の北部、中部、中東部の計一七の行政区、二四〇ほどの協同組合で実施され、ほとんどがマヤ系先住民の村である（チアパス州の政治・社会状況については山本［二〇〇二］序章を参照）。

ＤＥＳＭＩ事務局長のホルへ・サンティアーゴ氏によると、連帯経済は貧困から生まれ、貧困から脱出するための希望であるという。ＤＥＳＭＩの役割は、社会経済発展という目的を設定し、それに向かって人々を動員することではなく、人々の自律（自立）的活動に必要な資源（とくに資金や教育・技術訓練）を提供することにある。したがって、発展の主体は住民とその共同体であり、成員自らが責任を負うという自覚にもとづき、その貧困・疎外状況を克服することが目指される。

このような住民・共同体主体の理念は設立当初からのものではなかった。ＤＥＳＭＩは一九六九年、当時サンクリストバル教区（サンクリストバル・デ・ラス・カサス市内）の司教であったサムエル・ルイスと社会問題に関心を抱くグループによって設立された。当初は全国各地域（メキシコ市、北部のタラウマラ族の生活領域、イダルゴ州、ユカタン半島、チアパス州）で活動を展開した。七二年、サンクリストバル教区からの支援を受けて正式の市民団体となる。この頃の活動は主にアメリカの開発人権ＮＧＯであるカトリック・リリーフ・サービス（CRS）のプロジェクトのパートナー組織として、全国の対象地域に飲料水の普及、道路建設、病院の拡張、牛乳や古着の配給計画などを行っていた。

一九七四年、現事務局長のサンティアーゴ氏が事務局に参画するようになると、DESMI独自のプロジェクトが本格化していく。寄付団体とプロジェクト実施者の多様化、住民のニーズに適応した教育・組織の改革が図られた。寄付団体としては、オックスファム（イギリス）、「共済と友愛」、Broedelijk Delen（以上ベルギー）、「開発と平和」（カナダ）などが新たに参加した。プロジェクトの計画・実施に際しては、支援者であるサンクリストバル教区との連携は不可欠であったが、DESMIはその後、プロジェクトに直接関与するため、協力関係を維持しながらも教区から独立した。これによって、先住民共同体が主体となって独自のプロジェクトを自由に計画・決定・実施できる枠組みもつくられた。

一九七九年には小規模農業生産・販売に従事する農民に対する「**回転基金**」制度が始まり、農民は毎年融資を受けられるようになった。融資限度額はプロジェクト総費用の半額（残り半額は自己資金によるマッチングファンド〔共同出資〕方式）、利率は月一%とされ、利息は共同体の事業に投資された。融資された資金は、若干の例外を除き、滞りなく返済されている。

しかしながら、プロジェクトの中には共同体ではなく専ら個人の利益につながる取り組みもあったため、「協働」という考え方が生まれ、生産性だけでなく労働の組織化という観点からプロジェクトの評価が行われるようになっていった。

この「協働」という考え・実践が、協同組合、そしてそのネットワークである連帯経済の誕生につながる。そして連帯経済を推進する人々は、単に経済発展を目指すのではなく、経済発

●**回転基金**：ある基金によるプロジェクトが成功した場合に，その還付金をさらに基金に加える（＝回転させる）しくみ。

表10－3　新自由主義経済の現実と連帯経済の理念

指標	新自由主義経済	連帯経済
1　労働の役割	生産性の向上	a）ニーズを満たすこと b）自己実現
2　労働組織	経営者をトップとする支配体系にもとづく	a）民主的 b）各自が全体のために働く c）総会で意思決定を行う d）文化としての組織
3　技術	人間の労働を代替	労働のための手段
4　土地	a）商品 b）個人所有 c）事業対象	a）生活を支える手段 b）集団所有または集団利用のための個人所有
5　生産	市場での販売	a）自己消費 b）物々交換 c）市場での販売
6　生産物の価格	需給関係によって決定される	労働および他の生産物との関係によって決定される
7　市場	大企業と国際金融機関が管理	実需に応じ生産者と消費者が共同管理
8　貨幣	権力商品	交換手段
9　関係性	支配関係	ネットワークにもとづく協力関係
10　空間概念	競争の場	自由な場

出所）DESMI［2001］pp.97–98.

展を通じて社会的・政治的な諸側面を強化し、民主的な社会の建設を志向した。こうして、連帯経済における意思決定プロセスそのものを「民主主義の学校」と捉え、各地域に設置された開発委員会での討議、プロジェクトを実施する共同体とDESMIとの対話、他のNGOや社会問題専門家との協議、その他の協力者との共同作業にもとづく運営が実施されるようになった。

連帯経済の理念は、新自由主義経済の現実と比較するとわかりやすい（表10—3）。このような理念は、住民と共同体が主体となる開発実践から生まれたものであるが、その根底には、対話による相互教育の重要性を指摘したブラジルの思想家・教育学者パウロ・フレイレ（一九二一～九七）や、真の社会主義の建設には「新しい人間」が必要であると論じたゲバラ（一九二八～六七）の思想が大きく影響していると思われる。

事実、「連帯経済の土台である『協働』を担う人間像には、フレイレの教育思想やゲバラの『新しい人間』の影響があるように思えるが？」という筆者の問いに対して、サンティアーゴ事務局長は次のように答えている。「フレイレは相互教育を重視し、人が常に未完成な存在であることを強調した。『協働』は相互教育を実践し、各人が未完成な存在であることを受け入れる『学校』である。一方ゲバラは、真の社会主義を建設するための『新しい人間』のビジョンを提示したが、連帯経済は、どこに向かって、何のために、なぜ働くのかというビジョンをもった『新しい労働者』によって実現される」（二〇〇二年一一月一六日、サンクリストバル・デ・ラス・カサスにて）。

2　連帯経済が目指す「新しい社会と人間」

連帯経済の理念としての「協働」

連帯経済の究極の目標は社会の変革であり、そのためにはまず人々の意識を変えなければならないとされる。意識を変革する手段が「協働」であり、「協働」を通じて人間関係を変え、相互に助け合う精神を涵養する。ただ、「協働」といっても全員が同じ仕事をする必要はなく、作業を分担し、同じ方向を目指して歩むことによって連帯経済を構築し、それによって共同体の構成員はより公正で尊厳ある生き方ができる、とＤＥＳＭＩは主張する（DESMI［2001］）。

では、彼らが目指す「新しい社会」像とは何か。それについてのＤＥＳＭＩの考えは必ずしも明確ではないが、連帯経済の目標・原則を次のように掲げていることから、フランスにおいて社会経済セクターの構築を目指している人々が描く社会像との類似性が高いと考えられる（表10—3）。すなわち、その目標・原則とは、①生産者と消費者がともに利する交換を目指す、②生産はすべて市場での販売に独占的に向けられるわけではなく、自己消費、物々交換という目的も有する、③貨幣は交換手段の一つであり、貨幣自体の獲得を唯一かつ至高の目的とはしない、④労働は人間のニーズを満たす手段であると同時に、自己実現を図るための一形態である、⑤労働、教育、健康、そして尊厳ある生活に対する権利を尊重し、民主主義を構築する、⑥市場は連帯の絆で結ばれた関係と公正な価格にもとづく交換空間であり、それ自体が目的ではなく、発展のための手段となる、⑦連帯経済は世界各地で構築の途上にあり、必然的かつ優先的に、社会福祉の向上を意味する経済成長を模索する（その達成に向けた戦略が「連帯」である）、というものである。フランスの協同組合信用金庫理事長を長く務めたJ・モローは、そのような社会像を「社会経済的ユートピア」と名づけ、次のように具体的に説明している（モロー［一九九六］一九四〜一九五頁）。「このユートピ

コラム

フェア・トレード

日本でもフェア・トレード（一般に公正貿易と訳される）という言葉を聞く機会が多くなったが、日常生活への浸透度という意味では欧米と比べようもない。たとえば、コーヒーの場合、イギリス、オランダ、デンマークなどでは、全国消費量の三〜五％がフェア・トレード商標のついた豆で、身近なスーパーでも売っている。しかも、オランダの消費者の九〇％はフェア・トレードの意味を知っている。日本では特定の店やネット上のフェア・トレード専門ショップで購入しなければならず、やっと最近日本のスターバックスコーヒーでも、反グローバリストの攻撃対象となった「本家」の「みそぎ」（アメリカのスターバックス本社は市民運動の抗議を受けて、二〇〇〇年にフェア・トレードのコーヒーの販売を開始）を踏襲してか、フェア・トレードのコーヒー豆を販売するようになった。だが、筆者の舌には二二六gで一二〇〇円の値段に見合う味とは思えない。「グアテマラ、メキシコ、他」というコーヒー生産者を特定していない原産国表示も気にかかる。これでは、フェア・トレード運動を盛り上げることにはつながらないのではないか。

ところで、フェア・トレードとは何だろうか。何を基

アの描く社会は、女も男も、もはや受動的な市民やお客であることをやめて経済・社会生活の主役となる社会、自由と責任の社会、消費者と生産者とがもはや機械的に対立しない社会、職業生活と個人生活のその他の側面との間の距離が狭められる社会、もはやお金を個人的成功の唯一の尺度としない社会、競争心は無視しないが、暴力――先進工業諸国の中では北米の都市が長らく暴力を悲しむべき性としてきた――は退ける安らぎのある社会、そして、最後に民主主義が日常的に行使される社会である」。

ただし、この「社会経済的ユートピア」と比べると、DESMIの連帯経済はより社会主義的かつ共同体主義的な要素の強いことがわかるだろう。「連帯経済」は「協働」（具体的には協同組合を通じての労働）を「新しい社会」建設の手段とし、利益を平等に分配する公平かつ「伝統」に根ざした共同体の建設を目標としているからである。しかし同時に、この連帯経済という名の共同体主義は、国内外のNGOとの関係を重視するとともに、共同体間での相互的かつ平等・広範な支援関係の構

準にしてフェア（公正）というのだろうか。

フェア・トレードを推進している国際フェア・トレード組織連盟（IFAT、International Federation for Alternative Trade）によると、フェア・トレードとは、国際的な貿易取引をより公正にするために、対話と透明性、敬意にもとづく貿易のパートナーシップを形成するもので、とくに第三世界の弱い立場にある生産者や労働者の権利を保障し、よりよい条件で取引することで持続可能な発展を支えるといわれている。より具体的には、生産者とNPOなどの輸入者との間に、生産コストと、生産者自身が望ましいと考える生活水準の維持に必要な賃金とを勘案してフェア・プライス（適正価格）を設定し、長期にわたる売買契約を結ぶことによって成立するものである。

たしかに、チアパス州のコーヒーの場合でも、コヨーテと呼ばれる地元の仲買人にパーチメント（厚い外皮をむいた後の殻付豆）を売ればキロあたり五〇～八〇円にしかならないのに、フェア・トレードだと、有機栽培の生豆（パーチメントの殻と中の薄皮をとった状態の豆）が三三〇円強で取引される。だが、フェア・トレードであっても、組合が輸送費や管理費、生豆にするための加工賃を負担するため、実際に生産者が受け取る金額はキロあたり二〇〇円弱である。これが本当に、「生産者自身が望ましいと考える生活水準」を支える収入と言えるのであろうか。ある小規模コーヒー農家の主人に訊くと、

築を目指し、さまざまな地域の協同組合とワークショップで討議を重ねていることからもわかるように、閉鎖的な村社会を築こうとしているわけでもない。

もっとも、「協働」はあくまで理念・目標である。すべての組合が必ずしもその理念と目標に向かって実践しているとは限らない。たとえば、二〇〇二年一一月、サンクリストバル・デ・ラス・カサス市で開催された第二回「連帯経済に関する国際ワークショップ」[1]に参加したチアパス州のコーヒー生産者協同組合「マホムット」のケースを紹介しよう。「マホムット」の設立は一九八三年で、現在はチアパス高地の二九ほどの共同体から約一五〇〇人の小規模コーヒー生産者がこの組合に加入している。彼らが組合を作った理由は、八二年の金融危機の結果、メキシコ政府が新自由主義経済政策を断行し、それまでコーヒー生産者に対する技術支援・買上を行っていたコーヒー公社の業務を縮小したため、生産者独自の生産・販売体制を築く必要に迫られたからである。そして九一年からは有機栽培コーヒーの生産を開始し、欧米にフェア・トレード（コラム参照）で輸出しているが、これは、非有機栽培コーヒーより一割以上高く売れ、環境保護や土壌の維持にもつながるからだ。ただし、連帯経済に参加しているとはいっても、「協働」を実践しているわけではない。各生産者は組合技術担当者の指導の下に有機栽培豆を育て、それを組合が保証価格で買い上げる仕組みをとっている。そして組合は実際の販売価格との差額をマージンとして受け取り、販売費用や組合活動の経費に当てている。組合に入会する条件は、「有機栽培計画に参加し、有機コーヒー豆を育てる」ということなどである。この組合はいま、他のコーヒー生産者組合と連合して組織力と交渉力をつけ、より安定的かつ高水準の生産・販売体制作り

その生産量は年間二〇〇キロ弱であるという。いくら物価の安いチアパスとはいえ、年間収入が四万円程度では、そこからさらに生産コストが差し引かれ手間もかかることから、生活は極貧に近い。筆者が、日本では焙煎した豆がキロあたり三、四〇〇〇円で消費者に売られていると話すと、その主人は目を豆のように丸くしていた。

を計画している（市場での販売の重視）。

このように、連帯経済といっても、前述した理念が隅々まで貫徹しているわけではなく、緩やかな連合体を築いているのが実情である。連帯経済の理念が比較的忠実に実践されているケースは、DESMIがプロジェクトに直接関与している貧困地域に多い。先に述べたように、DESMI事務局長のサンティアーゴ氏自身「連帯経済は貧困から生まれた」と明言しており、実際、筆者が前述のワークショップで、「協働」を行っているある先住民女性に「なぜ連帯経済を必要とし、実践しているのか」と、問いかけると、即座に「貧困から抜け出すため」という答えが返ってきた。

いずれによ、連帯経済の理念の実践度合は地域や組合によって差があるものの、社会経済的に弱い立場に追いやられた共同体が連帯することによって地域社会の活性化を促進し、「市場の失敗」と「政府の失敗」を克服しようとしていることは確かだと思われる。換言すれば、「上からの公共性・民主主義」ではなく、市民社会（連帯経済を実践・支援するNGO、NPOならびにその商品を購入する政治・経済・環境・生活者意識の高い市民層）と連携する「下からの公共性・民主主義」を立ち上げようとしているのである。

連帯経済が目指す国家・市場との新たな関係

以上の考察から、連帯経済（その主体となる先住民共同体と市民社会）が目指す国家（政府）・市場との関係は次のように図示できよう（次頁図10―1）。図に示したように、連帯経済は、国家（政府）に対しては政治的民主化（参加民主主義）と社会正義の実現を、市場に対しては経済的民主化（公正な取引）、すなわち労働の正当な対価としての適正価格（フェア・プライス）やその価格にもとづく取引（フェア・

図10－1　連帯経済が目指す国家・市場との関係

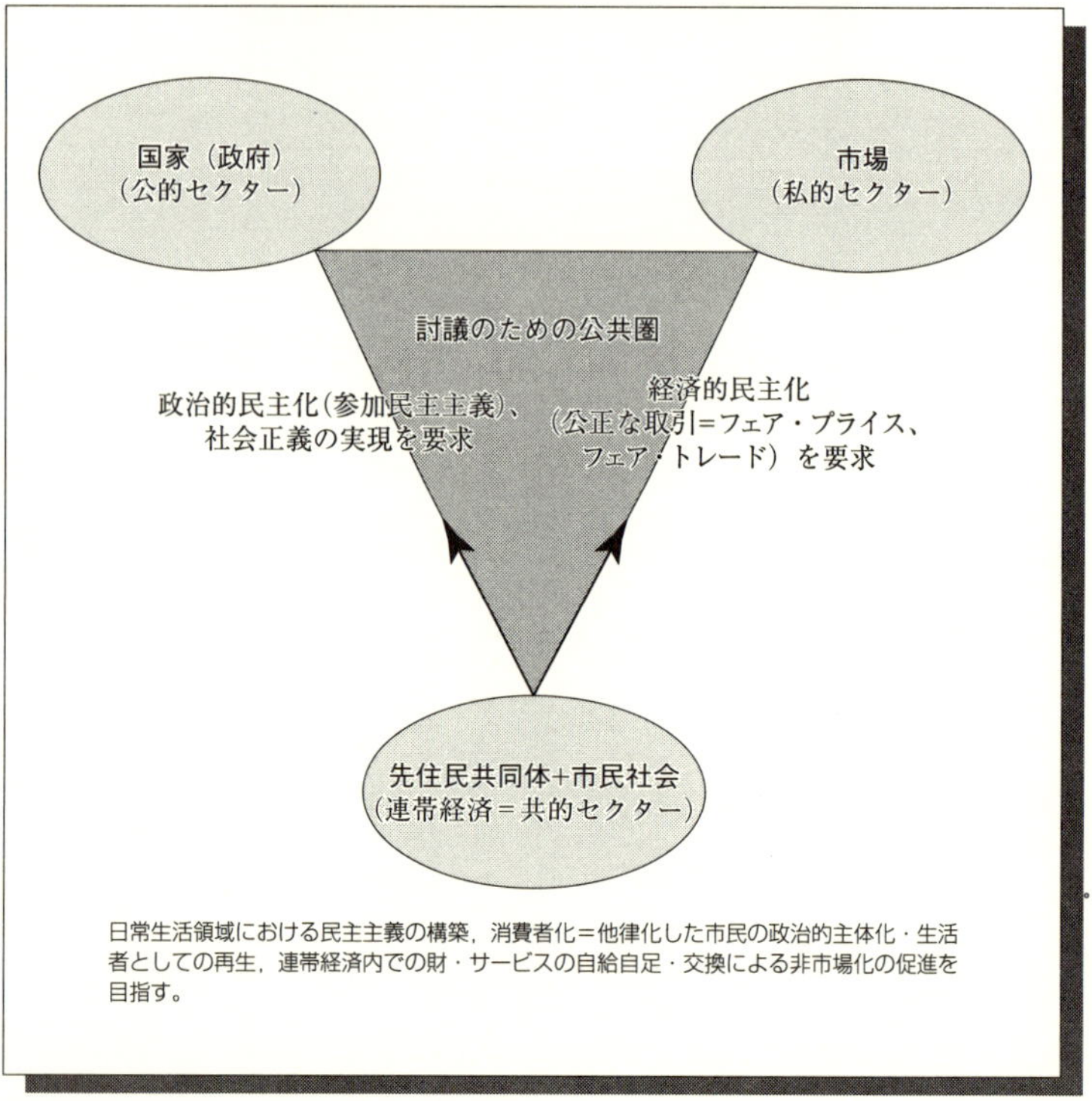

出所）田畑［2003］p. 31 の図 2 をもとに筆者作成。

トレード）を求め、それを実現する手段として討議のための公共圏を切り開こうとしている。

ただ、ここで疑問となるのは、個人の自由意思と共同体全体の利益の間に矛盾が生じないか、という点である。たとえば、平等な分配が保証されているのであれば、「協働」体制の下で「ただ乗り」をする人が増えないかという問題、あるいは「協働」そのものに参加するのを拒む人が出ないのかという動機づけや選択の自由の問題である。

この点につき、サンティアーゴ氏は次のように説明している。「まず『個人』という考え方は、社会的存在としての人間の否定である。『協働』や協同組合への参加は各人の自由・責任においてなされ、『協働』によって人は変容する。人々が自由意思により『新しい社会』の建設に参加する過程が『協働』である」。

また、「連帯経済」という表現を使った理由について、「一九八八年に始まったサリーナス政権が『国民連帯計画』を発表、実施したので、それと一緒くたにされる恐れはあった。だが『連帯』は重要で、共同体の生活にとって欠かせないものであるからこそあえて使用した。他方、『オルタナティヴ』とか『抵抗する経済』という表現は、二分法的な言い方なので使いたくなかった。必要なのはA対Bという二項対立ではなく、まったく別の社会を築くことである」と答えている。

それでは、連帯経済を可能とする先住民共同体や市民社会とは、いったいどんな地域コミュニティなのであろうか。

3　先住民共同体の構造転換

一般に、メキシコ南部やグアテマラの伝統的マヤ系先住民共同体の秩序は、「カルゴ・システム」によって保たれてきた。伝統的とはいっても、このカルゴ・システムは一六世紀以降スペイン人征服者が植民地化政策の一環としてマヤの人々に毎年村会を組織させ、これが教会組織と結合して生まれた制度である（以下、落合［一九八七］）。このシステムは地域や村によって多様性があり、しかも時代とともに変容しているので一括りにすることはできないが、ごく単純化していえば次のような社会（支配）構造である。

「カルゴ」（cargo：スペイン語で「負担、職務」の意）とは、マヤ系先住民共同体の自治的かつピラミッド型の行政・祭祀組織の役職の総称で、男子が行政・祭祀両方のカルゴの間を階梯的に上昇していき、すべての役を務め上げた者が長老として最高意思決定者や相談役となる。カルゴは金銭上の出費と時間的負担に代表される一方的奉仕にその特徴があり、その等級に応じてさまざまな祭りでの酒宴や花火・楽隊などの費用と労力を負担する。このようにしてカルゴ・システムは、財の偏重によって起こる共同体内の不平不満とそれによる社会的緊張の緩和に役立っているほか、全体として共同体の外縁を画すのに寄与し、その一体性のシンボルとしての役割も担ってきたといわれる（落合［一九八七］）。だが、伝統的なカルゴ・システムを形成する村はおしなべて家父長制的で、地位の高い者が政府や大農園主、商人と癒着する構造をもっている。このため、土地不足や政治的・宗教的理由によって生まれ故郷を離れた先住民が新たに設立した村の場合には、民主的な意思決定を重んじ、全体集会での互選で行政上のカルゴ（村長、書記、会計など）を選出し、女性にも選挙権と被選挙権が付与されている所もある（山本［二〇〇二］）。

カルゴ・システムの下で連帯経済を実践している共同体も多様である。したがって、どのようなカルゴ・システムがどのように機能しているのかは、今後詳細に調査・研究する必要があり、現時点で断定的な結論を下すことはできない。しかしながら、前述したワークショップでみる限り、連帯経済に参加している人々には新自由主義経済政策の影響によって貧困化したという共通の問題意識があり、その貧困から逃れるために他者であるNGOの仲介を受け入れ、自助と互助によって新たな共同体と地域社会を築こうとする総意が存すると思われる。とすれば、少なくとも自生的・閉鎖的共同体からネットワーク型の開かれた共同体へと、その構造が転換している（三一一頁参照）とみなすことは可能ではあるまいか。

たとえば、筆者が訪問したサンタ・ロサリア村（サンクリストバル・デ・ラス・カサス市から南に車で三〇分）は、都市化とともに形成された新しい共同体である。村といってもテオピスカの町の近郊にあり、コンクリート・ブロックでできた一軒家が長屋風に軒を連ね、道路も舗装されている「近代的」な村である。筆者がインタビューで訪れた際には、村の集会場の前に二〇人ほどの男女が集まって、それぞれの協同組合について語ってくれた。椅子が足りなかったので立っている男性もいたが、伝統的な村では男女がこのように同じ場所に集まり、女性が男性をさしおいて椅子に座ることなど考えられないことである（ラテン・アメリカの伝統地域は今も家父長制、男性優位社会である）。さらに、女性だけで構成される協同組合（パンやトルティーリャ・チップの製造・販売）のほか、男女混成の農業協同組合も運営され、集会では男性が議事進行の中心ではあったが、女性からも意見が出されていた。また、村の長とおぼしき老人からは、「日本に貧困はあるか?」という質問を受けた。その問いは自分たちの過酷な現実から発せられたものであるが、そこには見知らぬ他の世界を知ろうとする、開かれた好奇心を感じ取ることができた。

サンティアーゴ氏の説明によると、この村の農民の意識が変化したのは、農産品価格の下落に伴う窮状を訴える村民の救済を約束しながら、実際には企業家の利益を優先した政府への強い不信によるものだったという。

4 連帯経済の課題

前節まで、連帯経済の肯定的な側面を描いてきたが、課題も多く残されている。

二〇〇二年一一月、前述の「国際ワークショップ」の翌日に開かれた、「チアパス州先住民協同組合女

2002年11月17日，メキシコ，サンクリストバル・デ・ラス・カサス市で開催された「チアパス州先住民協同組合女性集会」にて（筆者撮影）

性集会」に参加したときのことである。「連帯経済とは何か」という課題が与えられ、グループごとのディスカッションが行われたが、男性だけのあるグループは全く議論をしていなかった。世間話をしながらそれとなく訳を聞くと、どうもそのグループが所属する組合では連帯経済がうまく機能していない模様である。ただ、その理由を尋ねても、要領を得た答えは返してくれない。人前でおおっぴらには言えないのだろうと、今度は誘導尋問的に訊いてみると、どうやら協同組合の執行部が経理を公表せず、私腹を肥やしているらしい（連帯経済を実施する協同組合は通常一〇～二〇人の組合員の互選により、代表、書記、会計の三名が執行部を構成し、原則として、特別な報酬・給与は与えられない）。モラル・ハザード（倫理の欠如）の問題が連帯経済にも存在すると思われる。

前日に開催された「国際ワークショップ」の議事録を読み返してみても、「販路を見つけるのが難しい」「信用の置けない政府に頼ることはできないので資金的に苦しい」といった対外的な問題のほか、「私が仕事に出るのを主人が嫌がる」「協同組合活動をしている女性に対し、ほかの女性からの中傷、嫌がらせが多い」「利己的な人が多い」というように、共同体内部の閉鎖性の問題や「協働」の意義が理解されていない問題を指摘する声も多い。

「新しい社会」を構築するために必要な「新しい人間」の創造（意識の改革）はそれほど簡単ではない。「女性集会」ではこうした共同体内部の問題を克服するため、プログラムの冒頭では連帯経済の原理とその意義をわかりやすく示す指人形劇を上演し、集まった先住民を「教育」しようとした。これは、フレイレの思想にもとづく相互教育の一環ではあったが、啓蒙という名の押しつけ教育が色濃く反映されていたように感じたのは筆者の穿ち過ぎであろうか。とはいえ、先住民女性がグループを組みディスカッションを行い、その意見・結論を全体集会で発表すること自体、これまでの伝統的な先住民女性の姿からは想像できなかったことである。

前述のように、連帯経済の理念は隅々にまで行き渡っているわけではないし、ましてその実践がすべて貫徹されているわけでもない。コーヒー生産者協同組合「マホムット」の場合、組合員の農地は個人所有で、しかも生産量に応じて報酬が支払われるという。その上二〇〇三年には、政治的・経済的な対立から多数の脱退者を出すという事件もあった。組合員間における生産手段の共有と利益の平等な分配はあくまで理念であって、連帯経済に参加する現実の協同組合の実践にすべてが当てはまっているわけではないのである。

おわりに——日本にとっての示唆・教訓

当然のことながら、メキシコ南部の先住民社会と日本の地域社会とでは歴史的・政治的・経済的・文化的背景が大きく異なり、連帯経済の経験を直接的に日本の社会変革運動に繋げることはできない。また、前節で指摘したように、連帯経済には克服しなければならない課題も残っている。しかしながら、七一年間にわたる一党支配の続いたメキシコ（一九二九～二〇〇〇年、制度的革命党政権）で日本に先駆けて新自由主義「改革」が断行され、その結果、「改革」の負の遺産としての大きな痛みを地域社会とそこに住む人々が必死になって乗り越えようとしている姿が存在することから、基本的に自民党の長期政権の下で、今日「痛みを伴う構造改革」を目指している日本にとっては鑑とすべき点があると筆者は考える。ここでは三つの論点を指摘して、本章の結びとしたい。

第一の論点は、日本でもすでに生産者協同組合の事例はたくさんあり、産消混合型協同組合については日本のほうが進んでいると思われるが[2]、日本の場合、とくに農村地方では、こうした組合の取り組みが既存の支配権力関係のあり方に異議申し立てをするとか、あるいは新たな権利の主張によって既存の権力の意思決定プロセスを変革していくような社会運動にまでは発展していないということである。滋賀県環境生活協同組合理事長・藤井絢子氏によると、地域に根ざしたネットワークである生協が、実際には地域で地殻変動を起こすパワーにはなっていないのが現状であるという。その原因は、地域の課題に取り組んでいないこと、生協内だけで議論し、行政と話し合うことも、さまざまな市民グループと同じフィールドで話し合うこともないからだという（『月刊オルタ』二〇〇三年三月号、四頁）。

自民党の長期政権を支えている何よりの要因は、とくに地方における利権構造（族議員と地元との「もちつもたれつ」の関係）にある（佐藤［二〇〇二］一四八頁）。このような構造を改革することがいかに困難であるかは、日本道路公団の民営化に関する錯綜した議論、同公団藤井治芳総裁更迭のドタバタ劇、そして道路族議員に多大の配慮がなされたとしか思えない政府「改革」案をみればわかるが、連帯経済の事例は、地方（だけではないが）に色濃く見られる家父長制的意識構造（政府に対する「お上」意識や、その「お上」に頼ろうとする他律主義）を転換し、地域社会に真に民主的な討議のための公共圏を築くことの必要性を如実に示している。メキシコではこのような民主化要求によって、全国レベルでは七一年間続いた一党支配が二〇〇〇年の大統領選挙で終焉し、同じ年、チアパス州でも変革を求める野党連合推薦の州知事候補が当選したのである。

第二の論点は、小泉政権の目指す「構造改革」が市場原理主義にもとづく自立自助＝弱者切り捨て政策であるのに対し、連帯経済の理念はこれに真っ向から対抗する相互扶助をその基盤に置いていることである。ユニクロ「ブランド」で有名なファーストリテイリングの柳井正会長が語った次のような日本社会の将来像はきわめて示唆的である。「収入格差がすごいものになります。年収が一億円か、一〇〇万円かの極端な世界です。みんながそこそこだった暮らしはなくなります」（「朝日新聞」二〇〇三年四月二八日夕刊）。これが政府の言う「努力した人が報われる社会」の現実である。そこでは、巨大資本マイクロソフト社に代表される一人勝ちの新自由主義的市場経済から取り残される大多数の「敗者」はどんなに努力しても報われることがない。必要なのは、本章でみたように、新自由主義にもとづく「構造調整」（日本で言う「構造改革」）ではなく、住民自らの手で共同体を自律（自立）的で民主的な地域社会へと変えていく「構造転換」ではないのか。個人と個人、地域内、そして地域間のつながりが希薄化している日本社会にあって必要なのは地域社会の再生ではないのか。

第三の論点は、連帯経済が先住民というマイノリティを主体にして、しかもそこにNGOを技術指導、融資、人材育成などの形で深く関与させつつ、協同組合間のネット

●共同体の「構造転換」：共同体の意思決定システムが，家父長制的なトップダウン型から，構成員の総意を汲み上げるボトムアップ型に転換すること，さらには閉鎖的な制度や因習から解放され，他の世界の人々と対話・連帯しようとする共同体構成員の意識の変化を意味する。したがって，規制緩和や市場原理の徹底によって競争的な経済システムの創出を目指す「構造改革」とは根本的に異なる。

ワーク化を図っているということである。このモデルは日本に今後の協同組合活動や社会運動の見直しを促すものとなろう。すなわち、消費者的・同質的協同から、他者性・異質性を認めあう協同・共生への転換を促すであろう。そしてその実践においては、公的セクターから支援された巨大資本による経済の囲い込みに対して草の根のセイフティ・ネット（安全網）を築こうとする、先住民の抵抗と自治に学ぶ必要があろう。

以上を総括すれば次のようになろう。日本における「失われた一〇年」という閉塞状況を打ち破るには、私たち一人一人の境遇や社会の方向性を国家や企業に一任することなく、公的セクター（国家）と私的セクター（市場）のそれぞれに政治的民主化と経済的民主化を要求しながら「協働」の力で共的セクター（市民社会）を形成しようとしてきたメキシコの連帯経済に多くを学ぶ必要がある。連帯経済の強い意志と開かれた共同性を、日本の地域社会でも形あるものとしていかなければならないということである。ただし、「共同性」や「公共性」という言葉は、日本では短絡的に国家主義と結びつく傾向が強い。それだけに、私たちは公的中間集団としての地域社会の重要性を充分認識し、「国家的公」一辺倒から脱却していくことが何よりも強く求められている。

注

1　このワークショップおよび後出（三〇七頁）の「チアパス州先住民協同組合女性集会」はDESMIの主催でそれぞれ二〇〇一年と一九九九年から始まり、以来毎年開催されている。

2　日本の生産者協同組合の代表的な事例は、各地の農業協同組合、漁業協同組合、森林組合である。また、産消（産業・消費者）混合型協同組合の事例としては、愛媛県の「愛媛有機農業生活協同組合」、東京の「大地グループ」、山口県の「みどりの風協同組合グループ」などがある。詳しくは河野［一九九八］を参照。

Más allá de la década perdida

Além da década perdida

第11章

地域通貨で生き延びる

「社会的経済」の地平

新木秀和

はじめに

近年、**地域通貨**について聞くことが珍しくなくなった。日本でも、欧米諸国や国内の先例を参考としながら地域通貨を実践する個人やグループの実例が各地で増え、ブーム的な状況を呈している。その背景には、新自由主義《ネオリベラリズム》的な政策路線に起因する現代日本の深刻なデフレ不況（長期停滞状況）がある。それに対する地域経済復興の一手段として地域通貨を活用しようとする試みが生まれており、生存《サバイバル》のための手段としての期待の高まりも観察される。そうした真面目な試みが広まる一方で、中には流行に乗った一過性の試みといえる場合もあり、総じて日本の地域通貨についての慎重な検討が求められている。今や、世界の他地域の経験や教訓を鏡に、日本の地域通貨の現状と今後を真剣に考えるべき時期が来ているのではなかろうか。実際、欧米先進諸国だけでなく、新自由主義の経験という点で先進例となるラテン・アメリカでも、いくつかの国で地域通貨の試みが進められている。メキシコ、エクアドルなどの諸国や、とくに南米南部のアルゼンチンにおいては、地域通貨による民衆の生存《サバイバル》戦略がみられる。つまり先進諸国だけでなく開発途上諸国にも地域通貨は広がっている。ラテン・アメリカでの地域通貨は日本の場合とどのような共通点や相違点をもつであろうか。

本章ではこれらの点を念頭において、まず第1節で日本の地域通貨の現状を整理する。次に第2節でラテン・アメリカにおける地域通貨の経験、理念や成果を検証し、第3節では地域通貨の限界や課題も検討しつつ、ラテン・アメリカと日本との共通点や相違点について考察する。両者を交差させることで、ラテン・アメリカの経験から得られた教訓や地域通貨の意義を受けとめ、日本の地域通貨ブームを冷静に検討するための手がかりを得たいと考えている。

1 日本における地域通貨の現状

まず日本の状況を簡単にみておきたい。日本の地域通貨は過去数年に急増し、ブーム的様相を呈している。『平成一六年度版国民生活白書』（内閣府編）や『ボランティア白書二〇〇一』（日本青年奉仕協会編）など公式文書でも地域通貨が取り上げられ、地域通貨に関するシンポジウムや説明会が開催されたり、雑誌で特集が組まれたりしている。地域通貨が広く知られるようになった要因はいくつかあろうが、そのひとつは一九九九年にＮＨＫで放送された「エンデの遺言」[1]というテレビ番組の衝撃だった（河邑・グループ現代［二〇〇〇］、坂本・河邑編［二〇〇二］など参照）。通貨を人間の生活実感に見合うものに取り戻すべきだというメッセージが伝わり、その頃から地域通貨への関心が広がり始めた。地域通貨の思想的先駆者として**「減価する通貨」**などの豊富な内容をもつシルビオ・ゲゼル（一八

●地域通貨：地域の住民が，生産物やサービスの価値を自由に決定し，その価値を地域独自の貨幣（手形や紙幣など）に置き換え，これを地域内でのみ通用する通貨として必要なモノやサービスと交換するシステム。必然的に貧富格差を生む公式通貨のオルタナティヴとして，また，地域に購買力を根づかせ，地域活性化に役立つシステムとして近年注目を浴びている。世界各地のものでは，アルゼンチンのRGT（第2節参照），バングラデシュのグラミン銀行，英語圏のLETS（注2参照），アメリカのイサカアワー，カナダのトロントダラー，フランスのSEL，ドイツの交換リング，スイスのWIR銀行，北欧のJAK銀行など。

●減価する通貨：ゲゼルが提唱した，保有している間に価値が減じていく通貨。その目的は，通貨が一定の速度で価値を減らすことで，通貨の流通＝経済活動を推進・保証し，貸出利息を引き下げることで新規事業を促進し，かつ富の一極集中を防ぐことである。具体的には，たとえば「10000円」と表示したスタンプカードを作り，裏面に毎週10円のスタンプを押して「減価」を表す，などの形式が考えられる。

六二～一九三〇）の思想への注目も高まり、非営利組織（NPO）の「ゲゼル研究会」（巻末ウェブサイトのリスト参照）の活動を通じてその思想を再評価する動きも出てきた。そして、世界の多くの地域に広がった地域通貨の運動や実験が、日本各地でも地域振興のツールとして紹介されたり実践され、広がりをみせている。

それぞれの試みについては関係者などによるウェブサイトが充実した情報を掲載しており、ネット上での関連情報の検索も容易である（巻末ウェブサイトのリスト参照）。たとえば「ここぷろ・ねっと」というサイトの「地域通貨全リスト」（徳留佳之氏作成）によれば、二〇〇五年一月二二日現在で日本全土に五一九件の地域通貨の存在が数えられている。地域通貨は発行・実施主体で大きく分ければ、個人や民間団体が発行・実施する場合と、市当局や都道府県当局などの地方自治体が実験的意味を込めて推進する場合とがある。そしてたとえば、千葉市の「ピーナッツ」（NPO主催）、滋賀県草津市の「おうみ」（NPO主催）、新潟県三条市の「らて」（市発行、NPO運営）などは、不況下で深刻化する商店街の衰退

コラム

地域通貨と現代日本

現代日本で地域通貨はどのような形で存在し、どう受けとめられているのか。

たとえば、本文でもふれている「地域通貨全リスト」によれば、二〇〇五年一月二二日現在で日本全土に五一九件の地域通貨の存在が数えられている（ただし休止中のもの、イベントでの実施など一時的なもの、運用前だが具体化しているものも含まれる）。地域別では次のような内訳になっている。北海道（四三件）、東北（四三件）、関東（九七件）、北陸・甲信越（六五件）、東海（四一件）、近畿（九三件）、中国・四国（六二件）、九州（六〇件）、そして全国版（一五件）。それぞれの状況や代表的な事例についての情報は同サイトを参照していただくとして、これを見る限り、日本の各地にほぼあまねく地域通貨の試みが広がっていることがわかる。地理的な制約を一応超越した全国レベルのものや、インターネットを媒介にしたものもあり、「地域」という空間的な概念には必ずしも縛られない、存在形態の伸縮自在さがうかがわれる。そのあり方は、むしろネットワークというべきかも知れない。

地域通貨への規制や警戒感も見られた欧米の先行事例や今日のラテン・アメリカの事例に比べると、現代日本

や崩壊を食い止め、その再活性化をはかる手段として位置づけられている。地域通貨を形態種別にみると、通帳記入型のものや専用紙幣の発行によるもの、あるいはインターネットを活用した試み（ウェブ上に開設した口座を利用し、電子メールにより決済を行う方法）などに区分できる。また、地域通貨に関する日本語の書籍の中には、世界各地における多様な実例を紹介したり、日本国内で自ら地域通貨のシステムを立ち上げたいという人のために、具体的な実践方法を紹介するものがある（泉［二〇〇一］、コーヘン［二〇〇〇］、嵯峨［二〇〇四］、西部［二〇〇二］、丸山・森野編［二〇〇一］、リエター［二〇〇〇］など参照）。

全般的にいえば、地域通貨が広がりつつあるこうした日本の現状は、「失われた一〇年」といわれる長期不況が後押ししたものであることは確かである。ただ、不況対策の一環として導入された多数の例がある一方で、生活の切実な必要性（生存手段）から地域通貨が立ち上げられたというよりは、むしろもの珍しさや知的関心の高まりを背景に一種のブーム的雰囲気の中で関心をもつ

の場合、地域通貨に対する当局（国・地方自治体等の行政機関など）の対応は今のところ大らかであるように見える。千葉市、新潟県三条市、神奈川県大和市（ＩＣカード利用を導入）などのように、むしろ自治体自らが地方振興の手段として利用し、実験を試みているケースも散見される。小泉政権の中枢にあって著名なエコノミストでもある竹中平蔵（内閣府特命担当大臣、当時蔵相）が地域通貨の可能性に言及したことも記憶に新しい（〇二年八月）。その意味で地域通貨は、あらゆる経済活動を規制の対象や課税対象とみなすような、従来型の日本的発想からは今後とも自由であってほしい。

印象論の域を出ないが、日本の経済学の専門家の中には、地域通貨を冷やかに眺めている向きも少なくないようだ。すでに学生たちの間では卒業論文のテーマに地域通貨を取り上げる例が増えているにもかかわらず、日本のアカデミズムではまだ地域通貨が研究対象として市民権を得るまでには至っていないようである。

今日、地域通貨には数年前のようなもの珍しさは薄れてきたようにも思われる。むしろ、地域通貨を一過性の現象としてでなく、現代日本における重要な社会経済現実の一つとして、あるいは現代日本に漂う閉塞感に風穴をあけうる起爆剤の一つとして、その力や可能性を真剣に追求していこうとする人々がかなり増えてきているようでもある。地域通貨が日本社会にどのように根を下ろすか、その行方を注視していきたい。

人々が実践を始め、それが他のグループに広がっていったという面もかなり強いように思われる。それに加え、他人との結びつきを求める人々が、直接的な接触やインターネットによるバーチャル空間での接触を介して、人的結びつきを築き強める可能性を地域通貨に見出したという点も、その要因として指摘できるであろう。

換言すれば、現代の世界各地における切実な取り組みや一九三〇年代の欧米先進諸国における経験に比べると、九〇年代末以降の日本の地域通貨には生活の必要性という理由づけが比較的弱いということである。もちろん他方で、商店街や一般のサービス業で日常的にスタンプカードやメンバーズカードが提供され、また多様な割引券、無料券、半額券、額面の決まった金券などが容易に数多く配布される現代日本の状況をみると、こうしたカードや紙券（社会的通貨 moneda social / social money）が地域通貨のごとき経済的媒体の役割を果たしているといえなくもなく、この点は忘れるべきではないが、ともかく、日本では地域通貨と総称されるものが意識的に新しく導入される存在であることは確かであろう。

これに対し世界の各地では、昔も今も多くの場合は生活の必要性から、あるいは/同時に知的実験として、地域通貨の導入と実践がさまざまに試みられてきた。その一例としてラテン・アメリカの状況に注目できる。すなわち、日本に先立って「失われた一〇年」を経験し、社会経済の危機的状況に長く苦しめられてきたラテン・アメリカ諸国では、社会経済面における貨幣の役割が急激な変化に見舞われた。従来の構造的要因に加え、大きな社会格差を背景に、最も打撃を受ける階層が中間層から下層にかけて増大し、また自国通貨の不安定や信頼不足のせいで、実体経済から人々の心理面に至るまで米ドルの支配的影響力が及んでいて、オルタナ

●**社会的通貨**：ネットワークの内部（地域やグループなど）で，信用に基づいて使われる公式通貨に代わる新たな通貨。人々の社会関係に注目した用語であり，「地域」に着目すれば地域通貨と呼ばれる。

ティヴを求める切実な声が高まっている。こうした生活の必要性という理由から、多くのラテン・アメリカ諸国には地域通貨を採用する基盤が存在している。では、その経験の多くは日本の経験と異なる（もしくは共通する）いかなる背景や要因をもっているのだろうか。次に具体例を通してそれを考察してみよう。

2 ラテン・アメリカにおける地域通貨の広がり

社会経済的背景

ラテン・アメリカでは、植民地時代や一九世紀以来抱えてきた構造的な問題が存在するところに、新自由主義の政策が適用されることで複合的な問題が生じた。通貨それ自体における状況と生活に直結する状況との両面から、地域通貨が広まった背景をみておこう。

ラテン・アメリカの多くの国々は国家が独自の通貨をもつ。しかし自国通貨が脆弱であったり、対外的かつ構造的要因に加えて政府の経済政策が適性を欠く事態が繰り返された結果、公式通貨の安定性や国民の信頼に動揺をきたす状況が度々生まれた。一九八〇年代以降は債務危機やハイパーインフレの問題が多くの国々を襲って通貨危機を招き、通貨切り下げやデノミネーション、さらには外貨との通貨交換にまでおよぶ対応策がとられてきた。やがて国際金融機関（国際通貨基金〔ＩＭＦ〕、世界銀行）による構造調整政策、とくに財政均衡やインフレ収束を目指すマネタリズム政策が支配的となり、各国の経済社会政策や社会生活に影を落とした。九〇年代以降は北米自由貿易協定（ＮＡＦＴＡ）から米州自由貿易圏（ＦＴＡＡ）への動向が進展したが、その背景には米ドルによる通貨経済圏の拡大を目指すアメリカ当局の思惑があった。ユーロの出現に対抗する戦略的意図により、以後アメリカは、ラテン・アメリカ地域における勢力圏の再編をはかり続けている。そしてアメリカ流にグローバル化する世界経済の中で、グローバル・マネーの暴力が荒れ狂い、アジアなどと並んでラテン・アメリカも餌食となった（5章）。その結果九〇年代から二一世紀初頭にかけてメキシコ、ブラジル、エクアドル、アルゼンチンと連鎖のごとく経済危機や通貨危機が繰り返され、深刻の度を増してきた。二〇〇一年末のアルゼンチン危機が「日本のアルゼンチン化」を危惧する論調と重なって注目を集めたことは記憶に新しい（序章）。

こうした一連の社会経済問題に対しては社会運動などを通して抵抗の動きが拡大したが、同時に、生活防衛および地域振興を目指す動きが生まれたことも重要である。その一つがここで取り上げる地域通貨の運動である。ラテン・アメリカ地域は新自由主義の負の影響をまっ先に受けたという点で日本に先行する経験をもち、地域通貨の経験もそうした文脈の中で捉えられる。したがって、現代日本にとってラテン・アメリカにおける地域通貨の経験はどのような意味をもつのか、その示唆や教訓は何かを捉えておくことは重要であろう。そこで次に、アルゼンチンとエクアドルを中心にいくつかの事例を分析してみたい。

アルゼンチンの事例：ＲＧＴによる「社会的通貨」の取り組み

一九九〇年代のアルゼンチンでは通貨と社会の関係が大きな展開をみせた。八〇年代の前史をみると、公式通貨ペソの不安定性が顕著となり、一時は新通貨アウストラルが導入されるなど継続的に安定化政策がとられたが、構造的苦境は改善されず、八〇年代後半の急進党政権末期からメネム政権（八九～九九年）初期にかけては未曾有のハイパーインフレが発生した。その対策として金融政策の独立性を犠牲にすることで九一年三月に兌換法が定められ、一ドル＝一ペソの固定相場に基づくカレンシー・ボード制（序章五一頁参照）が導入された。この制度は二〇世紀末まで継続されるが（後述）、そのもとで通貨ペソの過大評価が続き、債務負担の増大に加え、貿易収支の深刻化などを引き起こすことになった。次第に経済の危機的状況や大量失業の問題が発生し、社会不安を招くようになる。そして九九年末に始まったデ・ラ・ルーア政権（〜二〇〇一年）のもとで経済危機が深刻化し、銀行の取付騒ぎを機に各地で暴動が発生、民衆による抗議の表現としてカセロラーソ（鍋叩き）と呼ばれる社会現象も生まれた（2章コラム参照）。社会経済から排除された人々の数が急増し、アルゼンチンは社会解体に近い状況を呈するようになった。

こうした社会経済危機の中で、市民社会による一種の生存戦略として地域通貨の動きが拡大し、国際的な注目を浴びるようになる。一九九五年五月一日、ベンチャー支援活動に携わるオラシオ・コーバス、環境保護活動を行うカルロス・デ・サンソ、およびルベン・ラベーラの三人により、ブエノスアイレス首都圏のキルメス市ベルナール地区で、「交換クラブ（Clubes de trueque）」と呼ばれる地域通貨による交換システムが開始された。そしてその全国的ネットワークである「グローバル交換ネットワーク（RGT、Red Global de Trueque）」が、経済危機のもとで全国に急速に拡大し、周辺諸国（ブラジル、ウルグアイ、チリなど）やスペインなどにも移植されることになった。

RGTの仕組みは次のとおりである（以下、RGTおよび「ミゲルの雑学広場」のウェブサイト参照）。RGTはノード（nodo）と呼ばれる各地の交換クラブによって構成され、全国に広がるノードのネットワークとして機能している。各ノードはプロモーター（促進者）を中心に会員を増やしていき、各メンバーはプロシューマー（「生産者かつ消費者」の意味）という自己認識をもっている。各ノードでは毎週のようにバザーが行われ、ここで各自が作ったり持ち寄った食料や衣料品、化粧品や文房具などの生活用品、ピザ、ケーキなどの加工食品等々が取り引きされ、またたとえばタンゴの授業や家電製品の修理など、各種サー

（上下とも）アルゼンチン，ベルナールのRGTノードにおける地域通貨の受け渡しの様子（2003年11月23日，佐野誠氏撮影）

ビスの交換の場ともなっている。さらにメンバーはRGTを通じて他のノードとも取引ができる。バザーでの取引にはクレジット（crédito）と呼ばれる各ノード独自の紙券（社会的通貨）が使われ、一クレジットが一ペソに相当し、入会時に入会金と引きかえに五〇クレジットが手渡される（「信用」を意味するスペイン語 créditoが通貨の名称となっているのは意味深長である）。ただ、この交換紙券クレジットには課題も残されている。二〇〇〇年から〇一年にかけて、RGT内部で、クレジットの一元化をはかろうとするグループと、地域ごとの事情を重視し独自のクレジットを維持しようとする国内各ノードの運営者との間で路線対立が表面化したのである。しかしいずれにせよ、ペソに手が届かない市民の間で商品やサービスを交換しながら、雇用と所得を同時に生み出そうという試みがRGTであり、それは後述する「社会的経済」の実現という性格をもっている（第3節参照）。

一方、自治体や連邦政府の中からは、交換紙券クレジットによる納税を容認したり、RGTに関与している中小零細企業に融資や技術支援を行うなど、一定の支援姿勢が生まれた。こうしてアルゼンチンの地域通貨運動は目覚ましい成長を遂げ、二〇〇二年前半にはRGTの登録会員数が約一二〇万人、ノード数が全国で約五八〇〇を数えるに至った。経済全体からすればささやかな取り組みだが、アルゼンチンの全人口三三〇〇万のうち三〇人に一人を超える人々がRGTに関与している計算になり、特定地域に限定すればその比重はさらに高まるであろう。RGTのみで生活を支える人の数もかなりにのぼるという。

●プロシューマー（prosumer）：アメリカの社会学者アルビン・トフラーの造語。「生産者 producer」と「消費者 consumer」をあわせた言葉で，自分の消費するものを自分で生産する消費者のことを指す。
●社会的経済：1981年，フランスの政令の中で初めて使われた概念で，ヨーロッパを中心にポスト福祉国家概念として注目されている。公的セクター，民間セクター，市民社会，非政府組織（NGO）や非営利組織（NPO）など，社会を構成するさまざまなセクターが連携し，相互補完的に機能する社会システムを目指す考え方。

しかしながらその後RGTは困難に直面し、前述の二〇〇二年前半の最盛期を境として、〇二年半ば以降は劇的な後退に追い込まれた。〇三年一月現在では会員数およびノード数はそれぞれ約一〇万人、約四〇〇へと急激な減少をみせている。佐野誠の調査によればその要因は次の点にある。すなわち、経済危機後の〇二年初めに兌換法体制が放棄されて通貨切り下げと変動相場制への移行がなされ、また同年五月から雇用創出政策が再開された結果、雇用状況がわずかに改善し、ノードに殺到していた「泡沫」会員（名目的参加にとどまる会員）が地域通貨から離れたこと。そして〇二年に入って各地のノード内で高率のインフレが発生し、地域通貨の購買力が低下したことなどである。前者は地域通貨運動をとりまくマクロ経済環境の変化であり、後者は一種の構造インフレ、ペソ切り下げによる輸入インフレ、そして投機的な価格の釣り上げなどを背景としている。さらに、偽造クレジットが限度を超えて出回ったこともそれに加担しているという（佐野［二〇〇三］）。

アルゼンチンにおける地域通貨運動の経験は、社会的経済に向けた生存戦略という意義をもっている。市場経済の欠陥を補い、新たな人間関係と社会経済の新しい実践を築く必要性を提起しながら、グローバル経済の荒波の中で新自由主義の緩衝材として地域通貨が果たす役割は決して小さくはない。しかし二〇〇二年以降の現状（インフレの亢進など）は、この運動がもつ構造的な脆弱性を露呈した。そのことは地域通貨運動とともに社会的ネットワークの整備などの社会政策が不可欠であることを明らかにした。RGTはインフレによる教訓をふまえ、〇二年七月に精巧な新通貨を発行し、〇三年一月以降は月一％の割合で通貨価値を「減価」させるとの方針を打ち出した。とはいえ教訓から得るべきはそれにとどまるものではない。国民の大半が依然として社会経済的困難や貧困に苦しむ中で、まず求められるべきはマクロ経済の調整機能と社会福祉制度の拡充など、地域通貨運動を支えうるような環境の構築であろう（佐野［二〇〇三〕。

アルゼンチンの経験は、社会経済危機が深刻化する中で地域通貨が重要な役割を果たしてきた代表的な事例である。しかしそれは、過去一〇年ほどの期間において、地域通貨の急成長ぶりとともに、それがもつ潜在的な構造的脆弱性をも示す結果となった。この事実は、日本など他の諸国の地域通貨に対しても一定の示唆や教訓を与えるものであろう。

エクアドルの事例：ドル化政策下のＳＩＮＴＲＡＬの実践

エクアドルの場合は、通貨のドル化政策の実行が社会経済の重要な転機となった。一九九七年頃、ブカラム政権（九六～九七年）下でアルゼンチン流のカレンシー・ボード制の採用が一時的に検討はされたが、実際には、社会経済危機への反発を機に瓦解したマワ政権（九八～二〇〇〇年）の置き土産として、二〇〇〇年九月に通貨スクレが公式通貨の地位を失うことによって米ドルが正式に採用された。これは通貨交換の極端な例であり、アルゼンチンより一層深刻な状況である。ドル化は国家主権の問題や、輸出競争力の低下による貿易収支の悪化などの問題を抱えるが、人々の生活にとって最大の問題はそれが社会的な格差の拡大につながる恐れを多分にもっている点にある。ドルを入手しにくい社会層にとってドル化による経済困難は深刻で、その中から国外移住を選択する人の流れが大量に生まれている（新木〔二〇〇二〕）。

そうした新自由主義の激流の中で、エクアドルでも地域通貨（ないし代替通貨）と呼ばれる存在は一定の位置を占めており、アルゼンチンほど大規模ではないが、アンデス高地と太平洋沿岸各地に地域通貨のネットワークを広げつつある。この地域通貨は手形記帳による地域交換取引システム（ＬＥＴＳ）[2]型のもので、エクアドルではスペイン語読みでシントラル（ＳＩＮＴＲＡＬ、Sistema de INtercambio y TRAnsacciones Loales）と総称される。首都キト市近郊に住むプロモーターたちの指導で普及が進められてきた。ＳＩＮＴＲＡＬは、キト郊外の町トゥンバコに住むペスタロッチ教育財団[3]の関係者アウリシオ・ヴィルドが一九九四年にＬＥＴＳ型のシステムを導入し、それをエクアドル独自の形に発展させたものである。オルタナティヴ教育の実践をオルタナティヴ経済へと拡大したということができる。そしてペニャエレラ姉妹らがこの試みを各地へ展開するコーディネーターとしての役を務めてきた（辻［二〇〇二］参照）。

一九九九年以降の全国展開により、ＳＩＮＴＲＡＬ全国網（ＲＥＮＡＳＩＮＴＲＡＬ、REd NAcional de SINTRAL）と呼ばれるネットワークが広がり、八つの県に約一二〇のグループが形成された。各グループは一〇人から五〇人までの人数で構成され、全国合計で約五〇〇〇家族が毎週のように定期的に集まり、生活必需品の交換などにこの地域通貨を活用しており、一つの地域で毎週五〇〇ドル程度の取引が行われているという。

ＳＩＮＴＲＡＬはまずキト市とその周辺で始められ、二つの拠点が生まれた。最初の実験地は前述のトゥンバコであり（一九九四年開始）、その地域通貨は一地区の名をとってルミワイコ（Rumihuaico）と呼ばれる。もう一つは開発関連ＮＧＯに従事するガンデリージャの肝煎りで翌九五年に始まったトクチュウコ（Toctiuco）で、これはキト市内の同名の低所得者居住区で開始された。その後ＳＩＮＴＲＡＬは各地の農村生産者の間にも広められ、アンデス高地から太平洋沿岸まで、国内の生態的多様性を活用して地域間で異なる生産物を交換する手段となっている。その中にはコタカチ市（キト北方一〇〇キロ）のような先住民農民グループ（グループ名と通貨名には先住民言語のキチュア語も使用）やアフロ（アフリカ系）エクアドル人のグループ、その他の小農グループによる実践例もある（Schuldt［1997］；Wild［2002］；SINTRAL［発行年未掲載］）。

ドル経済にあえぐ民衆の間では、ＳＩＮＴＲＡＬは食料供給や雇用創出の面で一定の成果をあげてきたと評されている。ただアルゼンチンと比べると情報面では質量ともに大きな差があり、ＳＩＮＴＲＡＬの実践とそれに関する情報は関係者の間に限られているのが現状である。インターネットの関連サイトも少なく、情報を集めるには地域通貨の集まりに直接出向くかコーディネーターなどと接触する必要がある。読書人口が少ないこの国では、地域通貨一般を紹介する英語等の書籍を読む機会もごく少数の人間だけの特権であり、首都キト市内でも概して関連情報に接する機会は少ない。また経済の専門家であっても地域通貨の実態に詳しいとは限らない。関連論文はほとんどなく、ＳＩＮＴＲＡＬの紹介やそれを論じる文章もごく一部を除けば社会に出回っていない。総じて地域通貨やＳＩＮＴＲＡＬについては情報不足の感が否めない。

　都市の低所得者居住地区や各地の小規模生産者、農民・先住民たちの間で、ＳＩＮＴＲＡＬが相互扶助に基づくセイフティ・ネット（安全網）や経済活性化の一手段として一定の効果をあげていることは確かであろう。ただ、エクアドル全体でみると、マクロ経済の大勢や社会全体における影響力は限定的であることも明らかである。

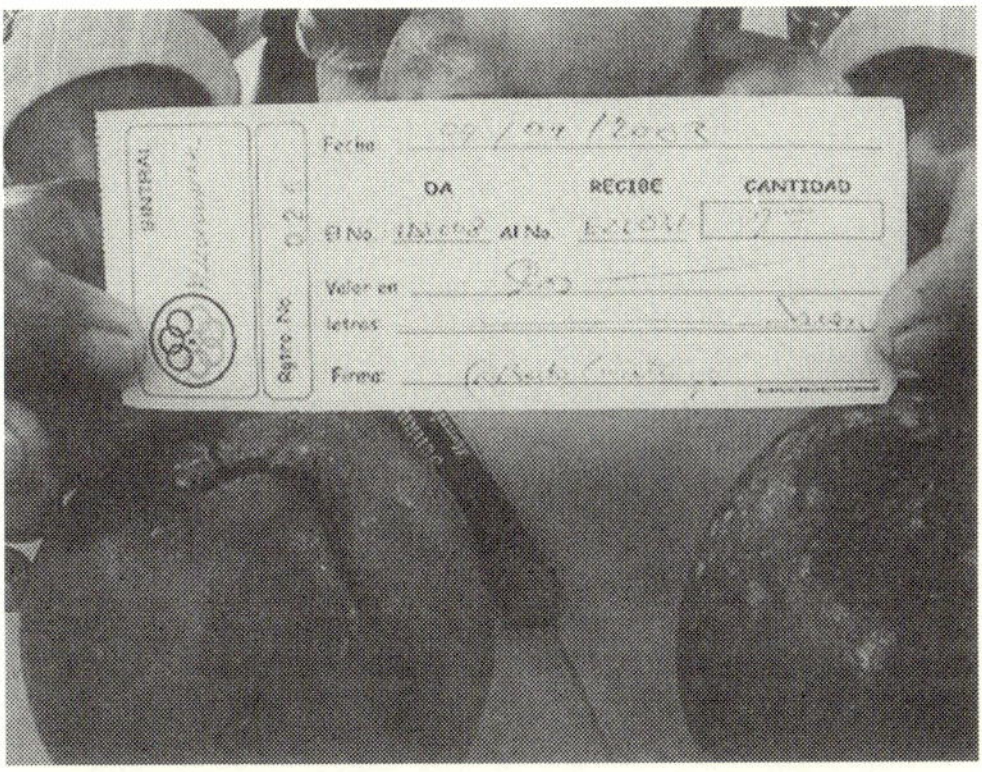

エクアドル，コタカチ市で使用されている地域通貨（2002年，和田彩子氏撮影）

メキシコの事例

最後にメキシコの状況について簡単にふれておきたい。一九九四年から九五年にかけて通貨危機（テキーラ・ショック）にみまわれたメキシコでは、その教訓から九六年にティアンギス・トラロック（アステカの言葉でティアンギスは市場、トラロックは神の意。通称トラロック）という地域通貨が作り出され、まず首都圏において実践された。これは生産物やサービスの交換を目的としたコミュニティ・システムで、スペイン語で「もう一つの（オルタナティヴな）価値市場」と呼ばれることもある。トラロックの最初のバザーはメキシコ市郊外で九六年一二月一四日に行われた。その交換紙券は「一時間の基本的な社会的労働」（当初は二五ペソ相当で、有効期限一年）という単位に準拠していた。この試みはやがて首都圏から農村部を含む他州へと拡大し、地域通貨の全国的ネットワークの形成につながっていった。その後いくつかの改善が施されながら、各地で定期的にバザーが開催され、交換の手段として利用されている（泉［二〇〇二］、トラロックのウェブサイトなど参照）。

3 社会的経済の実現に向けて——日本への示唆と教訓

ここでは、これまでみてきたアルゼンチンやエクアドルなどの事例を参考にラテン・アメリカ地域における地域通貨の特徴や課題をまとめ、日本への示唆と教訓についても考察したい。ラテン・アメリカの経験と交差させることで、日本はそこからどのような教訓を得られるだろうか。そして、ラテン・アメリカ諸国における地域通貨の課題や限界から何を読み取り、日本の地域通貨の意義と見通しにつなげることができるだろうか。

ラテン・アメリカ諸国における地域通貨運動は、新自由主義的な経済政策（カレンシー・ボード制やドル化政策など）が引き起こした社会経済問題の悪化に対する対抗手段、生存戦略の一つとして開始され、アルゼンチンのRGTの場合は世界有数の広がりを見せた。また、その他各地の運動でも、新自由主義に対抗しながら地域コミュニティを再活性化し、住民による自発的な社会的ネットワークを地道につくり出そうとしてきた。しかしこうした地域通貨運動の社会的意義が評価される一方で、そのシステムがもつ限界や問題点も浮き彫りにされてきた。これらの面を踏まえると、次のような点を日本への示唆として挙げることができる。

まずグループの形成と運営の面で各運動体が創意工夫をし、リーダーやコーディネーターと他のメンバーとの間に相互信用関係を築く必要がある。また、アルゼンチンの例でみたように、ネットワークが拡大するとグループ間やリーダー間で路線対立が表面化し、調整が必要となることもあろう。形態の面では、紙幣発行型の地域通貨の場合、偽造の恐れも排除できず、それへの対策措置も求められる。さらに地域通貨の普及には、必要に応じて地方行政当局やネットワークを取り巻く社会との間に友好関係を築くことが肝心となってくる。これらを踏まえると、地域の経済・社会との関係をいかに築き持続させていくのか、ボランティア活動やNPO活動との連携も視野に入れながら、いかに民間セクターとしての地位を築き、ベンチャービジネスなどの立ち上げにつなげるか、などの点における配慮も必要となろう（社会的経済の実現）。

次に、ラテン・アメリカから日本の状況に目を転じると、一九九〇年代末以降の十数年間において日本でも地域通貨のブームが観察される。日本でも八〇年代以降から新自由主義路線は顕著であり、とりわけバブル崩壊後の九〇年代初頭から表面化してきた経済危機の中で、地域経済の疲弊や崩壊への危機感が募ってきた。その意味では日本の地域通貨運動もまた、ラテン・アメリカと共通する社会経済の構図の下で、後発的ながら急激に活発化してきたものであり、新自由主義への対抗という意味合いを含んでいる。

重要なことは、地域通貨のあり方と社会との関係性であろう。地域通貨運動はその初期から、都市（大都市、中小都市）の内部やその周辺を拠点として出発する場合が多く、その意味で都市的現象、市民的運動という性格が強い。その後にネットワークが農村部や都市の周縁部へと拡大していくのが通例である。しかし日本の場合、地方分権の名の下に切り捨てられ過疎化する地方、山村などで地域通貨が地域おこしの手段となりうるかという疑問が提示できる。換言すれば、いまだ発展の可能性をもつ都市部ばかりでなく、切実に社会経済的な生存戦略を必要とする地方において地域通貨が再生の手段たりうるのか、そこに地域通貨は根づくのかといった点が問われなければならない。もちろん、前述のように日本では知的な実験の要素をもつ地域通貨運動が一種のブームとして注目される一方で、ラテン・アメリカと同じく、多くの場合は商店街の衰退や崩壊を食い止めたり、地域での事業を立ち上げる手段として地域通貨が活用されており、そこに地域社会経済の復興という意志と希望が託されていることは間違いない。

とはいえ日本の地域通貨には、新自由主義に対抗する民衆の生存戦略という位置づけはラテン・アメリカにおけるほど強くはない。ラテン・アメリカ諸国の公式通貨に比べると円の信用は依然として高く、社会経済における米ドルの影響力もさほどないこともあって、地域通貨を採用すべき切実性はラテン・アメリカほど高くはない。むろんこのことは、地域通貨の普及には不況の深刻化や円の信用低下が必要だということではない。ここでの主張は、ありがちな知的遊戯という域を超えていかなければ、その目指すべき地域社会経済の復興もむずかしいということである。現代日本の地域社会経済の厳しい現実をしっかりと踏まえながら、都市部だけでなく地方の過疎地域をも包括しうるような、各地域の特性を生かしたネットワーク型の地域通貨運動の実践こそが求められているのである。そのためには、ラテン・アメリカの経験が教える問題点や課題を参考にしつつ、必要とあれば自治体や政府、あるいは他の住民組織などと密接な連携を築いていくべきであろう。

このように、日本とラテン・アメリカの間には地域通貨のあり方と社会との関係性において一定の共通点と相違点を見出すことができる。

とくに日本との相違点として注目すべきは、アルゼンチンやエクアドルの民衆のようにペソやドルに手の届かない人々にとって、地域通貨は「社会的通貨」として機能し、それが「社会的経済」を構築していくための重要な役割を果たしている点である。この「社会的経済」という側面を考えると、通貨と社会は切り離せない関係にあることがわかる。

世界的にも歴史的にも通貨というものは一つではなかったし、公式通貨の支配には時代限定性があったことが知られている（コーヘン［二〇〇〇］、リエター［二〇〇〇］など参照）。日本でも通貨の多元性は古くからあったし、今日の地域通貨もその新しい現象の一つである。ただ、先に述べたように、商店街やサービス業が発行するスタンプカードやメンバーズカード、種々の割引券や金券なども地域通貨のように、日本において公式通貨に代わる経済的媒体の役割を果たしている面があるのかも知れない。これらには地域通貨という名称は使われておらず、同様の位置づけを与えられるかについては議論の余地はあろうが、日本における地域通貨の位置づけや定着の見通しを考え、一過性のブームでない、日本の現実に根ざした地域通貨の実践を模索する上では考慮されるべき側面ではないだろうか。

おわりに

　地域通貨は興味深い現象であり実践である。これまで分析してきたように、それは新自由主義に対する生活防衛の手段の一つとして、ラテン・アメリカや日本でも拡大してきた。しかし、地域通貨のメリットや明るい可能性を強調し過ぎることなく、その現実を冷静に見すえることが必要であろう。たとえば、アルゼンチンのようなヨーロッパ的社会ならば地域通貨＝社会的通貨への「信用」が（日本の場合のように）一定の通用性をもちうるにしても、エクアドルやメキシコのように社会格差が一層大きく社会的暴力の程度が高い諸国にあっては、まずはそれを普及させる基盤となる市民的連帯の拡大に一定の条件があるように思われる。さらに国や地域によっては地域通貨に関する情報へのアクセスが限られていることも考慮されるべきである。またそうした社会では、たとえばアルゼンチンのように経済危機が深刻化した場合に地域通貨がそれほど広まるとは限らないであろうし、また近年のアルゼンチンにおいてさえマクロ経済環境の変化で地域通貨に劇的縮小が観察されたことは先にみたとおりである。

　このように、地域通貨を考えるにはミクロだけでなくマクロの視点も不可欠であり、現実の社会では、マクロ経済が壊滅的な打撃を受ければ地域通貨の前提となる信用よりも相互不信を強める可能性の方が大きい。まして紛争や暴力の渦中にある社会では地域通貨の前提すら成り立ちにくいであろう。つまり、社会の多様な層の中に地域通貨を位置づけ、社会全体の動向やマクロ経済の状況と関連づけてこのシステムをとらえなければ、地域通貨の現実を過大評価してしまうことになりかねない。こうした点に注意を払いながら、ラテン・アメリカと日本の状況を比較、交差させれば、地域通貨の現実と可能性について考える地平が見えてくるように思われる。

地域通貨は万能か、それとも一時的な流行にすぎないのか。答えは簡単には出ないだろうが、われわれはこの両極のどこかでその答えを見出すほかはないであろう。日本の地域通貨運動のように、普及と宣伝の段階で楽観論が強まるのは自然なこととはいえ、少なくとも地域通貨の前途を過度に理想化することは避けるべきであろう。現代世界の社会経済にあって地域通貨は一つの可能性の現れにちがいない。しかしその存立条件は、舞台となる各々の地域に内在する歴史や社会の状況に応じざるをえない。地域の構成原理となる社会や文化を抜きにして地域通貨だけを語るべきではない。地域通貨をありうべき形にするためには、社会の基底を冷静な目で見すえながら想像力を働かせていくことが求められる。すなわち、新自由主義の下での通貨万能主義の風潮から、通貨の生態や社会との関係性に目を配る「社会的経済」の地平へと発想を転換していく必要がある。そして社会経済の理念や政策においても、そうした路線に沿ってパラダイムシフトが模索されるべきであろう。

注

1　NHK衛星チャンネルBS1、一九九九年五月四日放送。ドイツの作家ミヒャエル・エンデが死の前年（一九九四年）に残したインタビューをもとに製作された。「環境・貧困・戦争・精神の荒廃など、現代のさまざまな問題にはすべてお金の問題が絡んでいる」というエンデの問題意識に基づいて、世界各地で試みられている新たな通貨の実験や金融システムが取り上げられた。本書の編者内橋克人氏も番組内でいくつかのコメントを寄せている。

2　ＬＥＴＳ（Local Exchange Trading System）は、一九八三年にカナダのバンクーバー島でマイケル・リントンが始めた地域通貨システムであり、その後オーストラリア、ニュージーランド、イギリスなどの英語圏に普及し、さらに現在までに開発途上諸国を含む世界中に広められ、世界で最も普及した地域通貨の一つとなっている。

3　スイスの教育家Ｊ・ペスタロッチの思想（教育と社会改革との連動）に基づいてエクアドル国内で教育活動を行っている財団。

・ラテン・アメリカの社会的通貨（ラテン・アメリカの地域通貨を紹介。世界各国の地域通貨情報にもリンクできる）http : //www.appropriate-economics.org/latin/latin.html
・RGT（アルゼンチン，RGT＝グローバル交換ネットワークに属する団体の活動情報）http : //www.trueque.org.ar/
・ここぷろ・ねっと（日本の「地域通貨全リスト」を掲載，リンクも充実。徳留佳之氏作成）http : //www.cc-pr.net/list/
・ゲゼル研究会　http : //www.grsj.org/

モロー，ジャック／石塚秀雄・中久保邦夫・北島健一訳［1996］『社会的経済とはなにか――新自由主義を超えるもの』日本経済評論社
山本純一［2002］『インターネットを武器にした〈ゲリラ〉――反グローバリズムとしてのサパティスタ運動』慶應義塾大学出版会
――――［2003］「〈帝国〉に抗するサパティスタ――マルチチュードの可能性」，『神奈川大学評論』第45号
――――［2004］『メキシコから世界が見える』集英社新書
湯川攝子［2002］「メキシコにおける新自由主義的政策改革と農村貧困層」，『ラテン・アメリカ論集』第36号

●**第11章**

Primavera, Helois［2001］, "Redes de Trueque en América Latina : ¿Quo vadis?"（en CD-R, *Jornada : Trueque y economía solidaria,* septiembre de 2002, Universidad Nacional General Sarmiento, Argentina）
Schuldt, Jürgen［1997］, *Dineros alternativas para el desarrollo local,* Lima : Centro de Investigación de la Universadad del Pacífico
SINTRAL［発行年未掲載］, una minga por la vida（パンフレット）
Wild, Mauricio［2002］, *Colecciones de reflecciones sobre economía,* Quito : educación y salud（mimeo）
新木秀和［2002］「ドル化と通貨の生態学」，『イベロアメリカ研究』上智大学イベロアメリカ研究所，第22巻第2号
泉留維［2001］「様々な地域通貨が世界で広がる」，丸山真人・森野栄一編『なるほど地域通貨ナビ』北斗出版，所収
河邑厚徳・グループ現代［2000］『エンデの遺言――「根源からお金を問うこと」』日本放送出版協会
コーヘン，ベンジャミン／本山美彦監訳・宮崎真紀訳［2000］『通貨の地理学――通貨のグローバリゼーションが生む国際関係』シュプリンガー・フェアラーク東京
嵯峨生馬［2004］『地域通貨』日本放送出版協会
坂本龍一・河邑厚徳編［2002］『エンデの警鐘――「地域通貨の希望と銀行の未来」』日本放送出版協会
佐野誠［2003］「地域通貨は万能薬か」，『ラテンアメリカ・レポート』アジア経済研究所，第20巻第1号
辻信一［2002］「エクアドルの地域通貨『シントラル』」，『エクアドル環境読本――slowなライフスタイルに取り組む人たち』ナマケモノ倶楽部，所収
西部忠［2002］『地域通貨を知ろう』岩波ブックレット
廣田裕之［2001］「失業者救済からベンチャー育成に向かうアルゼンチンRGT（Red Global de Trueque）」，『そんりさ』日本ラテンアメリカ協力ネットワーク，第69号
リエター，ベルナルド／小林一紀・福元初男訳［2000］『マネー崩壊――新しいコミュニティ通貨の誕生』日本経済評論社
［ウェブサイト］
・ミゲル（Miguel）の雑学広場（アルゼンチン，メキシコほか世界各地の地域通貨情報を掲載。廣田裕之氏作成）http : //www 3.plala.or.jp/mig/index-jp.html

小池洋一［2002］「ブラジル：グローバル化と企業の競争戦略」，星野妙子編『発展途上国の企業とグローバリゼーション』アジア経済研究所，所収
サッセン，サスキア／椋尾麻子訳［2003］「都市に内在する新たな不平等」，『現代思想』5月号
佐野誠［2002］「グローバリゼーションと小零細企業――ペルーの事例に関する予備的考察」，『地域研究論集』第4巻第1号
清水達也［1999］「ラテンアメリカの非伝統的農産物生産と輸出」，星野妙子編『ラテンアメリカ政治経済の新展開』アジア経済研究所，所収
谷洋之［1999］「農業部門における自由化の功罪――『政府の失敗』の除去から政府の新たな役割の模索へ」，小池洋一・西島章次編『市場と政府――ラテンアメリカの新たな開発枠組み』アジア経済研究所，所収
谷浦妙子［2000］『メキシコの産業発展――立地・政策・組織』アジア経済研究所
日本貿易振興会［2002］『ジェトロ投資白書　2002年版』日本貿易振興会
村瀬幸代［2001］「チリのワイン産業――輸出産業への変貌と今後の展望」（修士論文），上智大学外国語学部

●第10章

Aguilar Gutiérrez, Genaro［2000］, *Desigualdad y Pobreza en México, ¿son inevitables?,* México : UNAM
DESMI, A.C.［2001］, *Si Uno Come, Que Coman Todos,* México : DESMI
Guevara, Ernesto Che［1977］, *El Socialismo y el Hombre Nuevo,* México : Siglo Veintiuno
Lustig, Nora［1992］, *Mexico : the remaking of an economy,* Washington D.C. : The Brookings Institution
吾郷健二［2003］『グローバリゼーションと発展途上国』コモンズ
内橋克人［1995］『共生の大地』岩波新書
内山節［1989］『自然・労働・協同社会の理論――新しい関係論をめざして』農山漁村化協会
落合一泰［1987］「メキシコ――先住民村落の法と政治」，大森元吉編『法と政治の人類学』朝倉書店，所収
金子郁容・松岡正剛・下川辺淳［1998］『ボランタリー経済の誕生――自発する経済とコミュニティ』実業之日本社
河野直践［1998］『産消混合型協同組合――消費者と農業の新しい関係』日本経済評論社
佐藤慶幸［2002］『NPOと市民社会――アソシエーション論の可能性』有斐閣
田畑稔［1999］「世界とは何か，現代とは何か――現代と世界の三層構造」，捧堅二ほか『21世紀入門――現代世界の転換にむかって』青木書店，所収
田畑稔ほか［2003］『アソシエーション革命へ【理論・構想・実践】』社会評論社
富沢賢治・川口清史編［1997］『非営利・協同セクターの理論と現実――参加型社会システムを求めて』日本経済評論社
広沢広祐［1991］「現代の危機と協同組合運動」，『生活協同組合研究』7月号
フォーケ，ジョルジュ／中西啓之・菅伸太郎訳［1991］『協同組合セクター論』日本経済評論社
フレイレ，パウロ／小沢有作訳［1979］『被抑圧者の教育学』亜紀書房

Globalization of Multinational Enterprise Activity and Economic Development, Macmillan Press

Gereffi, Gary & Miguel Korzeniewics [1994], *Commodity Chains and Global Capitalism*, London : Praeger

Goldstein, Andrea [2002], "EMBRAER : de canpeón nacional a julgador global", *Revisita CEPAL*, N. 77, agosto

Hisamatsu, Yoshihi [2001], "High-tech Electronics Industry Cluster Formation : the Case of Guadarajara Area, Jalisco", paper submitted to IDE Workshop on Industrial Networks in Asia, January 27, 2000

Hobday, Michael [1995], *Innovation in East Asia : The Challenge to Japan*, Aldershot : Edward Elgar Publishing

Humphrey, John & Hubert Schmitz [2000], "Governance and Upgrading : Linking Industrial Cluster and Global Value-chain Research", *IDS Working Paper*, No. 120, Brighton : IDS (Institute of Development Studies)

Humphrey, John, Yveline Lecler & Mario Salerno (eds.) [2000], *Global Strategies, Local Realities : The Auto Industry in Emerging Markets*, Basingstoke : Macmillan

IDS [2001], *IDS Bulletin*, Special Edition on the Value of Value Chains : Spreading the Gains from Globalization, Vol. 32, No. 3, July, Brighton : IDS

── [1992], *IDS Bulletin*, Vol. 23, No. 3, July

Kaplinsky, Raphael [2000], "Spreading the Gains from Globalization : What Can Be Learned from Value Chain Analysis", *IDS Working Paper*, No. 110, Brighton : IDS

Marshall, Alfred [1920], *The Principles of Economics*, 8 th edition (馬場啓之助訳 [1965-67]『経済学原理』東洋経済新報社)

Piore, Maichel J. & Charles Sabel [1984], *The Second Industrial Divide : Possibility for Prosperity*, New York : Basic Books (山之内靖・永易浩一・石田あつみ訳 [1993]『第二の産業分水嶺』筑摩書房)

Porter, Michael [1998], "Clusters and the New Economics of Copetition", *Harvard Business Review*, November-December

Quadros, Ruy [2002], "Global Quality Standards, Chain Governance and Technological Upgrading of Brazilian Auto-components Producers", *IDS Working Paper*, No. 156, Brighton : IDS

Schmitz, Hubert [1993], "Small Shoemakers and Fordist Giants : Tale of a Supercluter", *IDS Discussion Paper*, No. 331, Brighton : IDS

Schmitz, Hubert & Peter Knorringa [2000], "Learning from Global Buyers", *The Journal of Development Studies*, vol. 37, No. 2, December

UNCTAD [1994], *Technological Dynamism in Industrial Districts : An Alternative Approach to Industrialization in Developing Countries?*, Geneva : UNCTAD

Wood, Adrian [1994], *North-South Trade, Employment and Inequity : Changing Fortunes in a Skill-driven World,* Oxford : Oxford University Press

World Bank [1997], *World Development Report 1997*, Washington D.C. : World Bank

──── [2001], *World Development Indicators 2001*, Washington D.C. : World Bank

アルバラデホ，マヌエル [1999]「クラスタリング──中小企業の生き残り戦略かそれとも発展のためのオルタナティブか」，小池洋一・堀坂浩太郎編『ラテンアメリカ新生産システム論──ポスト輸入代替工業化の挑戦』アジア経済研究所，所収章次・細野昭雄共編『ラテンアメリカにおける政策改革の研究』神戸大学経済経営研究所双書 62 号（http : //www.rieb.kobe-u.ac.jp/ ~nishijima/PDF.html　2003 年 7 月 27 日）
マガノ，オクタヴィオ・ブエノ［1994］「ブラジル労働法序説」，矢谷通朗／カズオ・ワタナベ／二宮正人編『ブラジル開発法の諸相』アジア経済研究所，所収

●第 8 章

DAC［1993］, *Orientations on Participatory Development and Good Governance,* Paris : OECD
Kazancigil, Ali［1998］, "Governance and Science", *International Social Sciences Journal,* No.155
UN［1995］, *The Declaration and Programme of the World Summit for Social Development,* Copenhagen : UN
UNDP［1993］, *Human Development Report,* New York : UN
——［1997］, *Human Development Report,* New York : UN（広野良吉他日本語監修『人間開発報告書　1997』国際協力出版会）
——［2000］, *Human Development Report,* New York : UN（同『人間開発報告書　2000』国際協力出版会）
World Bank［1992］, *Governance and Development,* Washington D.C. : World Bank
————［1997］, *World Bank Report,* Washington D.C. : World Bank（海外経済協力基金開発問題研究会訳『世界開発報告　1997』東洋経済新報社）
内橋克人［2002］『誰のための改革か』岩波書店
ギデンズ，アンソニー／佐和隆光訳［1999］『第三の道』日本経済新聞社
神野直彦［2002］『人間回復の経済学』岩波書店
セン，アマルティア／石塚雅彦訳［2000］『自由と経済開発』日本経済新聞社
恒川恵市［1998］「序　開発経済学から開発政治学へ」，川田順造他編『岩波講座・開発と文化 6　開発と政治』岩波書店，所収
西川潤［2000］『人間のための経済学』岩波書店

●第 9 章

Bair, Jennifer & Gary Gereffi［2001］, "Local Cluster in Global Chains : The Causes and Consequences in Export Dynamism in Torreon's Blue Jeans Industry", *World Development*, Vol. 29, No. 11, November
Bernardes, Roberto e Marcelo Pinho［2002］, "Aglomeração eaprendizado na rede de fornecedores locais da Embraer", Projeto de Pesquisa e Sistemas Produtivos Locais e as Novas Políticas de Dsenvolvimento Industrial e Tecnológico, IE/UFRJ
Britto, Jorge［2000］, "Características estruturais dos clusters industriais na economia brasileira", Projeto de Pesquisa e Sistemas Produtivos Locais e as Novas Políticas de Dsenvolvimento Industrial e Tecnológico, IE/UFRJ
Cassiolato, José Eduardo e Helena M.M. Lastre（eds.）［1999］, *Globalização & inovação localizada : experiências de sistemas locais no Mercosul*, Brasília : IBICT/MCT
CEPAL［2001］, *Panorama de la insercíon internacional de América Latina y el Caribe*, Santiago de Chile : CEPAL
Enright, M.J.［2000］, "The Globalization of Competition and the Localization of Competitive Advantage : Politics towards Regional Clustering", in Neil Hood & Stephan Young（eds.）, *The*

西島章次／細野昭雄編著［2003］『ラテンアメリカにおける政策改革の研究』神戸大学経済経営研究所

●第 7 章

Amadeo, Edward J.［1999］, "4. Opening, Stabilization, and Macroeconomic Sustainability in Brazil", in Lance Taylor（ed.）, *After Neoliberalism. What Next for Latin America?,* Michigan : The University of Michigan Press

Baumann, Renato y Carlos Mussi［1999］, *Algunas Características de la Economía Brasileña desde la Adopción del Plan Real,* Serie Temas de Coyuntura, Santiago de Chile : CEPAL

Bresser Pereira, Luiz Carlos［1996］, *Reconstruindo um novo estado na América Latina*（1996 年 10 月，米州開発銀行・国連開発計画の主催で開かれた会議「ラテン・アメリカの新たな道」における発表をもとにした，ブレッセル・ペレイラの論文。邦訳，子安昭子訳［1998］「ラテンアメリカにおける新たな国家の構築に向けて」，『ラテンアメリカ・レポート』第 15 巻第 3 号，pp. 2–9）

――――――――――――［2002］, *The Second Washington Consensus and Brazil's Quasi-Stagnation*（http : //www.bresserpereira.org.br/papers/EB-PB/60-20 C-Washing-i.pdf　2003 年 7 月 27 日）

Cysne, Rubens Penha［2002］, "Macro- and Microeconomic Aspects of the Reforms", in Baumann, Renato（ed.）, *Brazil in the 1990 s : An Economy in Transition*, New York : Palgrave Publishers Ltd., pp. 39–88

"FHC, oito anos depois",［2002］, *Veja*, 20 de novembro

Goertzel, Ted［2002］, *Eight years of Pragmatic Leadership in Brazil*（A Supplement to : Fernando Henrique Cardoso : Reinvesting Democracy in Brazil, Last Updated : January）（http : //crab.rutgers.edu/ ~goertzel/fhc.htm.）

Neri, Marcelo & José Márcio Camargo［1999］, *Structural Reforms, Macroeconomic Fluctuations and Income Distribution in Brazil,* Serie Reformas Económicas 39, Santiago de Chile : CEPAL

Onis, Juan de［2000］, "Brazil's New Capitalism", *Foreign Affairs*, Vol. 79, No. 3（May/June）, pp. 107–119

Presidência da República Federativa do Brasil［2002］, *Mensagem ao congresso nacional 2002,* Brasília : Presidência da República Federativa do Brasil

小池洋一［2003］「ブラジル労働者党政権の開発政策と援助政策」（http : //www.mof.go.jp/jouhou/kokkin/tyosa/tyou 069 c.pdf　2003 年 7 月 27 日）

子安昭子［2001］「レアルプランの 7 年間を振り返る――カルドーゾ政権の社会開発プログラムを中心に」，『ラテンアメリカ・レポート』第 18 巻第 2 号，pp. 2–12

佐野誠［2003］「第Ⅳ部第 3 章　開発パラダイムの比較分析」，佐藤良一編『市場経済の神話とその変革』法政大学比較経済研究所，所収

鈴木孝憲［2002］『ブラジルの挑戦――世界の成長センターをめざして』日本貿易振興会

高木耕［2001］「ブラジルの保健医療制度――理想のシステムは完成できるのか」，『ラテンアメリカ・レポート』第 18 巻第 2 号，pp. 13–22

田村梨花［2003］「カルドーゾ政権における教育開発」，『イベロアメリカ研究』第 24 巻第 2 号

細野昭雄［2003］「ラテンアメリカにおける改革と制度の構築：主要国の比較分析」，西島

高杉良［2002］『外資の正体』光文社
玉置直司［2003］『韓国はなぜ改革できたのか』日本経済新聞社
フレイザー，ジル・A／森岡孝二監訳［2003］『窒息するオフィス』岩波書店
松原隆一朗［2003］『長期不況論』NHK ブックス，日本放送出版協会
本山美彦［1996］『倫理なき資本主義の時代』三嶺書房
——— ［2000］『売られるアジア』新書館
森永卓郎［2003］『年収三〇〇万円時代を生き抜く経済学』光文社

●第 6 章

Demmers, J., A.E. Fernandez J., B. Hogenboom（eds.）［2001］, *Miraculous Metamorphoses : The Neoliberalization of Latin American Populism*, London/ New York : Zed Book
Fazio, Hugo［1999］, *La crisis pone en jaque al neoliberalismo : causas profundas de la recesión en Chile*, Santiago de Chile : LOM Ediciones
———— ［2000］, *La transnacionalización de la economía chilena : mapa de la extrema riqueza al año 2000*, Santiago de Chile : LOM Ediciones
Ffrench-Davis, R.［1999］, *Entre el neoliberalismo y el crecimiento con equidad : Tres décadas de política económica en Chile*. 2 da Ed., Santiago de Chile : Dolmen Ediciones
Ffrench-Davis, R. y B. Stallings（eds.）［2001］, *Reformas, crecimiento y políticas sociales en Chile desde 1973*, Santiago de Chile : CEPAL/LOM Ediciones
Guillermo Espinosa, J.［2001］, *Economía neoliberal versus economía social en América Latina*, Santiago de Chile : Dolmen
Haagh, L.［2002］, *Citizenship, Labour Markets and Democratization : Chile and the Modern Sequence*, New York : Palgrave
Jorratt, M.［2000］, *Diagnóstico del sistema tributario chileno*, Servicio de Impuestos Internos（http : //www.sii.cl/aprenda_sobre_impuestos/estudios/tributarios.htm）
Meller, P.［1996］, *Un siglo de economía política chilena*（*1890–1990*）, Santiago de Chile : Andres Bello
Milet, Paz (ed.)［2001］, *Estabilidad, crisis y organización de la política : Lecciones de medio siglo de historia chilena*, Santiago de Chile : FLACSO
Morgado Valenzuela, E.［1999］, *Las reformas laborales y su impacto en el funcionamiento del mercado de trabajo*, Santiago de Chile : CEPAL, Serie Reformas Económicas 32
Siavelis, Peter M.［2000］, *The President and Congress in Postauthoritarian Chile : Institutional Constraints to Democratic Consolidation*, Pennsylvania : The Pennsylvania State Univ. Press
Solimano, A., E. Aninat & N. Birdsall (eds.)［2000］, *Distributive Justice and Economic Development : The Case of Chile and Developing Countries*, Michigan : The University of Michigan Press
Tokman, V. E. & G. O'Donnell (eds.)［1998］, *Poverty and Inequality in Latin America : Issues and New Chanllenge*, Notre Dame : Univ. of Notre Dame Press
Toloza, C. y E. Lahera (eds.)［1998］, *Chile en los noventa*, Santiago de Chile : Dolmen
岡本哲史［2000］『衰退のレギュラシオン——チリ経済の開発と衰退化 1830–1914 年』新評論
佐野誠［1998］『開発のレギュラシオン——負の奇跡・クリオージョ資本主義』新評論

Saavedra, Jaime［1999］, "La Flexibilización del Mercado Laboral", en Roberto Abusada y otros, *La Reforma Incompleta : Rescatando los Noventa*, Tomo I, Lima : Universidad del Pacífico, pp. 379–428

Thomas, Jim［1995］, "The Labour Market and Employment", en John Crabtree & Jim Thomas, *Fujimori's Peru : The Political Economy*, London : Institute of Latin America Studies, pp. 150–170

Verdera, V. Francisco［1994］, *El Mercado de Trabajo de Lima Metropolitana : Estructura y Evolución 1970-90,* Lima : Instituto de Estudios Peruanos

——————［2000］, *Cambio en el Modelo de Relaciones Laborales en el Perú 1970-96,* Osaka : The Japan Center for Area Studies

Webb, Rciahrd y Graciela Fernandéz Baca［1997］, *Anuario Estadístico Perú en Números*, Lima : Cuantó

——————————［2001］, *Anuario Estadístico Perú en Números*, Lima : Cuantó

平舘英明［2003］「"正社員" という言葉が死語となる日」,『週刊金曜日』444 号，pp. 13–15

池添徳明［2003］「企業の身勝手がまかり通る」,『週刊金曜日』444 号，pp. 10–12

厚生労働省［2002］『労働政策審議会建議　今後の労働条件に係る制度の在り方について』

村上勇介［1999］「ペルーにおける下層民と政治」,『地域研究論集』第 2 巻第 2 号，国立民族学博物館地域研究企画交流センター，pp. 141–179

遅野井茂雄［1995］「ペルーの経済自由化の展開と課題」,『ラテンアメリカ・レポート』第 12 巻第 1 号，アジア経済研究所，pp. 13–23

————［1996］「ネオリベラリズム下のペルー経済：発展の可能性と限界」,『海外事情』2 月号，拓殖大学海外事情研究所，pp. 15–27

佐野誠［2003］「労働市場と雇用関係」, 石黒馨編『ラテンアメリカ経済』世界思想社，pp. 133–153

●第 5 章

Bhagwati, J.［1998］, "The capital myth", *Foreign Affairs*, 77（1）

Chan, Anita［2001］, *China's Workers under Assault*, New York : M.E. Sharpe

Crotty, J. & Kang-Kook Lee［2001］, *Economic Performance in Post-Crisis Korea*, Amherst : University of Massachusetts, PERI Working Paper 23

Jenkins, Rhys［1987］, *Transnational Corporations and Uneven Development*, London : Methuen

Rugman, A.M.［1981］, *Inside the Multinationals : The Economics of Internal Markets*, London : Croom Helm

UNCTAD［1991, 1997, 2002］, *World Investment Report*, Geneve : UNCTAD

吾郷健二［2003］『グローバリゼーションと発展途上国』コモンズ

安室憲一［2003］『中国企業の競争力』日本経済新聞社

伊東光晴［1999］『「経済政策」はこれでよいか』岩波書店

カイ，C／吾郷健二監訳［2002］『ラテンアメリカ従属論の系譜』大村書店

世界銀行／白鳥正喜監訳［1994］『東アジアの奇跡』東洋経済新報社

●第3章

Banco de México（メキシコ中央銀行），*Indicadores Económicos* 各月版（http : //www.banxico.org.mx/eInfoFinanciera/FSinfoFinanciera.html）

Calva, José Luis［1998］, "Fobaproa : una alternativa de solución", *Problemas de Desarrollo*（Instituto de Investigaciones Económicas, UNAM）, Vol. 29, pp. 47–80

CEPAL, *Estudios Económicos de América Latina y Caribe*（各年版）

Comisión Nacional Bancaria y de Valores（メキシコ金融証券庁），*Indicadores Económicos*（各月版）

Fanelli, José M., Ricardo N. Bebczuk & Juan J. Pradelli［2002］, "Determinants and consequences of financial constraints facing firms in Argentina", *Research Network Working Paper* #R–453, Inter-American Development Bank, Latin American Research Network

Hofman, A.A.［2000］, "Standardised capital stock estimates in Latin America : a 1950–94 update", *Cambridge Journal of Economics,* No.1, pp. 45-86 付属資料より

Ministerio de Economía y Producción（アルゼンチン経済省），*Informe Económico Trimestria* 各四半期版（http : //www.mecon.gov.ar/peconomica/basehome/infoeco.html）

Stiglitz, Joseph & Bruce Greenwald［2003］, *Towards a New Paradigm in Monetary Economics,* Cambridge : Cambridge University Press（邦訳，スティグリッツ＝グリーンワルド／内藤純一・家森信善訳［2003］『新しい金融論――信用と情報の経済学』東京大学出版会）

茨木豊彦［2003］『キーワードでわかる「金融改革」』中公新書ラクレ

宇佐見耕一［2002］「アルゼンチン　泡と消えたラプラタの奇跡と第三の道」，『ラテンアメリカ・レポート』第19巻第2号，pp. 2–10

小川一夫［2001］『大不況の経済分析――日本経済長期停滞の解明』日本経済新聞社

第一生命経済研究所［2003］『資産デフレで読み解く日本経済』日本経済新聞社

日本銀行『金融経済統計月報』各月版

日本銀行企画室［2002］「最近のマネタリーベースの増加をどう理解するか？」，『日本銀行調査月報』（http : //www.boj.or.jp/ronbun/02/data/ron 0208 b.pdf）

服部茂幸［2003］「量的緩和政策は貨幣ストックを増加させなかった」，『経済セミナー』第576号，pp. 42–47，日本評論社

廣島鉄也［1997］「中小企業向け貸出と実体経済活動について」，『ワーキング・ペーパー97–4』日本銀行調査統計局

星岳雄，ヒュー・パトリック［2001］「日本の金融システム――予備的考察と各章の概要」，星岳雄，ヒュー・パトリック編『日本金融システムの危機と変貌』日本経済新聞社，所収

安原毅［2003］『メキシコ経済の金融不安定性――金融自由化・開放化政策の批判的研究』新評論

［ウェブサイト］

・アルゼンチン中央銀行（Banco Central de República Argentina）　http : //www.bcra.gov.ar/

●第4章

Galin, Pedro, Julio Carrión y Oscar Castillo［1986］, *Asalariados y Clases Populares en Lima*, Lima : Instituto de Estudios Peruanos

山崎圭一［2001］「ブラジル財政危機の要因と財政改革の課題」，『エコノミア』第52巻第1号，5月

［ウェブサイト］

・ブラジル連邦財務省　http : //www.fazenda.gov.br

・同省国庫局（Secretaria de Tesouro Nacional）　http : //www.stn.fazenda.gov.br/

・日本国財務省　http : //www.mof.go.jp/index.htm

・日本国総務省　http : //www.soumu.go.jp/

●第2章

Alonso, Guillermo V.［2000］, *Política y seguridad social*, Buenos Aires : FLACSO

Banco Mundial［1994］, *Envejecimiento sin crisis*, Washington D.C. : Banco Mundial

Beattie, Roger y Warren Macgillivary［1995］, “Una esrategia riesgosa : reflexciones acerca del informe del Banco Mundialtitulado Envejecimiento sin riesgo”, *Revista Internacional de seguridad social*, Vol. 48

CENOC［1998］, *Las actividades de las organizaciones de la comunidad inscriptas en el CENOC 1997,* Buenos Aires : Secretaría de Desarrollo Social

Feldman, Jorge, Laura Golbert y Ernesto A. Isuani［1986］, “Maduración y crsis del sistema provisional argentino”, *Boletín informativo Techint,* núm. 240

Golbert, Laura［1988］, “El envejecimiento de la población y la seguridad social”, *Boletín informativo Techint,* núm. 251

Isuani, Ernesto y Jorge A. San Martino［1993］, *La reforma previsional Argentino*, Buenos Aires : CIEPP

Ministerio de Trabajo y Seguridad Social［1997］, *Panorama de la seguridad social*, Priemr trimester de 1997

Oddone, María Julieta［1991］, “Los ancianos de la sociedad”, en René A. Knopoff y María Julieta Oddone (ed.), *Dimenciones de la vejez en la sociedad argentina*. Buenos Aires : Centro Editor de América Latina

SAFJP［1994–2002］, *El régimen de capitalización a* 8 *años de la reforma provisional 1994-2002,* Buenos Aires : SAFJP

——［2003］, *Boletín estadístico mensual*, abril de 2003

Secretaría de Desarrollo Social［1994］, *La situación de los ancianos en la Argentina 1994*, Buenos Aires : Secretaría de Desarrollo Social

Sistema de la previsión social Argentina［1969］, *Boletín informativo*, núm. 172

Wassner, Roberto A.［1994］, *La reforma del sistema provisional*, Buenos Aires : Abeledo-Perrot

［新聞］

La Nación

［ウェブサイト］

・アルゼンチン国家社会保険局（Administración Nacional de la Seguridad Social : ANSES）http : //www.anses.gov.ar/

・Superintendencia de Administración de Fondos de Jubilaciones y Pensiones（SAFJP）　http : //www.safjp.gov.ar/

日本経済評論社
フレンケル，ロベルト［2003］「もうひとつの失われた10年」，野口真・平川均・佐野誠編『反グローバリズムの開発経済学』日本評論社，所収
ペンペル，T. J.，恒川恵市［1986］「労働なきコーポラティズムか」，Ph.シュミッター，G.レームブルッフ編／山口定監訳『現代コーポラティズムⅠ』木鐸社，所収
南亮進［1996］『日本の経済発展と所得分布』一橋大学経済研究叢書45，岩波書店
宮崎義一［1992］『複合不況』中公新書
――――・伊東光晴［1961］『コンメンタール・ケインズ「一般理論」』日本評論社
山家悠紀夫［2001］『「構造改革」という幻想』岩波書店
吉川洋［1999］『転換期の日本経済』岩波書店
―――［2003］『構造改革と日本経済』岩波書店
吉冨勝［1998］『日本経済の真実』東洋経済新報社

●第1章

Chocano, Mario Zolezzi［2002］, *Estado de la Cuestion de los Procesos de Planificacion y Presupuesto Participativo en el Peru*（地元NGOのDESCO，国連開発計画〔UNDP〕などが共催して，ペルー国リマ市内ビジャ・エルサルバドル区で2002年8月19〜21日に開催された「参加型予算」論の国際ワークショップに提出された報告）
IDB（Inter-American Development Bank）［1996］, *Economic and Social Progress in Latin America 1996 Report*, Washington D.C.: IDB
Kennedy, William［1913］, *English Taxation 1640-1799: Policy and Opinion*, London: G.Bell & Sons Ltd.
Navarro, Zander［2002］, "Decentralization, Participation and Social Control of Public Resources: 'Participatory Budgeting' in Porto Alegre"（米州開発銀行〔IDB〕が同行駐日事務所と協力して2002年9月に東京と神戸で開催した，「財政分権の文脈における市民参加」と題する国際ワークショップで，リオ・グランデ・ド・スル連邦大学のZander Navarroが発表した報告
World Bank［2002］, *Empowerment and Poverty Reduction: A Sourcebook*（*Draft*）, May 1, Washington D.C.: World Bank（http://www.worldbank.org/）
池上惇［1990］『財政学――現代財政システムの総合的解明』岩波書店
伊豫谷登士翁［2002］『グローバリゼーションとは何か――液状化する世界を読み解く』平凡社
遠藤宏一［1971］「ニューディール期アメリカの法人所得課税の構造――『社会統制』課税形成の意義」，『経営研究』第113号
都築慎一［2002］『ブラジルの税制体系　改訂版』ジャパンデスク
二宮厚美［2002］『日本経済の危機と新福祉国家への道』新日本出版社
萩原伸次郎［1996］「アメリカ経済の復権と課題」，杉本昭七・関下稔・藤原貞雄・松村文武編著『現代世界経済をとらえる　Ver. 3』東洋経済新報社，所収
増田義郎・吉村作治［2002］『インカとエジプト』岩波書店
宮本憲一・鶴田廣巳編著［2001］『所得税の理論と思想』税務経理協会（筆者は，第1章，W.ケネディ著『イギリスにおける課税』の抄訳と要約を，横田茂教授と分担執筆した）

de Economia Política, Vo. 23, No. 4 (92), Outubro–Dezembro
Sicsu, João [2002], "Teoria e Evidências do Regime de Metas Inflacionárias", *Revista de Economia Política,* Vo. 22, No. 1 (85), Janeiro-Março
Taylor, Lance [1998], "Lax Public Sector, Destabilizing Private Sector : Origins of Capital Market Crises", *CEPA Working Paper Series III,* Working Paper No. 6, Center for Economic Policy Analysis, New School for Social Research (http : //www.newschool.edu/cepa)
World Bank [2003], World Development Indicators CD-ROM 2003, Washington, D.C : World Bank
吾郷健二 [2003]『グローバリゼーションと発展途上国』コモンズ
荒川章義 [2000]「ケインズ政策の有効性と日本経済の制度変化」，九州大学大学院経済学研究院政策評価研究会編著『政策分析 2000』九州大学出版会
伊東光晴 [1987 a]「静かなる狂乱」，『世界』1987 年 7 月号
――― [1987 b]「荒海に船出する日本経済」，『世界』1988 年 1 月号
――― [1999]『「経済政策」はこれでよいか』岩波書店
――― [2000]『日本経済の変容』岩波書店
内橋克人 [1982–91]『匠の時代』全 12 巻，講談社文庫
――― [1994]『破綻か再生か』文藝春秋
――― [1995 a]『規制緩和という悪夢』文藝春秋
――― [1995 b]『共生の大地』岩波新書
――― [2004]『〈節度の経済学〉の時代』朝日新聞社
―――編 [2002]『誰のための改革か』岩波書店
岡本哲史 [2000]『衰退のレギュラシオン』新評論
小野善康 [2003]『節約したって不況は終わらない』ロッキング・オン社
金子勝 [1999]『セーフティーネットの政治経済学』ちくま新書
ガルブレイス，ジョン・ケネス／門間隆訳 [2002]『日本経済への最後の警告』徳間書店
佐野誠 [1998]『開発のレギュラシオン』新評論
――― [2001 a]「第 5 章　ネオ・リベラル改革，大量失業，雇用政策」，宇佐見耕一編『ラテンアメリカ福祉国家論序説』アジア経済研究所，所収
――― [2001 b]「第 7 章　アルゼンチン」，財務省財務総合政策研究所『「経済の発展・衰退・再生に関する研究会」研究報告書』，所収
――― [2003 a]「第 3 章　国際収支と対外債務」，石黒馨編『ラテンアメリカ経済学』世界思想社，所収
――― [2003 b]「第Ⅳ部第 3 章　開発パラダイムの比較分析」，佐藤良一編『市場経済の神話とその変革』法政大学比較経済研究所，所収
――― [2003 c]「第 8 章　ラテンアメリカ化するアジア？」，野口真・平川均・佐野誠編『反グローバリズムの開発経済学』日本評論社，所収
佐和隆光 [2003]『日本の構造改革』岩波新書
柴田徳太郎 [1996]『大恐慌と現代資本主義』東洋経済新報社
橘木俊詔 [2004]『家計からみる日本経済』岩波新書
ドーア，ロナルド [2001]「私の〈所得政策復活論〉」，『中央公論』12 月特大号
芳賀健一 [1993]「バブル・エコノミーの政治経済学」，『季刊・窓』第 16 号
バドゥーリ，アミット／デーパク・ナイヤール／永安幸正訳 [1999]『インドの自由化』

各章参考文献

●序章

Blanchard, Olivier y Daniel Pérez Enrri [2000], *Macroeconomía. Teoría y Política Económica con Aplicaciones a América Latina,* Buenos Aires : Prentice Hall, Pearson Educación

Bresser Pereira, Luiz Carlos [1998], "La Reconstrucción del Estado en América Latina", *Revista de la CEPAL,* Número Extraordinario (http : //www.eclac.cl/espanol/RevistaCepal/rvcincuenta/bresser. Htm)

Cafiero, Mario y Javier Llorens [2002], *La Argentina Robada. El Lito, loz Bancos y el Vaciamiento del Sistema Financiero Argentino,* Buenos Aires : Ediciones Macchi

Calcagno, Alfredo Eric y Eric Calcagno [2003], *Argentina : Derrumbe Neoliberal y Proyecto Nacional,* Buenos Aires : Capital Intelectual, S.A.

Cardoso, Fernando Henrique y Mário Soares [2000], *El Mundo en Portugués.Un Diálogo,* Méxco, D.F. : Fondo de Cultura Económica

CEPAL [2002], *Estudio Económico de América Latina y el Caribe, 2001-2002,* Santiago de Chile : Comisión Económica para América Latina y el Caribe

Damill, Mario, Roberto Frenkel y Roxana Mauricio [2003], *Políticas Macroeconómicas y Vurnerabilidad Social. La Argentina en los Años Noventa,* Santiago de Chile : CEPAL

FCEUBA (Facultad de Ciencias Económicas de la Universidad de Buenos Aires) [2002], "PLAN FÉNIX. PROPUESTAS PARA EL DESARROLLO CON EQUIDAD", *Enoikos Revista de la Facultad de Ciencias Económicas,* No. 20 (http : //www.econ.uba.ar/planfenix/index 2. htm)

Figueroa, Adolfo [2003], *La Sociedad Sigma,* Lima : Fondo de Cultura Económica

Foxley, Alejandro [1997], *Chile en la Nueva Etapa. Repensando el País desde los Ciudadanos,* Santiago de Chile : Dolmen

French-Davis, Ricardo [2002], "Chile, entre el Neoliberalismo y el Crecimiento con Equidad", *Revista de Economia Política,* Vo. 22, No. 4 (88), Outubro-Dezembro

Frenkel, Roberto [2003], "La política Monetaria de 'Inflation Targeting' ", *La Nación,* 13 de abril

Fukao, Mitsuhiro [1993], "A Comment", in Helmut Reisen and Bernhard Fischer (eds.), *Financial Opening. Policy Issues and Experiences in Developing Countries,* Paris : OECD

Gerchunoff, Pablo y Lucas Llach [1998], *El ciclo de la Ilusión y el Desencanto.Un Siglo de Políticas Económicas Argentinas,* Buenos Aires : Ariel

Instituto de Estudios y Formación de la CTA (Central de los Trabajadores Argentinos) [2002], *Shock Distributivo, Autonomía Nacional y Democratización. Aportes para Superar la Crisis de la Sociedad Argentina* (http : //www.cta.org.ar/instituto/aportes/aportes 1.html)

Kirchner, Néstor y Torcuato S. Di Tella [2003], *Después del Derrumbe. Teoria y Práctica Política en la Argentina Que Viene,* Buenos Aires : Galerna

Paulani, Leda Maria [2003], "Brasil Delivery : A Política Económica do Governo Lula", *Revista*

あとがき

南米アルゼンチンを中心にラテン・アメリカの政治経済を主な研究対象としてきた筆者は、ここ数年、いわくいい難いもどかしさを感じてきた。ラテン・アメリカの各地で繰り返し失敗してきたものと本質的には同類の「構造改革」が、あたかも錦の御旗のごとく推進され、主な野党やメディアも改革それ自体の是非よりはむしろその遅れを問題視するような、一種倒錯した現実を目の当たりにしてきたからである。新自由主義の実験室として世界に名高いラテン・アメリカの破局的な経験、そしてそれに関する筆者らの批判的な研究が、ほとんど生かされていないと感じ、無力感に襲われることしきりだった。

自戒を込めていえば、これまで日本のラテン・アメリカ研究者の大方は、各自の細分化された蛸壺《たこつぼ》的専門分野に沈潜して論文や本を執筆し、内外の学術交流を行うことで満足していた。その結果、開発援助政策の方向付けを示唆する少々の機会などを除けば、ラテン・アメリカ自体についてさえ政策実践に関わることはあまりなく、ましてや自らがその国籍をもちその言語を操る日本という国の現実とは、知的なレベルではほぼ無縁の状態にあった。ラテン・アメリカに対しても日本に対しても、いわば傍観者的態度に終始していたのである。

ラテン・アメリカの経験に照らしながら日本の現実に警鐘を鳴らすことで、自らがそこに身をおく現実に対してもっと有意な発言ができないものか。もどかしい気持ちがいよいよ嵩じ、志を同じくする仲間と協力して本シリーズ三巻を企画した。二〇〇二年四月末のことである。

内橋克人氏にお力添えを頂くことを思い立ったのも、そのときである。「構造改革」批判の論陣を張る方々のうち、内橋氏は『規制緩和という悪夢』（文藝春秋、一九九五年）ほか早くからこの困難な課題に取り組まれ、それゆえまた各方面からの「逆風」を最も強く長く受けてこられた。今日の日本では数少ない、信念と良心の知識人である。

内橋氏はまた大所高所の現状批判だけでなく、『匠の時代』（講談社文庫、全一二巻、一九八二〜九一年）や『共生の大地』（岩波新書、一九九五年）をはじめ、丹念な現場観察のうちに来るべき社会の方向性を読み取る職人芸でも知られる。そうした手法も、遥か中南米の地において「足で稼ぐ」実態調査を繰り返してきた筆者らの感性と相通じるものがあった。

幸いご快諾を得ることができ、二〇〇二年六月から氏を囲む研究会を発足させ、翌年にかけて勉強を重ねた。ラテン・アメリカに関する私たちの知見を現代日本の諸問題とどのように切り結べばよいのか、目配りの利いた的確なご批評とご指導を頂いた。それを踏まえて各自が執筆作業に入り、提出された原稿を編者が検討し、著者たちとのやり取りを続けていった。

この間も内橋氏はご多忙のなか、筆者らが所属するラテン・アメリカ政経学会の第四〇回全国大会（二〇〇三年一一月、新潟大学）に駆けつけて下さった。「もうひとつの日本は可能だ」と題する招待講演のためである。それをうけて本シリーズのタイトルと同名のパネル・ディスカッションも催された。これによって筆者らの問題意識はさらに深まったと感じている。

なお内橋氏は、本書の最終編集作業の段階とほぼ同時期に当る二〇〇五年二月から三月にかけて、NHK教育テレビ人間講座『「共生経済」が始まる――競争原理を超えて』の講師を務められた。その際、同番組の中で、刊行間近の本書の概要を筆者との対談も交えながら紹介する労をとられた。この破格のご配慮のおかげで、本書が世に受け入れられる余地はかなり広がったのではないかと推察している。

以上のような経緯を経て、本書はいまようやく世に送り出される。新大陸の未開の地を切り拓くような仕事に、幾ばくかの矜持がないわけではない。しかしまた、そうした開拓者的な作品ゆえに、いまだ生煮えの部分や思わざる誤りも残っているかもしれない。読者諸賢のご批判を仰ぎたいと思う。

ここで一言謝辞を述べておきたい。まず本シリーズの共同編集代表である小池洋一、田中祐二、篠田武司、宇佐見耕一の各氏ならびに新評論の山田洋、吉住亜矢の両氏には、企画の立ち上げに際し有益なご助言を頂戴したほか、筆者の遅れがちな仕事を長い間辛抱強く見守って頂いた。また第6章を担当された岡本哲史氏には、脱稿の最終段階で筆者が多忙にしていた折、本書全体の文章表現等について綿密に再検討して頂いた。本書の迫力あるタイトルも同氏の発案による。その意味で同氏は本書の「影の編者」ともいえる存在である。さらに谷洋之、田村梨花、出岡直也の各氏には研究会会場の手配に際し格別の便宜を図って頂いた。

なお本シリーズの構成員ではないが、芳賀健一・新潟大学教授と高橋一夫・新潟県三条市長には研究会で示唆的なご報告を賜った。また柴田徳太郎・東京大学教授、高原一隆・北海学園大学教授のお二人にも、同じく貴重なご批評とご助言を頂いた。以上、付記して感謝の言葉に代えたい。

本書に続いて第二巻、第三巻が近く刊行の予定である。これを機会に、日本社会のより望ましいあり方について再考する気運が、わずかなりとも高まればと願っている。

二〇〇五年三月

編者を代表して
佐野　誠

有斐閣　2003),『21世紀の日本を見つめる』(共著　晃洋書房　2004）など。

安原　毅（やすはら　つよし）　1963年生まれ。南山大学外国語学部助教授。開発金融論，ラテン・アメリカ経済論専攻。『メキシコ経済の金融不安定性』(新評論　2003),『ラテンアメリカ経済学』(共著　世界思想社　2003), *Keynes...Hoy*（共著　Benemérita Universidad Autonóma de Puebla, 1997）など。

山崎圭一（やまざき　けいいち）　1962年生まれ。横浜国立大学経済学部教授。ラテン・アメリカの環境と財政専攻。『ブラジル新時代—変革の軌跡と労働者党政権の挑戦』(共著　勁草書房　2004),『ラテンアメリカ経済論』(共著　ミネルヴァ書房　2004）など。

山本純一（やまもと　じゅんいち）　1950年生まれ。慶應義塾大学環境情報学部教授。メキシコ研究（政治経済）専攻。『インターネットを武器にした〈ゲリラ〉—反グローバリズムとしてのサパティスタ運動』(慶應義塾大学出版会　2002),『メキシコから世界が見える』(集英社新書　2004）など。

執筆者紹介

吾郷健二（あごう　けんじ）　1940 年生まれ。西南学院大学経済学部教授。世界経済論，発展途上国経済論専攻。『第三世界論への視座』（世界書院　1988），『グローバリゼーションと発展途上国』（コモンズ　2003）など。

新木秀和（あらき　ひでかず）　1963 年生まれ。神奈川大学外国語学部助教授。ラテン・アメリカ地域研究専攻。『ラテンアメリカ世界を生きる』（共著　新評論　2001），『〔全面改訂版〕ラテンアメリカ　政治と社会』（共著　新評論　2004），『ラテンアメリカの諸相と展望』（共著　行路社　2004）など。

宇佐見耕一（うさみ　こういち）　1959 年生まれ。日本貿易振興機構アジア経済研究所ラテンアメリカ研究グループ長。ラテン・アメリカ社会保障論専攻。『ラテンアメリカ福祉国家論序説』（編著　アジア経済研究所　2001），『新興福祉国家論』（編著　アジア経済研究所　2004）など。

岡本哲史（おかもと　てつし）　1962 年生まれ。九州産業大学経済学部教授。国際経済学，ラテン・アメリカ経済論専攻。『衰退のレギュラシオン』（新評論　2000），『ラテンアメリカ経済学』（共著　世界思想社　2003），『ラテンアメリカ経済論』（共著　ミネルヴァ書房　2004）など。

小倉英敬（おぐら　ひでたか）　1951 年生まれ。国際基督教大学教養学部講師。八王子憲法 9 条の会・事務局長。国際関係論，思想史，社会運動史専攻。『封殺された対話』（平凡社　2000），『アンデスからの暁光　マリアテギ論集』（現代企画室　2002），『八王子デモクラシーの精神史』（日本経済評論社　2002）など。

小池洋一（こいけ　よういち）　1948 年生まれ。拓殖大学国際開発学部教授。開発論，ラテン・アメリカ地域研究専攻。『ラテンアメリカの経済』（共編著　新評論　1993），『産業リンケージと中小企業―東アジア電子産業の視点』（共編著　アジア経済研究所　2003），『現代ブラジル事典』（共編著　新評論　近刊）など。

子安昭子（こやす　あきこ）　1965 年生まれ。神田外語大学国際言語文化学科助教授。ブラジル地域研究専攻。『ブラジル新時代―変革の軌跡と労働者党政権の挑戦』（共著　勁草書房　2004），『ラテンアメリカ開発の思想』（共著　日本経済評論社　2004）など。

篠田武司（しのだ　たけし）　1945 年生まれ。立命館大学産業社会学部教授。現代社会経済学研究専攻。『21 世紀の経済社会』（共編著　八千代出版　2000），『新しい公共性』（共著

■編 者 紹 介

内橋克人（うちはし　かつと）　1932年生まれ。経済評論家。主要著作：『匠の時代』（全12巻　講談社文庫　1982–91），『破綻か再生か』（文藝春秋　1994），『規制緩和という悪夢』（共著　文藝春秋　1995），『共生の大地』（岩波新書　1995），『経済学は誰のためにあるのか』（編著　岩波書店　1997），『内橋克人　同時代への発言』（全8巻　岩波書店　1998–99），『不安社会を生きる』（文藝春秋　2000），『「人間復興の経済」を目指して』（共著　朝日新聞社　2002），『もうひとつの日本は可能だ』（光文社　2003），『「節度の経済学」の時代』（朝日新聞社　2004）など。

佐野　誠（さの　まこと）　1960年生まれ。新潟大学経済学部教授。博士（経済学）。開発経済学およびラテン・アメリカ経済論専攻。主要著作：『開発のレギュラシオン』（新評論　1998），『反グローバリズムの開発経済学』（共著　日本評論社　2003），『ラテンアメリカ経済学』（共著　世界思想社　2003），『市場経済の神話とその変革』（共著　法政大学出版局　2003），“Tres Casos de ‘Japonización’ de la Relación de Empleo en Argentina”, *Revista de la CEPAL*, Número 80, agosto de 2003（共著，国連ラテン・アメリカ／カリブ経済委員会［スペイン語略称 CEPAL，英語略称 ECLAC］のウェッブ・サイトでダウンロード可；英語版もあり），*Beyond Market–Driven Development*, Routledge, forthcoming（共著）など。

シリーズ〈「失われた10年」を超えて――ラテン・アメリカの教訓〉第1巻

ラテン・アメリカは警告する――「構造改革」日本の未来

2005年4月25日　初版第1刷発行

編者　内橋克人・佐野　誠

発行者　武市一幸

発行所　株式会社　新評論

〒169–0051　東京都新宿区西早稲田 3–16–28

電話 03–3202–7391　FAX 03–3202–5832　振替 00160–1–113487

装丁　山田英春＋根本貴美枝

本文印刷　新栄堂　　付物印刷　神谷印刷

製本　清水製本プラス紙工

定価はカバーに表示してあります

落丁・乱丁本はお取り替えします

ISBN 4–7948–0643–4 C 0033

Printed in Japan